中亚南亚地区安全研究（四）

胡志勇　著

知识产权出版社

全国百佳图书出版单位

图书在版编目（CIP）数据

中亚南亚地区安全研究 . 四 / 胡志勇著 . — 北京：知识产权出版社，2019.4
ISBN 978-7-5130-5786-8

Ⅰ . ①中… Ⅱ . ①胡… Ⅲ . ①国家安全—研究—中亚②国家安全—研究—南亚 Ⅳ .
① D730.35

中国版本图书馆 CIP 数据核字 (2018) 第 191551 号

内容提要

本书主要以中亚和南亚为重点，全面探讨和分析了美国、俄罗斯及印度等国家对中国"一带一路"倡议的态度与认知，并重点分析和研究了各国在"一带一路"倡议建设中的角色、彼此合作空间及对面临风险的应对举措。"一带一路"倡议给中亚和南亚地区带来了新一轮发展机遇。特别是就中亚南亚政策调整及其影响作了全面的分析与探讨，针对中亚和南亚地区出现的新问题，提出了一系列对策与建议。

责任编辑：王　辉　　　　　　　责任印制：孙婷婷

中亚南亚地区安全研究（四）

胡志勇　著

出版发行：知识产权出版社有限责任公司		网　　址：http：//www. ipph. cn
电　话：010 — 82004826		http：//www. laichushu.com
社　　址：北京市海淀区气象路 50 号院		邮　　编：100081
责编电话：010-82000860 转 8381		责编邮箱：wanghui@cnipr.com
发行电话：010-82000860 转 8101		发行传真：010-82000893
印　　刷：北京中献拓方科技发展有限公司		经　　销：新华书店及相关销售网点
开　　本：720 mm×1000 mm　1/16		印　　张：11.75
版　　次：2019 年 4 月第 1 版		印　　次：2019 年 4 月第 1 次印刷
字　　数：200 千字		定　　价：52.00 元

ISBN 978-7-5130-5786-8

目 录 | CONTENTS

总论 "一带一路"的地缘意义与挑战

中国领导人提出的"一带一路"倡议正在积极推进，为中国新一轮经济发展创造了有利的条件和机遇，但与此同时也存在一定的地缘风险，面临着诸多挑战。中国应正确面对风险，切实做好相关风险评估等防范风险的措施，控制风险，避免损失，更顺利、可持续地推进"一带一路"建设。

实际上，中国领导人提出的"一带一路"倡议给中亚、南亚地区带来了新一轮发展机遇，"一带一路"倡议有利于促进地区和平与稳定，区域经济合作与文化交流有助于化解冲突，减少分歧，消除宗教极端势力滋生的温床。中国"一带一路"倡议着眼于互联互通，强化沿线国家的道路基础设施建设，将极大地促进中国与东南亚、中亚、南亚等地区的经贸联系，"一带一路"倡议有利于促进地区的和平与稳定。

通过参与"一带一路"建设，相对落后的国家将获得重新融入世界经济主流的机会，逐步消除贫困，也有助于根除"三股势力"，更好地维护国家安全。

推进"一带一路"倡议，有助于增进中国与亚洲其他国家间的政治互信，对本区域内的经济发展将发挥至关重要的作用，为沿线各国经济增长提供强大的驱动力，有助于亚洲地区的繁荣，促进亚洲经济一体化进程。建设21世纪丝绸之路和21世纪丝绸之路经济带是中国极具战略性、全局性和创新性的重大外交布局，充分体现了新一届中国领导人的政治智慧与外交新思维。

中国"一带一路"倡议的顺利实施，为沿线国家提供了难得的战略机遇，"一带一路"倡议不仅是经济领域的发展，更是政治民主、历史文化等层面的深层次交流合作；"一带一路"倡议有助于扩大中国的国际影响力，有利于中国建设新的国际政治秩序、经济秩序；以"一带一路"为标志，以中国为中心的周边经济圈正在加速形成。

新丝绸之路将为东南亚、中亚、南亚等国家创造与丝绸之路经济带国家发展合作伙伴关系的新空间。当前世界经济中心正转向亚太地区，哈萨克斯坦在整个中亚地区具有举足轻重的作用。中亚国家将为实现新丝绸之路构想创造一切必要的条件。

随着中国综合国力和国际影响力不断提升，一些国家误读了"一带一路"倡议的理念与内涵，开始采取保护主义政策，企图阻碍中国的发展。

中国"一带一路"倡议不同于美国的"马歇尔计划"。从表面上看，中国的"一带一路"倡议与美国的"马歇尔计划"都意在将本国的资本、技术和能力出口至急需它们的其他国家。但是两者又存在本质上的区别。

第一，目标不同。中国"一带一路"倡议是助力沿线国家发展经济，共同打造利益共同体、命运共同体。中国追求的是建立一个全球和平稳定的共同体。而美国的"马歇尔计划"是帮助欧洲复苏经济从而成为美国遏制共产主义发展的同盟。

第二，动机不同。中国希望通过"一带一路"倡议帮助其他国家，互利合作，实现双赢。中国并不寻求成为亚洲及以外地区的霸主。而美国的"马歇尔计划"将共产主义国家排除在外。

"一带一路"倡议可能存在的风险不能忽视。"一带一路"倡议在为地区乃至全球稳定与和平带来积极影响的同时，将面临"三股势力"、民族冲突、主权争议等挑战。特别是"三股势力"必将对中国丝绸之路经济带的建设构成挑战。由于"一带一路"沿线部分国家和地区民族、宗教矛盾没有得到根本性的改善，民族因素和宗教因素众多、民族问题和宗教问题复杂，部分地区是恐怖主义活动频繁、恐怖主义事件多发的区域。尽管中亚和南亚国家加大了对恐怖主义的打击力度，但仍没有从根本上消除中亚和南亚地区的恐怖主义，给中国的"一带一路"建设带来了诸多不确定因素。随着美国和北约部队陆续撤离阿富汗，中亚和南亚地区不确定因素上升。"三股势力"必将对中国丝绸之路经济带的建设构成挑战。国际恐怖势力"东向"策略在中国周边形成一个恐怖活动高危带[1]，也给中国"一带一路"倡议的实施带来了新的挑战。

如何确定一些政治稳定、经济有潜力、愿意与中国合作的支点国家将成为中国"一带一路"倡议必须考虑的重点。

部分中资企业人员素质还需要不断提高，企业文化没有达到较高的标准，在沿线国家和地区的投资与建设可能会与当地的社会发展及风俗习惯发生激烈的碰撞，甚至可能阻碍中资企业的投资，从而严重影响到"一带一路"倡议的正常

---

[1] 张金平.国际恐怖势力战略"东向"对"一带一路"的威胁（第一版）[M]//张洁.中国周边安全形势评估（2016）.北京：社科文献出版社，2016：165.

推进。

因此，中国政府和中资企业必须高度正视"一带一路"沿线国家和地区的社会发展状况，充分做好投资前的项目评估和预案工作（包括当地民族、宗教和风俗习惯，尤其要做好当地恐怖主义活动风险评估），以减少不必要的损失。

中国新一届领导人提出的"一带一路"倡议充分反映了中国合作共赢的新理念、新蓝图、新途径和新模式。中国以"一带一路"倡议加强与沿线国家共同打造平等互利、合作共赢的"利益共同体"和"命运共同体"的新理念。❶

一、"一带一路"倡议的战略意义

2013 年 9 月，中国国家主席习近平在哈萨克斯坦倡议用创新的合作模式，共同建设丝绸之路经济带。❷"一带一路"倡议构想审时度势，对密切中国同中亚、南亚周边国家及欧亚国家之间的经济贸易关系，深化区域交流合作，统筹国内国际发展，维护周边环境，拓展西部大开发和对外开放的空间，具有重大的现实意义。❸

"一带一路"是合作发展的理念与倡议，是充分依靠中国与有关国家既有的双边、多边机制，借助既有的、行之有效的区域合作平台，积极主动地发展与沿线国家的经济合作伙伴关系，为现有的地区机制注入新的内涵与活力。"一带一路"有助于中国与沿线国家和地区共同打造政治互信、经济融合、文化包容的利益共同体、命运共同体和责任共同体。"一带一路"倡议将进一步推动中国与"一带一路"沿线国家友好合作关系，从而实现构建"经济共同体"向"命运共同体"的历史性转变，因而"一带一路"倡议具有十分重要的现实意义。

第一，"一带一路"倡议体现了开放性和包容性。"一带一路"不是一个封闭、固定、排外的机制。"一带一路"倡议的地域和国别范围呈现了开放性的特征。与其他国家相比，中国提出的"一带一路"倡议计划更详尽，范围更广，涉及国家、地区更多，受益面更大。"一带一路"倡议旨在使中国发展引擎所驱动的地缘经济潜力形成巨大的正外部性，为相关国家和地区所共享。"一带一路"倡议也并非从零开始，而是现有合作的延续与升级。❹"一带一路"倡议的包容性

---

❶　Written Interview Given by Chinese President Xi Jinping to Major Media Agencies of Four Latin American and Caribbean Countries，CRI，12 Sept.，2014.

❷　赵学亮.习近平在哈萨克斯坦演讲：共建丝绸之路经济带［N］.京华时报，2013-09-08.

❸　冯宗宪."一带一路"构想的战略意义［N］.光明日报，2014-10-20.

❹　Stephanie Daveson.One Belt，One Road strategy：A new opportunity［J］.Brookings News，2015.

体现在中亚、俄罗斯、南亚和东南亚国家是优先方向，中东和东非国家成为"一带一路"的交会之地，欧洲、独联体和非洲部分国家也可融入合作。有关各方可以把现有的、计划中的合作项目连接起来，形成系列、可持续发展的合作态势，从而发挥"1+1＞2"的整合效应。

第二，"一带一路"倡议体现了广泛性特征。"一带一路"交流合作范畴非常广泛，优先领域和早期收获项目可以是基础设施互联互通，也可以是贸易投资便利化和产业合作，同时，"一带一路"倡议有助于进一步加强中国与沿线国家及地区之间的人文交流和人员往来。"一带一路"倡议包含的合作项目与合作方式，都可以把政治互信、地缘毗邻、经济互补的优势转化为务实合作、持续增长的优势，从而实现物畅其流、政通人和、互惠互利、共同发展的目标。

第三，进一步提高中国在国际新秩序构建中的地位与作用。在"一带一路"建设不断推进进程中，中国坚持正确的义利观，道义为先、义利并举，带动沿线发展中国家经济发展。❶中国不仅要打造中国经济的升级版，而且通过"一带一路"积极打造中国对外开放的升级版，在扩大与世界各国特别是周边国家的互利合作进程中不断提高中国在构建国际新秩序中的地位，积极发挥一个负责任大国的政治担当，带动和推动广大发展中国家全面发展。

2014 年中国通过了《丝绸之路经济带和 21 世纪海上丝绸之路建设战略规划》，2015 年又对外发布了《推动共建丝绸之路经济带和 21 世纪海上丝绸之路的愿景与行动》。目前，已有 100 多个国家和国际组织参与其中，中国同 30 多个沿线国家签署了共建"一带一路"合作协议、同 20 多个国家开展国际产能合作，联合国等国际组织也态度积极，以亚洲基础设施投资银行、丝路基金为代表的金融合作不断深入，一批有影响力的标志性项目逐步落地。"一带一路"建设从无到有、由点及面，进度和成果超出预期。

"一带一路"建设，聚焦政策沟通、设施联通、贸易畅通、资金融通、民心相通，聚焦构建互利合作网络、新型合作模式、多元合作平台，聚焦携手打造绿色丝绸之路、健康丝绸之路、智力丝绸之路、和平丝绸之路，扎实把"一带一路"建设推向前进，可以让"一带一路"建设造福沿线各国人民。

以"一带一路"建设为契机，开展跨国互联互通，提高贸易和投资合作水平，推动国际产能和装备制造合作，本质上是通过提高有效供给来催生新的需求，实现世界经济再平衡。积极支持沿线国家推进工业化、现代化和提高基础设

---

❶ 习近平：中国坚持和积极践行正确的义利观，新华社，北京 2015 年 1 月 8 日电。

施水平的迫切需要，有利于稳定当前的世界经济形势。

积极推进"一带一路"建设，坚持各国共商、共建、共享，遵循平等，追求互利，牢牢把握重点方向，聚焦重点地区、重点国家、重点项目，造福沿线各国人民。重点支持基础设施互联互通、能源资源开发利用、经贸产业合作区建设、产业核心技术研发支撑等战略性优先项目。切实推进统筹协调，坚持陆海统筹，坚持内外统筹，鼓励国内企业到沿线国家投资经营，形成全方位开放发展的局面。以基础设施互联互通、产能合作、经贸产业合作区为抓手，实施好一批示范性项目，让有关国家不断有实实在在的获得感。切实推进金融创新，创新国际化的融资模式，深化金融领域合作，打造多层次金融平台，建立服务"一带一路"建设长期、稳定、可持续、风险可控的金融保障体系。切实推进民心相通，弘扬丝路精神，推进文明交流互鉴，重视人文合作。切实推进舆论宣传，积极宣传"一带一路"建设的实实在在成果，加强"一带一路"建设学术研究、理论支撑、话语体系建设。切实推进安全保障，完善安全风险评估、监测预警、应急处置，建立健全工作机制。

推进"一带一路"建设是中国做出的重大决策，应加强发展对接，通过协议、规划、机制、项目等方式，共同推动包容性发展；把握重点方向，瞄准重点地区、重点国家，抓好"一带一路"建设重点项目、重大工程的推进落实；应加强统筹协调，把有限的资源整合好、利用好，持续形成"一带一路"建设的强大合力。❶

二、"一带一路"倡议面临的地缘风险与挑战

中国的"一带一路"倡议正改变中国与世界其他主要大国的双边关系，正在引发新一轮全球地缘政治与地缘经济的博弈，并将给国际政治、经济新秩序的重构带来诸多新的因素。

"一带一路"沿线国家的政治风险已经成为中国国家相关战略推进与中国相关企业"走出去"的最大风险。如何保障中国企业海外投资安全已经成为中国必须面对的挑战。❷ 因此，对于"一带一路"沿线国家和地区的政治风险进行分析与评估已经成为当前中国国际问题研究最为急迫的任务之一，中国应切实做好相关风险评估等防范风险的措施，切实强化"一带一路"建设中的风险管控意

---

❶ 张晓松，安蓓．习近平：让"一带一路"建设造福沿线各国人民［EB/OL］．（2016-08-17）［2017-04-15］. http://www.xinhuanet.com/politics/2016-08/17/c_111940654.htm.

❷ 张明．直面一带一路的五大风险［J］.国际经济评论，2015（4）.

识❶，更顺利、可持续地推进"一带一路"建设。

目前，中国对外经济发展正以"一带一路"倡议为导引，积极地加强与"一带一路"沿线国家和地区展开经济合作。在中国积极努力下，"亚洲基础设施投资银行"和"丝路基金"宣告成立，全球的视线正聚焦中国。但是，相比于欧美地区，"一带一路"沿线的一些国家和地区，不仅基础设施建设落后、经济发展水平较低，而且存在着政局动荡、腐败严重等一系列的重大风险。中国企业对相应风险应做到充分而准确的评估，并制订出有针对性的应对方案。❷特别是随着"一带一路"倡议具体项目的不断铺开，沿线国家和地区的不安全因素逐渐凸显。

以中国与巴基斯坦达成规模达 460 亿美元的投资计划为标志，中国"一带一路"倡议正由蓝图变成一个个具体的项目。但这些项目的落实建设仍有诸多不确定的地缘因素。具体而言主要表现为以下几个方面：

首先，在全球地缘政治方面：由于"一带一路"沿线国家和地区在政治、经济、文化、社会等层面与中国存在着巨大的差异，中国在团结这些国家上面临着诸多障碍。

"一带一路"沿线国家和地区由于政治体制不同，政治的不确定性依然存在。"一带一路"建设不得不面对沿线国家主权冲突与世界主要大国地缘战略博弈等现实问题；❸面临着沿线国家政权更迭所带来的种种被动局面，同时也面临着沿线国家内部各种政治力量冲突的潜在危险；面临着沿线国家法律冲突的问题及生态、环保等方面的冲突。

在美国从阿富汗撤军之际诸多不确定因素上升，但中国仍需密切与阿富汗的经济与商业联系，进一步发展与巴基斯坦的关系以打通赴印度洋通道，增强与资源丰富的海湾及非洲国家的互联互通。另外，欧盟也将成为中国扩大共同利益的工作重点。

其次，在安全方面：尽管中国积极推进"一带一路"建设，但是事实上一些亚太国家仍欢迎美国在亚太地区发挥"积极作用"。随着中国在南海等问题上态度日趋明确，某些国家则求助于美国发挥更大的"地区安全保障作用"。

"一带一路"沿线地缘政治因素错综复杂，伴随"一带一路"建设的不断推进，相关民族问题将会逐渐升温。❹加之极端宗教势力、暴力恐怖势力和民族分

❶ 马昀."一带一路"建设中的风险管控问题［J］.政治经济学评论，2015（4）.

❷ 储毅，柴平一.绸缪"一带一路"五大风险［J］.金融博览：财富，2015（6）.

❸ 张明.直面"一带一路"的五大风险［J］.国际经济评论，2015（4）.

❹ 蒋利辉，冯刚."一带一路"民族地区的重大战略机遇［J］.中国民族，2015（5）.

裂势力已成为影响中国与"一带一路"沿途各国顺利实现"五通"的重大障碍。

中巴经济走廊起自瓜达尔港，终于新疆喀什。瓜达尔港位于巴基斯坦南部俾路支省的阿拉伯海沿岸，当地的分裂叛乱活动已达 10 年之久。从瓜达尔港到新疆维吾尔自治区腹地喀什，中巴经济走廊还途经一系列塔利班武装分子占领区。到目前为止，武装分子仍控制着巴基斯坦与阿富汗的西北边境，武装分子在边境地区影响力依然很大。因此，中巴经济走廊建设随时可能因战乱而受阻。❶ 这些潜在的危险性不容忽视。

如果实现了互联互通，则意味着既把商机带进来的同时又可能给那些极端民族主义分子、宗教恐怖分子进入中国提供了极大的便利。如果处理不当，将严重影响到中国边疆地区特别是新疆地区的稳定与安全，甚至影响到中国境内的民族关系。

从更深层次考虑，"21 世纪海上丝绸之路"建设将使中国的影响超越西太平洋海域，向南深入南太平洋、向西开辟进入印度洋通道，与美国、印度、日本等国在这些海域的海上力量抗衡。

从地缘战略考量，为了牵制中国崛起，美国积极拉拢印度，美、印两国都以牵制中国为出发点建立深化战略伙伴关系，印度出于对本国的战略利益考虑对中国"一带一路"倡议表现出了极大的摇摆心态，并产生安全方面的担忧。

"一带一路"经中亚到中东、俄罗斯和欧洲，这条现代丝绸之路将连接起约 65 个国家和 44 亿人口。"一带一路"最终将中国与印度洋、东非、红海及地中海相联结。这些目标的实现还取决于中国的海上力量，如果海上安全没有跟上，很可能导致血本无归。一旦"一带一路"沿线国家政局发生波动，或者出现战火，如何保障中国的投资安全是一个现实问题。"一带一路"沿线国家多采取"平衡外交"和"实用外交"战略，使中国与其合作也面临更多的困难与障碍。

"一带一路"倡议的实施使得某些大国对中国周边地区更为关注，周边地缘竞争将更为激烈。美国视中国的"一带一路"倡议为地缘挑战，担心中国试图控制欧亚大陆的中心地带，对美国的世界霸权构成挑战，与美国的"新丝绸之路"计划和"亚太再平衡"战略形成对冲。有学者认为："地缘政治在美国影响深远，根植于人们的意识中，成为政治家、战略家们观察国际事务、思考战略问题的一种习惯性观念。在美国的国家安全战略中，始终隐含和贯穿着深厚的地缘政治思

---

❶　李希光.中巴经济走廊的战略价值与安全形势［N］.人民论坛，2015-07-17.

想，它的战略是以稳定的地理考虑为基础的。"❶对于美国的世界霸权而言，其将欧亚大陆出现挑战性国家或联盟视为首要挑战，在战略应对上则是竭尽全力地阻止敌对联盟形成和限制敌对或潜在敌对国家的发展。这也使得美国在这些国家（主要是中俄两国）的周边地区积极介入并谋求扩大影响。在中国"一带一路"倡议谋求重点突破的陆上区域南亚和中亚，美国一直不遗余力地谋求加强地缘战略。在南亚，通过与巴基斯坦和印度的均衡外交，逐渐建立和扩大了美国影响。在中亚地区，美国以反恐战争为契机，也不断加强介入。从 2005 年下半年开始，美国开始不断加强其南亚和中亚政策统合，美国国务院新设了南亚与中亚事务署，试图以阿富汗为中心整合中亚与南亚，打造一个"大中亚"地区。❷2011年 7 月，美国前国务卿希拉里曾提出"新丝绸之路"计划，进一步统合美国的中亚和南亚政策，具有浓厚的意识形态色彩和显著的地缘战略意图。与此同时，美国"亚太再平衡"战略的实施则是谋求抵消中国在亚太地区不断增强的影响力，继续维持其在该地区的优势地位。

日本是中国的重要邻国，日本国土主要散布在海洋上，成狭长带型，自然灾害频繁，这些地缘环境特点塑造了日本民族的性格，也促成了日本的地缘战略运筹。在东南亚地区，日本基于地缘经济积极开展地缘战略运筹，具体而言，一是通过与东南亚国家积极进行能源合作，获取油气资源；二是密切与东南亚各国的经济联系，维护日本在东南亚的经济优势；三是推动东亚区域经济合作，加强对外援助，谋求主导东南亚地区经济；四是利用南海争端困局激化钓鱼岛争端，试图与菲、越等国串联，对中国共同施压。在地缘政治方面，谋求控制海上战略通道、谋取政治大国的资本和谋划东亚地区主导权是日本在东南亚地缘战略运筹的主要目标。❸由于能源需求增加，日本也加强了对中亚地缘战略的关注。有学者认为"2006 年 8 月日本前首相小泉在卸任之前出访中亚两国，标志着日本中亚外交的深化。"❹在中亚地区，日本主要推行"丝绸之路外交"，通过对外援助、能源合作，加强日本在中亚地区的影响。中国的"一带一路"倡议与日本的地区战略存在竞争，在东南亚和中亚地区尤为显著。可以预计，中日两国在中国周边地区的地缘竞争将长期化、常态化。

中国领导人提出的"丝绸之路经济带"及"21 世纪海上丝绸之路"倡议正

❶ 陆俊元 . 美国国家安全战略中的地缘政治思想［J］. 人文地理，1999（3）.
❷ 曾向红 . 重塑中亚地缘政治环境：2005 年以来美国中亚政策的调整［J］. 外交评论，2008（3）.
❸ 何火萍 . 冷战后日本与东南亚合作的地缘战略思考［J］. 湖北经济学院学报，2009（1）.
❹ 徐建华 . 日本的中亚战略［J］. 深圳大学学报，2007（3）.

得到国际上诸多国家和地区的积极响应,但也受到一些国家的误解甚至警惕。❶
早在 2011 年,时任美国国务卿的希拉里就提出了"新丝绸之路"计划,美国试
图在阿富汗、巴基斯坦、印度及中亚等地区构建新型经济、交通和能源连通网
络。而且,某些地区性大国出于本国战略利益的需要对中国"一带一路"倡议
的态度消极甚至反对。"丝绸之路经济带"的实施可能会引起印度、伊朗及土耳
其等地区性大国的猜疑与警惕,而"21 世纪海上丝绸之路"也会引起日本、印
度的警觉。他们一开始就对中国的"一带一路"倡议心怀疑虑与戒备,认为中
国"一带一路"倡议不仅仅是经济扩张,还是军事扩张。为此,印度还搞了一个
与中国"一带一路"倡议相抗衡的"一丝一路"计划(又称"季风计划"),以
分散中国的影响力。❷ 印度是中国在西南方向最大的邻国,是"丝绸之路经济带"
和"21 世纪海上丝绸之路"的汇聚之地,对中国"一带一路"倡议的推动至关
重要。而印度尼西亚也针对中国的"一带一路"倡议出台了一个"海洋强国"计
划,旨在对冲或抵消中国"一带一路"倡议的影响。如何推进与"一带一路"沿
线国家和地区战略规划的有序对接与有机整合、避免形成地缘战略对抗、减少排
他性的恶性竞争,成为中国推进"一带一路"倡议进程中必须面对的一个重要
问题。

再次,在经济方面:中国的"一带一路"倡议并不能替代沿线国家和地区与
亚太地区重要经济体的联系,在短期内其影响力难以超越美国。在"一带一路"
建设推进进程中,"一带一路"沿线的国家和地区现阶段更加欢迎美国的存在,
形成"在经济上与中国的向心力越来越大,在政治与安全上与中国的离心力越来
越大"的战略悖论,尽管这些国家和地区在与中国交往中,经济上对中国高度依
赖,但在政治和安全领域对中国的疑虑和不安也日趋上升,从而导致中国与周边
国家关系复杂性进一步上升。

目前,中国已开始规划并陆续公布对"一带一路"沿线国家和地区的投资规
模。如中国承诺将在巴基斯坦投资 460 亿美元,超过了 2008 年以来对巴基斯坦
的所有外国直接投资的两倍,也超过了自 2002 年起美国投入巴基斯坦的整个援
助规模,尽管一部分基建项目可能会花费 10-15 年。这些投资项目高度集中于中
巴经济走廊上,这条经济走廊结合了一系列交通和能源工程,以及一个直通印度
洋的深海港口的开发项目。中国的投资对于巴基斯坦来说无疑是一个机会,但是

---

❶ 王卫星 . 全球视野下的"一带一路":风险与挑战 [J]. 人民论坛·学术前沿,2015(5).
❷ 木春山 ."一带一路"的印度风险:神秘的香料之路和季风计划 [N]. 大公报,2015-06-16.

这些项目如何按时保质实施将成为一个必须考虑的问题。

三、中国应做好"一带一路"建设相关风险评估和对策

中国在推进"一带一路"建设进程中，应尽快建立"一带一路"合作项目的投资风险评估与海外利益保障机制❶，以减少因沿线国家和地区政体不同、文化习俗各异及当地法律制度和市场风险等带来的投资损失，尽早规避沿线国家政局动荡、政府腐败等政治风险。同时，中国政府应及早出台保护国内民营企业"走出去"的法律法规和政策举措，加大对民营企业对外投资的政策支持、金融支持、投资保护等力度，提高民营企业的国际竞争力和企业的社会责任意识，提高民营企业的诚信意识，中国政府还应尽早建立"一带一路"建设项目投资服务保障机制，以有效管控对外投资风险，早日形成中国对外投资"项目评估、服务保障、风险管控"一条龙对外投资保障机制，有效促进和推动中国企业"走出去"❷，扩大中国在世界经济中的影响力。

中国应从国家层面加强对"一带一路"建设的统筹谋划，整合配置国内多方面资源，有序推进，形成优势互补、协同开放和联动发展的良性互动局面。中国应尽早建立利益共享机制，平衡好国内各方面的利益❸，以减少不必要的投资浪费及由此带来的损失。

尽管中国 GDP 已位居世界第二位，但中国国内还存在诸多短期内无法解决的问题，尽管大多数中国人生活水平不断提高，但国民整体素质这些软实力不可能在短时间内迅速提升，这也将成为影响中国崛起不可忽视的巨大因素。

尽管亚洲基础设施投资银行目前已拥有 57 个意向创始成员国，但是，资金、组织，以及治理问题需要得到切实有效的解决，亚投行才会具有实际意义，才会有更多国家继续投资。

因此，中国必须对"一带一路"建设进行充分的风险评估，做好各种应对措施，特别要对那些高冲突国家和地区进行全方位的风险研究，对潜在冲突进行风险管控，做好海外投资产业规划与引导，合理避开风险。

同时，中国必须强调"一带一路"是经济合作倡议而非战略构想，积极通过各种渠道加强对美政界、学界、商界等公共外交，强调"一带一路"倡议的合作性、开放性、非排他性和互利共赢性，不是零和博弈。在具体地区和领域探索与

---

❶ 石善涛. 推进"一带一路"建设应处理好的十大关系 ［J］. 当代世界，2015（5）.

❷ "一带一路"推动中国企业"走出去"让各国共享发展机遇，新华社，北京，2015 年 2 月 5 日电。

❸ 宋荣华，等."一带一路"战略引领中国企业走出去 ［N］. 人民日报，2014–12–27.

加强中美务实合作的基础。

　　所以，中国在推进"一带一路"倡议的同时，必须对丝绸之路进行现代性的重构，切实打消沿线国家的顾虑，重构与中国密切相关的特定区域内的国际秩序，改善中国的国家安全环境，积极主动地发展与沿线国家的经济合作伙伴关系，共同打造政治互信、经济融合、文化包容的利益共同体和命运共同体。

第一章 "一带一路"倡议与周边地缘重塑

中国领导人提出的"一带一路"倡议正在付诸实施，成为新时代中国实施的一项重要对外经济决策，具有深远的地缘政治影响，将对周边地缘起到重塑作用。从地缘战略视角来看，"一带一路"倡议将有利于拓展周边地缘环境，融合周边地缘政治、安全、经济要素，拉近地缘情感，加强周边地缘联系，释放地缘经济能量，起到重塑周边地缘的积极效果。为了更加有效地实施"一带一路"倡议，促进周边地缘环境的优化，该倡议的实施在地缘要素方面的运筹应以地缘经济为主导，兼顾其他地缘效应；以规则合作为原则，减少地缘风险；以整体视角为指导，实现多重地缘统筹。

第一节 "一带一路"倡议的周边地缘诉求

"一带一路"是新时代中国一项重要的对外倡议，尽管其并非完全是一项地缘倡议，但其地缘效应不容忽视，特别是对于周边地区而言，将起到重塑周边地缘环境的作用，具体可分为以下五个方面。

一是拓展周边地缘环境。传统意义上，中国的周边地区主要是指与中国地理接壤、文化相近的国家和地区。随着中国实力的增强、海外利益的拓展，有关"大周边"的呼声日益高涨。一般而言，"大周边"涉及东北亚、东南亚、南亚、中亚、西亚和南太平洋地区等"六大板块"，其中东北亚、东南亚、南亚、中亚这四个"板块"与中国陆海直接接壤，自然属于中国周边范畴。此外，西亚和南太平洋地区也应纳入中国的"大周边"视野中。❶尽管确立了"大周边"的概念，但对周边国家还需里外有别，根据与中国利益关系的亲疏程度建立起以中国为内核的"同心圆"结构，实现"三环"布局，进而才能有利于中国周边

---

❶ 祁怀高，石源华.中国的周边安全挑战与"大周边"外交战略［J］.世界经济与政治，2013（6）.

战略的层层推进。"内环"是指与中国陆地接壤的 14 个邻国,因特殊的地缘意义和历史关系,对中国而言具有不可替代的重要性。"中环"是由"内环"扩展出去的海上邻国、中东地区和太平洋地区,将起到拓展中国周边影响的关键地带作用;"外环"则是继续向外扩展的非洲、欧洲和美洲一圈。❶ 更为重要的是,中国需要加强与"大周边"各国的联系,真正实现"地缘周边"而非"地理周边",这将成为"一带一路"倡议实施的关键因素。通过"一带一路"倡议的实施,中国可以极大地加强与距离相对遥远的中东、中东欧等地区的联系,将"大周边"逐渐落实。"一带一路"倡议的实施将推进东亚与中亚、东南亚、南亚、中东、欧洲等板块相连,实现亚欧大陆的经济整合,拓展中国的地缘经济政治空间。❷"互联互通"建设有利于加强中国与周边各国的联系,促进中国与周边各国的政治交往、经贸联系、人文交流。通过"一带一路"倡议的实施,开展互联互通、深化经济合作,可以不断加强中阿之间、中欧之间合作,发挥各自比较优势,实现互利共赢,推动"大周边"成为利益共同体、责任共同体和命运共同体。

二是融合周边地缘政治、安全、经济。周边地区是中国发展的安身立命之本,不过随着中国的实力增强,周边国家对中国的态度日益复杂,中国崛起面临着巨大的经济压力和安全压力。"一带一路"倡议的实施有利于缓解中国所面临的经济压力和安全压力。这两大压力的缓解都需要中国营造和平有利的周边环境。此外,中国周边地区还存在地缘政治、地缘安全和地缘经济分离的现象。长期以来,中国推行睦邻友好政策,试图以经济合作促进中国与周边国家的政治、安全关系。不过效果并不理想,这也导致周边地区形成了"经济上靠中国、安全上靠美国"的二元格局,东盟国家可视为典型代表。长期以来,中国与东盟国家经贸关系密切,人文交流频繁,但安全合作进展有限,部分国家对中国的担忧和防范依然存在,这也导致中国与东盟国家经济合作的良性政治安全外溢效应有限。中国与周边国家的地缘经济合作并未带来相应的地缘政治、地缘安全的改善,如何融合三大地缘要素是新时代中国周边外交亟须解决的问题。通过"一带一路"倡议实施,向周边沿线各国分享发展红利,促进周边各国共同发展,增加周边各国对中国的亲近感和认可度,进而有利于促进周边地缘政治、安全和经济的融合。

---

❶ 袁鹏.关于新时期中国"大周边"战略的思考[J].现代国际关系,2013(10).
❷ 王志民."一带一路"倡议的地缘经济政治分析[J].唯实,2015(7).

三是拉近地缘情感。地缘情感是近期地缘政治研究当中兴起的领域。地缘情感是指不同地区间的认知态度，类似于地缘文明，但相对于地缘文明而言，其也受政治、宗教、经济等因素影响，从而形成一种情感上的总体态度。中国周边国家众多，对中国的情感不一，存在明显的地缘情感差异，影响到周边国家对中国的认同度、亲近感。对于中国周边外交而言，面临的一个重要问题是大国与小国关系的处理。中国与周边国家虽文明相近，历史上人文交流密切，但受中国崛起影响，周边国家对中国实力强大的担忧也日益明显，防范与排斥心理长期存在，这也意味着"一带一路"倡议的实施必须关注地缘情感。对于大小国家间关系的处理，以平等的方式与小国和平相处，关注小国的利益关切，减少国家实力差距所带来的视角差异对大小国家间关系可能造成的负面影响。"中国威胁论"在周边国家存在一定的市场，致使中国在周边地区的国家形象遭到损害，对中国与"一带一路"沿线国家的关系发展造成了负面影响。[1] "一带一路"沿线国家多有着悠久的宗教文化传统和浓厚的宗教信仰氛围[2]，如东南亚自古就是多族群、多宗教并存的多元文化地区，"一带一路"的互联互通将带动"多元文化"的大碰撞、大冲突、大融合，但一段时期内摩擦与冲突也可能会变得更加频繁。[3] 这就需要各方保持一定的耐心，将人文交流作为一项长期事业坚持不懈地推进。"一带一路"倡议将"民心相通"视为重要目标，传承和弘扬丝绸之路的友好合作精神，广泛开展文化交流、学术探讨、人才交流合作、媒体合作、青年和妇女交往、志愿者服务等，为深化双多边合作奠定坚实的民意基础，这非常有利于拉近地缘情感。对于"一带一路"倡议实施而言，需要在实现经济互利共赢的同时也加强人文、教育、卫生等民生工程建设，增强中国对周边国家的感召力、亲和力和凝聚力，加强地缘情感培植，成为"一带一路"的强力黏合剂。

四是加强周边地缘联系。地理磨损原理认为："要衡量一国对他国的影响力特别是战争力量时，就必须考虑距离和地理通达性两个因素，因为它们会使影响力与战争力量在传输过程中受到磨损和削弱。"[4] 换言之，从地缘政治视角考虑，大国影响力随地理距离增加而减弱。因而如何减少地缘效应递减，加强地缘联系就成为周边外交的重要任务。"一带一路"倡议的实施使得中国与周边国家的地

---

❶ 杨思灵. "一带一路"倡议下中国与沿线国家关系治理及挑战［J］.南亚研究，2015（2）.

❷ 余潇枫，张泰琦. "和合主义"建构"国家间认同"的价值范式——以"一带一路"沿线国家为例［J］.西北师范大学学报（社会科学版），2015（6）.

❸ 周方治. "一带一路"视野下中国—东盟合作的机遇、瓶颈与路径——兼论中泰战略合作探路者作用［J］.南洋问题研究，2015（3）.

❹ 楼耀亮.地缘政治与中国国防战略［M］.天津：天津人民出版社，2002：62.

缘联系更为紧密,通过"一带一路"倡议的大力实施,互联互通将逐步落实,促进天涯若比邻。互联互通工程是基础设施、制度规章、人员交流三位一体,政策沟通、设施联通、贸易畅通、资金融通、民心相通五大领域齐头并进的全方位、立体化、网络状的大联通,是生机勃勃、群策群力的开放系统。❶"一带一路"并非简单的点线布局,通过互联互通可以实现四通八达的网状布局。通过三条陆上线路、两条海上线路、六条经济走廊,联通不同次区域,借助大量的人员、产品、资本流通,中国的周边各国的地缘联系将更加紧密,"大周边"也将真正实现。这也符合当前中国外交重势轻利的导向,当前中国外交布局更加反映了东方的围棋思维,重大局谋长远,不计较"一城一池"之得失。"一带一路"秉持共商、共建、共享原则,既"授人以鱼"也"授人以渔",其目的都在于促进共同发展与繁荣。

五是释放地缘经济能量。"面对世界经济增长放缓与国内经济发展新常态的双重压力,中国急需通过实施'一带一路'倡议来突破对经济增长的双重约束。"❷"一带一路"的实施将极大地释放中国的地缘经济能量,将过剩的产能、资本、人力向周边国家进行输送,促进周边国家的经济发展,实现中国与周边国家的互利共赢。"一带一路"沿线许多国家受限于基础设施落后、资本缺乏等,发展相对落后。通过亚洲基础设施投资银行和丝路基金,中国将为"一带一路"建设提供大量的资本支持。"一带一路"倡议的实施可以激发这些国家的发展潜力,促进资源优势互补,更大限度地释放周边地缘经济能量。一是将为中国经济开拓创造更具全方位特点的开放格局,共同打造开放、包容、均衡、普惠的区域经济合作架构。二是创造培育国内、区域以至全球范围的新经济增长点,有助于中国与沿线国家较快实现经济可持续发展目标。❸三是促进周边区域合作经济制度发展,减少经济合作的交易成本,为周边地缘经济合作提供制度保障。四是推进人民币国际化的历史进程,促进周边地区金融的合作推进,提高区域内使用人民币的比例,能够有效防范区域内的金融风险、降低交易成本,为维护区域经济金融稳定做出重大贡献❹,实现"币缘政治"效应。

---

❶ 经国务院授权 三部委联合发布推动共建"一带一路"的愿景与行动[EB/OL].(2015-03-28)[2016-07-11].http://www.gov.cn/xinwen/2015-03/28/content_2839723.htm.
❷ 李晓,李俊久."一带一路"与中国地缘政治经济战略的重构[J].世界经济与政治,2015(10).
❸ 卢锋."一带一路"的影响、困难与风险[J].奋斗,2015(7).
❹ 陈雨露."一带一路"与人民币国际化[J].中国金融,2015(9).

第二节　周边地缘风险挑战

　　除了大国地缘竞争有所加剧外，"一带一路"周边沿线国家的地缘风险传导增强对中国的影响也要有所注意。由于"一带一路"倡议的实施促使周边国家与中国的地缘联系更加紧密，沿线各国的各类风险的地缘传导将更加迅速，使得周边地缘的敏感性增强。在沿线国家中，一些国家正处于社会体制和经济结构的转型期，在政治、经济、社会发展等方面存在诸多不确定因素，法律和贸易保护制度不够完善，由此产生的政治风险、安全风险、经济风险不可避免。❶

　　一是政治风险。"一带一路"沿线国家多为发展中国家或欠发达国家，经济社会发展较为落后，政治与社会安全形势异常复杂。❷ 这些地区地缘政治复杂，局部战争时有发生，很多国家政局也很不稳定。❸ "一带一路"周边沿线国家政治制度差异大，许多国家因国内派系斗争导致政局时有动荡。"一带一路"主要集中于交通运输、电力、能源、网络等基础设施建设，具有投资大、周期长、收益慢的特点，有赖于有关合作方的政治稳定性、政策延续性和对华关系状况。❹ 近年来，颜色革命已成为影响周边国家政治稳定的重要因素，一些国家因此政治风险加剧，经由地缘风险传导也会对"一带一路"建设产生重要影响，导致战略实施的不确定性显著增加。❺ 中国的海外投资多次因被投资国政局变动而利益受损严重，在中国坚持不干涉内政的外交原则的情况下，如何更为有效地维护自身海外利益面临新的考验，需要新的思路和对策。

　　二是安全风险。"一带一路"周边沿线国家还存在民族宗教矛盾复杂，非传统安全威胁突出的情况，构成了安全风险或潜在的安全风险。中东、中亚等地区的国际恐怖主义、宗教极端主义、民族分裂主义势力和跨国有组织犯罪活动猖獗，地区局势长期动荡不安。中东地区，"伊斯兰国"（IS）的恐怖活动已严重影响到地区安全。在南亚国家中，印度、巴基斯坦和阿富汗等均是恐怖主义活动较

　　❶ 刘红."一带一路"倡议发展机遇与风险论析［J］.人民论坛，2015（10）.
　　❷ 杨思灵."一带一路"倡议下中国与沿线国家关系治理及挑战［J］.南亚研究，2015（2）.
　　❸ 杨良敏，王琳."一带一路"倡议进入扎实推进新阶段［J］.中国发展观察，2015（9）.
　　❹ 吴志成，李金潼.践行区域合作共赢与全球协商共治的中国方案——中央政府主导下的"一带一路"建设［J］.当代世界，2015（5）.
　　❺ 刘瑞.从"三步走"到"一带一路"：习近平的国家经济战略创新［J］.企业经济，2015（9）.

为频繁的国家。❶ 此外，一些国家因宗教冲突、资源争端还存在爆发战争的可能性，这些安全风险极易影响"一带一路"倡议的实施，增加了中国海外利益的保护难度。"一带一路"沿线连接欧亚大陆地区，民族宗教文化非常复杂，涵盖了佛教、印度教、伊斯兰教、基督教等多种文明体系，而这些文明体系衍生出的政治制度、社会制度及文化制度均有着极大的差异。更为重要的是，国家之间的交往与合作交织着太多的宗教民族矛盾❷，由此引发的安全风险不容忽视。在中国倡导并实施"一带一路"倡议的现实背景下，"宗教因素"应该成为评估战略风险的重要指数之一。❸

三是经济风险。"一带一路"倡议主要是政府引导，企业将成为"一带一路"倡议的主要参与者，这也意味着中国"走出去"迈入新阶段。不过受限于信息匮乏、人文差异、法律各异等因素，中国企业"走出去"面临着诸多困难。如何与当地政府、人民友好共处，尊重当地文化习俗和相关法律，是中国企业"走出去"所面临的重要问题，不仅关系工程项目能否顺利进行，也事关中国良好国际形象的塑造。中国企业通过"一带一路""走出去"面临着复杂且巨大的经济风险。其一是投资风险。相对而言，"一带一路"沿线国家的投资环境并不优越。"2015年发布的全球营商环境报告，对全球185个国家的投资环境进行了评估，其中'一带一路'国家大部分位于百名开外，这也意味着这些国家的投资风险较高。"❹ 总体来看，"一带一路"沿线国家投资环境大多难称优良，投资因各种不确定性面临着较大的风险。企业参与"一带一路"倡议本质上是一种经济行为，因此，如何保障企业的合法利益，调动企业参与的积极性，是"一带一路"倡议能否持续实施的关键因素。其二是制度风险。中国企业"走出去"还面临着与国际规则、沿线国家的国内规则接轨的问题。"一带一路"沿线不少国家在劳工、土地、融资、财政、产业政策等方面规则不健全、不连续，执法随意性大，相互冲突❺，这使得中国企业"走出去"面临着较大的制度风险，相关利益很难完全通过制度得以保障。因此，"一带一路"倡议实施当中还面临着制度建设和制度协调的问题，"一带一路"本质上是一种基于国际规则的合作行为，国际制度或相关国家的国内制度应该为"一带一路"倡议的实施提供便利性，增强倡议实施

❶ 杨思灵."一带一路"倡议下中国与沿线国家关系治理及挑战［J］.南亚研究，2015（2）.
❷ 同上.
❸ 马丽蓉."一带一路"与亚非战略合作中的"宗教因素"［J］.西亚非洲，2015（4）.
❹ 刘华芹."一带一路"倡议背景下企业"走出去"的前景与路径选择［J］.对外经贸实务，2015（8）.
❺ 蒋姮."一带一路"地缘政治风险的评估与管理［J］.国际贸易，2015（8）.

的预期理性，减少合作外部性、交易成本。其三是工程风险。"一带一路"主要着力于基础设施项目建设，工程实施过程中，工程人员的安全、自然灾害的防治等都影响到工程进度与质量。这些工程场所大多地处偏僻，生活环境较差，如何减少或规避各种人为或自然因素对工程建设的影响，既需要工程人员加强自身保护，也需要得到当地政府的支持。

总体而言，"一带一路"倡议在推动周边地缘重塑的同时也使得周边地缘风险更加多元性、敏感性和复杂性。"一带一路"倡议实施加剧了大国在中国周边地区的地缘竞争，使得大国间的合作与对抗更加分化。"一带一路"倡议实施也加强了周边沿线国家与中国的地缘联系，使得各种风险经由地缘传导对中国的影响增大，与此同时，中国国内的一些安全风险也可能因此而与国外风险产生互动，跨境安全问题将更加突出，这些都对"一带一路"倡议带来了诸多挑战。

第三节　本章小结

从地缘视角考察"一带一路"，该倡议如能顺利实施，将产生巨大的地缘效应，与此同时也面临着大国地缘竞争等挑战与风险，这就需要加强"一带一路"的地缘战略运筹，促进周边地缘环境的优化。

第一，以地缘经济为主导、兼顾其他地缘效应。从"一带一路"倡议的规划来看，其主要是一个经济倡议，旨在通过加强交通、能源、网络等基础设施建设，促进经济要素有序自由流动、资源高效配置和市场深度融合，推动沿线各国实现经济政策协调，开展更大范围、更高水平、更深层次的区域合作，共同打造开放、包容、均衡、普惠的区域经济合作架构。不断促进地缘经济能量释放是"一带一路"持续合作的动力所在，而其地缘要素方面的噪声主要来自地缘政治、地缘安全等方面。对于"一带一路"倡议实施而言，一些国家对其地缘政治、地缘安全等负面效应的担忧和负面报道：一是他们对中国存在由来已久的偏见在短时间内难以根除；二是中国的发展令他们感到不适，中国实力的增强使他们无法及时调整心态。对此中国需要凸显"一带一路"的地缘经济价值，让沿线国家分享中国发展红利，实现互利共赢、共同发展。对于沿线国家对"一带一路"的地缘政治、地缘安全担忧要加强沟通，争取理解、增信释疑，促进互信、安全共享。将地缘经济置于主导地位，也有利于减少大国和周边沿线国家的猜忌与怀疑，减少"一带一路"倡议实施的阻力。

第二，以规则合作为原则、减少地缘风险。"一带一路"沿线许多国家还存在着政治不稳定、法律不健全等现象，给"一带一路"倡议的实施带来了潜在的不确定性因素。中国企业"走出去"如果还是沿袭传统思维走上层路线，将会导致两种负面影响：一是因沿线国家国内政治变动导致上层路线坍塌，如中国与缅甸、菲律宾等国家之间的一些合作常因这些国家政局变动而搁浅；二是忽视走基层路线导致社会基础薄弱。事实上，"一带一路"的基础设施建设基本是"接地气"的项目，在项目具体实施中如果不和地方政府、民众搞好关系，很可能会面临着诸多限制性因素。对于"一带一路"倡议实施中面临的沿线国家的政治风险、安全风险、经济风险，中国需要以规则合作为原则，减少人为因素、地缘风险的影响，这就需要做到以下五点：一是要恪守《联合国宪章》的宗旨和原则，遵守和平共处五项基本原则；二是要遵循市场规律和国际一般规则，充分发挥市场在资源配置中的决定性作用和各类企业的主体作用，同时发挥好政府的协调作用；三是要加强多边合作机制，发挥中国与"一带一路"沿线各国参与的诸多多边机制的协调作用，并适时推进各种区域间制度的协调与融合；四是在具体合作项目上加强法律规则意识，切实保护有关各方的合法权益，形成"项目—规则—项目"的良性循环❶；五是加强地缘风险评估与预警机制建设，为中国企业"走出去"提供指导，减少企业"走出去"可能面临的诸多风险。广大企业是中国"走出去"的重要主体，是"一带一路"的利益相关者，对于当前的中国外交而言，应该加强对投资对象国的研究，以增强投资的针对性。对于沿线国家的风险而言，如果处理不当，就会影响到"一带一路"倡议的实施，导致周边地缘环境恶化。基于规则合作，加强"在商言商"，基于制度规避或减少风险，可以减少周边地缘的敏感性、传导性。

第三，以整体视角为指导、实现多重地缘统筹。"一带一路"不是一盘散沙，要注重整体统筹，最大可能地塑造和谐周边、繁荣周边、安全周边。在周边地缘塑造上，需要实现三大统筹。一是陆海统筹。中国是一个兼具陆海地缘复合型国家，有关中国到底是以陆权为主还是海权为主的争论经久不息。事实上，这并非是一个非此即彼的选择。中国的地缘战略应该随着中国的地缘塑造能力的发展而与时俱进，陆海地缘可以统筹并举。"一带一路"倡议有利于促进海陆和合，有助于打破传统地缘政治学所导致的"海陆对抗"或"欧亚大陆地缘争夺"的恶性循环。❷"一带一路"倡议的实施实际上就是要推进中国陆海地缘的统筹，通过中国—

---

❶ 周方治."一带一路"视野下中国—东盟合作的机遇、瓶颈与路径——兼论中泰战略合作探路者作用［J］.南洋问题研究，2015（3）.

❷ 刘江永.海陆和合论："一带一路"可持续安全的地缘政治学［J］.国际安全研究，2015（5）.

中南半岛等国际经济合作走廊，孟、中、印、缅等经济走廊实现陆海连接，促进陆海统筹。只有不断实现海上丝绸之路和陆上丝绸之路经济带的对接，才能实现中国周边地区的地缘统筹。通过"一带一路"助力陆海统筹，可以拓展中国的战略空间，减少大国的中国周边地区的地缘竞争。二是"大小周边"统筹。"一带一路"极大地拓展了中国的周边地缘，加强了"大周边"的地缘联系，不过相对于"小周边"与中国的传统关系、文化亲近而言，"大周边"的外线国家与中国的差异更大，地缘联系更弱，这就需要统筹"大小周边"，借助互联互通建设加强地缘联系。三是各种地缘要素统筹。"一带一路"重塑周边地缘并非只是单纯地追求地缘经济效应，而应兼顾地缘政治、地缘安全、地缘情感等其他地缘要素，降低地缘风险的传导性的不良影响，削弱"三股势力"内外联动的负面影响，实现地缘经济的互利共赢、地缘政治上的相互尊重、地缘安全上的安全共享、地缘情感上的命运相连。

第二章　大国对"一带一路"的认知及影响

　　近年来，国际关系格局发生了重大变化。以美国为首的西方国家在 2008 年金融危机后普遍受到冲击，迫切需要借助中国、印度、巴西等新兴经济体的力量走出危机。在中国、俄罗斯等在本地区影响力持续上升的背景下，美国在东亚和东欧两个地区均感受到巨大压力。由此，奥巴马政府正式推出"重返亚太"战略。以美国为首的西方国家以"重返亚太"战略、"新丝绸之路"计划、"欧盟伙伴国东扩"计划为抓手，应对中俄不断上升的影响力。在经济上，积极推动"跨太平洋伙伴关系协定（TPP）"，以抵消中国的经济影响力；在安全上，不断挑动、助推中国与周边国家的矛盾，竭力打散东亚国家之间的区域合作。中美之间的权力变化成为当前亚太地区众多问题的背后因素之一，也是丝绸之路经济带建设中不得不考虑的影响因子。

　　在全球经济贸易增长乏力态势下，不确定因素明显增多。乌克兰危机后，俄罗斯与西方关系在制裁下恶化，内部出现资本外流、汇率波动、经济整体下滑。2014 年 3 月 16 日，克里米亚自治共和国和塞瓦斯托波尔完成公投程序，正式并入俄罗斯版图，俄罗斯与西方国家的关系也从此刻起跌入低谷。此后，以美国为首的西方国家的制裁重创了俄罗斯经济，阻碍了俄罗斯大国复兴战略的实施。

　　中国经济进入"新常态"，面临长期中高速经济增长带来的潜在负面效应。2014 年 5 月，习近平主席第一次提出中国经济进入"新常态"："我国发展仍处于重要战略机遇期，我们要增强信心，从当前我国经济发展的阶段性特征出发，适应新常态，保持战略上的平常心态。"❶

　　近 20 年，中国与中亚五国贸易总值增长近 100 倍。1992 年，中国与中亚五国双边贸易总值仅为 4.6 亿美元，而 2012 年则达 460 亿美元。根据中国 2013 年的统计数据，中国已经成为哈萨克斯坦和土库曼斯坦的最大贸易伙伴，是乌兹别

---

❶　习近平. 深化改革发挥优势创新思路统筹兼顾，确保经济持续健康发展社会和谐稳定［N］. 人民日报，2014-05-11.

克斯坦和吉尔吉斯斯坦的第二大贸易伙伴，是塔吉克斯坦的第三大贸易伙伴❶，紧密的经济关系使中国在中亚地区的影响力逐步加强。如何消除中国与中亚国家双边贸易的快速发展对俄罗斯带来的心理压力，实现中俄在欧亚地区的互补性竞争，是未来亟须解决的问题。互补性竞争的概念最早应用于国际多边贸易领域，特别是区域经济合作作用的解释，学者对这一关系也有详细的论述。❷

中俄两国在中亚、高加索、独联体等苏联地区增进互信，将影响力和权力拓展置于实际经济收益考量之后，提高各自对另一方的战略舒适度，追求合作原则上的一致性、合作内容上的融合性、合作目标上的趋同性，以及合作方式上的包容性，是实现中俄互补性竞争的主要努力方向。

自 2013 年中国新一届领导人相继提出"一带一路"倡议以来，随着"海上丝绸之路"轮廓日渐清晰及中国围绕"一带一路"的外交努力，南亚国家除印度较为谨慎外，其他国家都做出了较为积极的回应。巴基斯坦积极支持和参与中国的"一带一路"倡议，积极支持中巴经济走廊建设。斯里兰卡欢迎并支持中国提出的"一带一路"倡议，积极参与相关领域的合作。

还有一些沿线大国，他们既想分享"一带一路"倡议可能带来的好处，但是又担心这一倡议在实施过程中存在着某些不确定性和潜在风险，因而持怀疑、观望的态度。❸例如，印度社会对"一带一路"倡议的看法就存在着较大分歧，"机遇论"和"挑战论"并存，对中国"一带一路"倡议有较深的顾忌。印度官方则采取了"没有态度"的表态，显示出谨慎应对的立场。

因此，"一带一路"倡议能否顺利实施不仅需要沿线国家的积极响应，也离不开域外国家尤其是域外关键大国的理解和支持。

面对中国"一带一路"倡议所折射出的新理念，以及设立的亚洲基础设施投资银行、丝路基金、金砖国家开发银行等新机制，美国会竭力维护其既得利益。❹尽管美国不是"一带一路"域内国家，但是在沿线却遍布着诸多盟国和伙伴国家。借助于同盟体系和军事实力，美国具有介入"一带一路"沿线地区事务乃至一些国家内政的多种资源和手段。

---

❶ 商务部. 中国与中亚国家近 20 年贸易总值增长近 100 倍［EB/OL］.（2013–05–31）［2016–06–18］. http://www.mofcom.gov.cn/article/i/jyjl/m/201305/20130500146769.shtml.

❷ 刘光溪. 互补性竞争论——区域集团与多边贸易体制［M］.北京：经济日报出版社，2006：22.

❸ 马建英. 美国对中国"一带一路"倡议的认知与反应［J］.世界经济与政治，2015（10）.

❹ 同上。

第一节　俄罗斯对"一带一路"的基本立场及政策主张

作为高层设计的宏大构想和愿景，"一带一路"是以习近平主席为核心的中国新一届领导人为打造全方位对外开放新格局、实现百年中国复兴梦而提出的伟大倡议。丝绸之路经济带是"一带一路"总体构想中的陆上部分，目的是与沿线国家共同打造互联互通的欧亚大陆经济空间，实现共同发展。丝绸之路经济带沿线覆盖欧亚大陆数十个国家，包括上合组织成员国、对话伙伴国和观察员国及金砖主要国家，人口近30亿。

自2013年9月中国领导人提出"一带一路"倡议以来，俄罗斯官方对"一带一路"及"丝绸之路经济带"的认知和反应经历了复杂的过程。俄罗斯民众层面对"一带一路"倡议的了解及理性反应较为有限，目前俄罗斯主要民调机构列瓦达和全俄舆论中心关于此问题的民调议题还很少。

一、俄罗斯国内对"丝绸之路经济带"概念的认知及媒体关注度

关于中国的"一带一路""丝绸之路经济带"或"新丝绸之路"（非指美国版本），俄罗斯主要称为 проект（方案或规划）、концепция（构想）、инициатива（倡议）。这说明俄罗斯倾向于认为中国的丝绸之路经济带尚处于规划的初期，目前仅具备了合作的原则、理念、基本框架和方向，尚需充实具体合作内容和确定优先项目，还不是具有明确的实施目标、行动纲领及路线图的发展战略。这一方面表明了中国"丝绸之路经济带"的开放性和包容性；另一方面也为俄罗斯等沿线国参与并提出自己的利益诉求、政策主张提供了机遇。

"一带一路"和"丝绸之路经济带"词汇成为当前在俄罗斯网站的热词，截至2015年12月25日，在俄罗斯搜索引擎 яндекс 上共有13.1万条包括该词汇的答案，关于两大方案对接的词条每月有76条记录显示。与网络上的"红火场景"不同，俄罗斯民众层面对该问题的认知情况却不容乐观。

二、俄罗斯官方对中国"丝绸之路经济带"态度的转变

2014年2月，中国国家主席习近平参加索契冬奥会时表示欢迎俄罗斯方面参加中国的"丝绸之路经济带"倡议，使其成为中俄全面战略协作伙伴关系发展的新平台。俄罗斯总统普京回应称，可以考虑中方的倡议，建议将俄罗斯西伯利

亚大铁路与中国的"一带一路"连接，创造出更大效益。在两国领导人达成初步共识后，2014 年 5 月 20 日，中俄两国元首在上海签署了《中俄关于全面战略协作伙伴关系新阶段的联合声明》，声明指出，俄罗斯高度评价中国在制定和实施该倡议的过程中考虑俄罗斯方面利益。中俄两国将继续寻求将丝绸之路经济带与欧亚经济联盟的对接问题，深化部门间合作，联合制定包括发展交通运输和基础设施建设等在内的合作方案。同年 5 月 29 日，俄罗斯、白俄罗斯和哈萨克斯坦作为关税同盟和统一经济空间的成员国，签署建立欧亚经济联盟的协议。同年 9 月，普京在上合组织杜尚别峰会上指出，上合组织经济议程的战略性合作项目可以包括利用西伯利亚大铁路和贝阿铁路的过境运输潜力同中国的丝绸之路规划对接。同年 11 月，中国建立了 400 亿美元的丝绸之路基金，用于该倡议下的项目实施。2015 年 1 月 1 日，欧亚经济联盟正式启动，1 月 2 日亚美尼亚加入。

如果说 2014 年是中俄高层及官商学各界人士就中国倡议展开初步交流，增信释疑，为了解彼此关切和达成初步共识迈出的第一步；那么 2015 年则标志着中俄两国在该框架下的合作进入高层设计，并引领相关部门启动谈判和对话的关键期。俄罗斯专家界认为，2015 年 3 月 26—29 日的中国博鳌论坛使俄罗斯进一步了解了"一带一路"的规划图景和谈判成果，对中国的丝绸之路经济带构想有了更为深入的理解。3 月 28 日，习近平主席在博鳌亚洲论坛演讲指出："一带一路"建设不是要替代现有地区合作机制和倡议，而是要在已有基础上，推动沿线国家实现发展战略相互对接、优势互补。目前，已经有 60 多个沿线国家和国际组织对参与"一带一路"建设表达了积极态度。❶ 同日，中国三部委联合发布"一带一路"规划方案《推动共建丝绸之路经济带和 21 世纪海上丝绸之路的愿景与行动》，提出了总体框架和发展思路。❷ 2015 年 5 月 8 日，中俄两国元首签署《关于深化全面战略协作伙伴关系、倡导合作共赢的联合声明》和《关于丝绸之路经济带和欧亚经济联盟建设对接合作的联合声明》，最终明确了中俄两国在丝绸之路经济带下的战略对接和优先合作方向。对此声明普京评论道，经济联盟与丝绸之路经济带的对接意味着中俄两国伙伴关系提升到新的水平，其实质是共建欧亚大陆统一的经济空间，欧亚经济联盟和丝绸之路经济带能够和谐互补。在对接声明签署后，俄罗斯总统新闻秘书佩斯科夫（Дмитрий Песков）宣称，中国

---

❶ 习近平主席在博鳌亚洲论坛 2015 年年会上的主旨演讲［EB/OL］.（2015-03-29）［2016-10-18］. http：// news. xinhuanet. com/ politics/ 2015-03/ 29/ c_127632707.htm.

❷ 中国商务部.推动共建丝绸之路经济带和21世纪海上丝绸之路的愿景与行动［EB/OL］.（2015-03-29）［2016-10-18］. http：// zhs. Mofcom. Gov. cn/ article/ xxfb/ 201503/ 20150300926644.shtml.

的"丝绸之路经济带"是宏大的规划，它包含经济、地缘政治和其他因素。中俄两国将在两大方案对接声明的基础上实施众多项目的相互协作，包括"莫斯科—喀山"高铁建设项目，两国交通部正在签署合作协议。佩斯科夫同时透露道，"瓦尔代"国际辩论俱乐部早就开始了研究该规划。2015 年 6 月 4 日，俄罗斯重要智囊团队"瓦尔代"国际辩论俱乐部以俄、英两种版本公布其研究报告《构建中央欧亚："丝绸之路经济带"与欧亚国家协同发展优先事项》。❶

三、俄罗斯官方对中国"丝绸之路经济带"的基本立场

综上所述，俄罗斯对中国"丝绸之路经济带"倡议的态度经历了警惕、疑虑的初期，后经中俄双方各界人士的交流和对话，在两国高层达成政治共识的基础上，通过行政权力主导，自上而下的推动，最终做出了俄罗斯全面参与中国"丝绸之路经济带"建设、共同推动丝路带与欧亚经济联盟对接的战略决断。在此期间，俄罗斯职能部门、智囊机构及专家学者对中国"丝绸之路经济带"倡议、对俄罗斯参与的合理性和效益进行了充分调研与论证。俄罗斯态度转为积极主要基于以下考量。

首先，在全面衡量利弊得失的基础上，俄罗斯认为加入中国的"丝绸之路经济带"建设受益多，俄罗斯并非处于中国方案的边缘，而是处于欧亚大动脉的枢纽和欧亚一体化的中心。为此，俄罗斯需要制定统一的战略规划，积极应对，趋利避害。俄罗斯认为较理想的合作思路是将中国的强大资金和基础设施建设领域的优势技术、中亚地区丰富的资源和劳动力、俄罗斯所能提供的合作框架和现有机制有效整合、优势互补，巩固俄罗斯作为欧亚大陆桥梁的作用和欧亚经济联盟的主导国地位。与此同时，借助中国的资金和技术，俄罗斯可解决国内经济发展任务：实现出口市场多元化，推动境内交通—物流设施的发展和对跨西伯利亚大铁路和贝阿铁路的现代化改造并以此带动交通大动脉沿线地区的经济发展，加快远东开发和走向亚太市场。

其次，丝绸之路经济带沿线国家普遍对中国的倡议感兴趣，欧亚大陆东、中、西部国家正相互吸引，欧亚大陆一体化的趋势不可阻挡，俄罗斯应顺势而为。

最后，在国际形势大变革和俄罗斯深陷地缘政治与经济困境时，俄罗斯视中

---

❶　该报告的参与者是以俄高等经济学校、国防与外交政策委员会主席团荣誉主席谢·卡拉加诺夫为首的俄高等经济学校所属研究机构，以及来自俄罗斯外交部下属国际关系学院、莫斯科卡内基中心等机构的学者。相关内容参见《俄罗斯研究》，2015 年第 3 期。

俄两大方案的战略对接具有更深刻的国际背景和深远影响——巩固俄罗斯作为欧亚大陆文明和经济中心的地位。

四、俄罗斯在"丝绸之路经济带"建设中的角色、地位以及可能的风险

中俄对接声明公布后在俄罗斯专家界引起了不同反应。主流观点认为，俄罗斯是否参与和支持中国的"丝绸之路经济带"倡议取决于俄罗斯在中国"丝绸之路经济带"建设中的角色、地位以及可能的风险。

一是在"丝绸之路经济带"框架下发挥好俄罗斯作为亚欧大陆枢纽的作用，顺势推动俄罗斯境内交通运输基础设施建设，吸引中国投资改造西伯利亚大铁路和贝阿铁路，加快远东和西伯利亚开发。俄罗斯传统上就是欧亚之间的纽带，俄罗斯打算支持并积极参与中国的复兴丝绸之路方案。俄罗斯将在远东建立加速发展区，制定加速发展区的相关法律，在税收和发放经营许可证等方面实施优惠政策。

二是充分发挥俄罗斯的优势，借用好中国和中亚国家的优势，提升俄罗斯作为亚欧大陆经济中心的作用。俄罗斯不应仅是连接亚欧的桥梁、能源大国和原料供应国，还应积极利用亚欧大陆现有一体化机制欧亚经济联盟、集体安全条约组织和上合组织，制定欧亚经济联盟与中国关系的统一议程，由俄罗斯提供合作框架和制度化经验，借助中国的资金、商品和基础设施建设方面的技术、中亚国家的资源和劳动力，实现优势互补，合作共建亚欧经济空间。

三是受国内经济形势和基础设施欠发达等因素影响，俄罗斯加入"丝绸之路经济带"建设存在着风险和挑战，俄罗斯要善于化危为机、趋利避害。中俄两国拟建从明斯克—莫斯科—北京的高铁，以及打造丝绸之路经济带框架下的亚欧大陆交通—物流走廊必将冲击西伯利亚铁路。为此，2014年3月，以俄罗斯铁路公司总裁弗·亚库宁为代表的专家团队提出了"跨亚欧发展带"构想，旨在以此打通俄罗斯通往亚太、北美、北冰洋的新通道，但也因资金问题成为一纸空文。

第二节　美国对"一带一路"的认知及政策

自2013年中国领导人相继提出"丝绸之路经济带"和"海上丝绸之路"倡议以来，其得到了世界广泛关注。"一带一路"倡议是中国增进地区合作重要举

措之一,是中国确保能源安全和可持续经济增长的重要推手,也是扩大中国影响力、展示中国国力的形象之举。

一、中国"一带一路"倡议对美国是机遇,也是挑战

美国认为中国的"一带一路"倡议将极大地提高中国的经济、政治影响力,通过互联互通,中国可以与沿线国家实现有效对接与贸易连通,从而构建一个以中国为中心的新亚太经贸体系。

2014年11月9日,中国政府宣布将投资400亿美元成立丝路基金,以建设融资平台为抓手,打破亚洲互联互通的"瓶颈"。该资金将向"一带一路"沿线国家提供投资与财政支持,用于基础设施、资源开发、工业合作和其他相关的互联互通项目。

也有美国学者认为中国的"一带一路"倡议是牵制美国"重返亚太"的对策。中国提出的"一带一路"倡议不仅仅是一个经济概念,更具有地缘政治含义❶,因此引起美国的高度关注与警惕。

中国提出的"一带一路"倡议对美国而言既是机遇,也是挑战。但就总体而言,中国的"一带一路"倡议可以为美国企业带来更大的发展机遇。因此,美国应采取积极、务实的态度,以实现互利共赢。

虽然目前中国已发展成为仅次于美国的世界第二大经济体,但中国并没有发展到可以挑战美国世界第一的地步,中美之间真实的差距非常巨大。据相关报告分析,中国的综合国力只相当于美国的48%。

实际上,尽管中国在政治、经济、军事、教育与科技等方面取得了一些令人瞩目的成绩,但与美国相比,中国在这些领域仍落后于美国。尽管中国的快速发展已引起美国等其他国家的关注,中国与美国之间的差距在不断缩小,但无论从"硬实力"还是"软实力"来说,与世界第一的美国相比,中国只能算作是一个发展中大国。中国要奋发进取,虚心学习美国的长处,对内要不断加强国内的法治建设,坚决扫除中国崛起进程中的各种障碍,坚决打击腐败。对外坚持改革开放,积极参与国际与地区事务,继续发挥中国的作用。同时要积极处理好与周边国家的友好合作关系,不断扩大互利共赢局面,通过实现社会与经济的现代化来扩大中国的影响。努力推进包括美国在内的世界其他国家的良性互动,积极打造命运共同体,与美国建立真正意义上的新型伙伴关系,才能实现真正的互利

---

❶ 滕建群."一带一路"战略与中美关系[J].军事文摘,2015(17).

共赢。

经过 30 多年的磨合，中美关系已超出双边范畴，具有全球性意义。"不冲突、不对抗、相互尊重、合作共赢"正成为中美建立新型大国关系的原则，双方在双边、地区和全球性问题上存在着广泛的合作空间。中国应与美国强化务实合作，挖掘潜力，不断扩大中美两国关系的正能量，互利共赢，减少或降低双边之间不和谐声音和潜在冲突。

二、借助"一带一路"加强中美互利合作

尽管中美两国政治历史、制度与理念迥异，但在全球化不断演变的今天，中美两国依然可以和平相处，深化双边合作，共同努力推动国际新秩序的建构。尽管中美之间仍存在着诸多分歧，但中美两国也存在着许多共同的利益所在，在诸多国际与地区事务中，中美两国存在着合作的巨大空间。中美两国应彼此珍惜相互之间的合作，不断努力寻找更多、更深领域的合作，以推动中美关系相向而行。同时，中美两国应积极寻求有效解决彼此分歧的方法。

中美关系是中国外交中最重要的关系，对美外交也成为中国新一届政府对外政策的重中之重，尽管中美关系的发展极不平衡，但随着中美两国之间的共同利益不断增多，中美两国完全可建立起一种相互信赖与友好共处的"新型大国关系"——以互信求稳定、以合作促发展、以沟通解分歧。

具体而言：互信是中美建立新型大国关系的前提。只有在相互理解和相互照顾彼此利益关切基础上，中美两国才能建立相互尊重、互利共赢的新型大国关系。互信是两国关系稳定发展的基石；而合作是中美两国深化双边关系的正确选择，两国在经济、安全等方面合作空间巨大，中美两国在国际和地区事务中的合作空间也很大，加强两国的合作可以进一步推动双边关系的良性发展，实现互利共赢。

中国在扩大开放和对外政策的透明化方面，中国政府已取得了诸多成就，中国仍需继续扩大改革开放、增加在对外政策和军事领域的透明程度，不断向世界提供必要的公共安全信息，让美国乃至整个国际社会更好地了解中国，促进信息共享，增进彼此的互信，减少误判。中美两国要积极通过沟通管控分歧，应切实尊重和照顾彼此的核心利益，在不断扩大两国共同利益基础上，不断努力缩小彼此的分歧，共同维护好两国关系继续向前稳定发展。只有这样，作为世界第二大经济体的中国才能更快、更好地全面发展，而中国持续快速发展的本身就保障了中美关系的发展。

美国在 21 世纪初期发动了阿富汗战争，美国的中亚战略随之主要围绕阿富汗战争而展开。尽管美军陆续撤出阿富汗，但并不意味着美国将放弃中亚地区，美国在处理中亚问题时更趋于理性和务实。

从 2015 年开始，美国对中亚的政策就出现明显变化。2015 年 3 月，美国副国务卿安·布林肯在布鲁金斯学会发表讲话，阐述了美国的中亚新政策，指出：美国与中亚每个国家的接触旨在实现三个重要目标：加强伙伴关系，以推进共同安全；锻造更紧密的经济联系；推动和倡导善治与人权。虽然安·布林肯强调："有些人将我们的部队从阿富汗的缩减视为这个地区对美国重要性的下降，没有什么比这更不符合事实的了。从 20 世纪 90 年代到今天，我们观察中亚的视角可能有变化，但我们对在这个地区为推进我们的利益和价值而建立持久伙伴关系的承诺丝毫也没有改变。"但显然，美国中亚战略的重心开始转向经济和民生。美国应重新平衡中亚政策目标，将由安全主导转向兼顾经济社会发展，并通过协调合作取得更多成果。

尽管美国不是亚欧地区的直接利益相关方，对中亚影响力也相对有限，未来成为地区主导者更不现实。但在地区互联互通和一体化加速的背景下，美国有必要采取更有针对性的政策积极介入，帮助中亚地区实现繁荣、安全与稳定。相关政策措施包括设立直接受白宫领导的负责亚欧事务的高级别职位，加大与中亚国家经济交流和直接投资的力度，重启"新丝绸之路"计划，派出更多高级别官员访问中亚国家，加强与中俄等大国协调，扩展以大学为基础的研究、交流和商务培训项目等。

美国在中亚地区以"安全利益、经济利益和人权目标"为重点积极推行其中亚政策，通过实现在中亚地区的战略存在，美国确保了其军队在阿富汗的供给路线和在阿富汗的行动能力；尽管俄罗斯在中亚的影响力仍旧突出，但中亚并没有出现区域霸权国家；俄罗斯对中亚石油和天然气的垄断也不复存在。但是，中亚国家在美国所倡导的民主化、市场经济、法治和人权等事务上进展有限，甚至出现了"倒退"；美国推动的区域经济一体化雷声大、雨点小，建立连接中亚—阿富汗—巴基斯坦经济走廊的"新丝绸之路"战略起色不大。

三、减少冲突、增进合作

自中国提出"一带一路"倡议以来，美国加快了与印度的双边安全与经济合作步伐，以牵制中国。2016 年 8 月，美、印两国签署了《后勤交换协议备忘录》。两国战机和军舰可以使用对方的军事基地来加油、维修和补给，标志着美、印两国在军事上形成事实上的"盟友"关系。

同时，美国利用阿富汗问题阻挠中国与巴基斯坦共建"中巴经济走廊"建设。美国在阿富汗民族和解方面采取了不积极的态度。而在中国和巴基斯坦的努力下，作为中间人使阿富汗与塔利班双方坐到了谈判桌前。但美国不断释放不利于阿富汗和解的信息，从而导致阿富汗和平倡议化为乌有。

就中美关系而言，中国提出的"一带一路"倡议有利于中美建立新型大国关系。而中美建立新型大国关系符合相同利益，美国海外军事基地的存在不仅不会对"一带一路"构成威胁，反而可能在客观上提供国际公共安全产品，中国的"一带一路"建设有利于形成良好的中美关系。但是，如果中美对抗，则中国"一带一路"倡议难以推行下去，两国面临的威胁也可能扩大。

因此，在未来20年中，"一带一路"将可能成为中美之间战略博弈的主要目标。目前，中国"一带一路"倡议的推进面临来自南海争端各方的挑战，尤其是以美国为代表的域外大国的强势介入❶，挑起地区紧张局势，对"一带一路"倡议的落实产生了消极影响。

同时，美国也提出了"新丝绸之路"计划，其涵盖范围和中国的"一带一路"倡议所辐射地域具有重叠部分，未来双方将面临如何在"重叠区"进行协调与合作的问题。

中国"一带一路"计划的推行既关系到中国国内经济发展的前景和地区经济结构的重塑，又蕴含重要的外交和战略意义。❷作为地区主导性力量的美国不可避免地将对这一战略进行评估、解读和做出反应。

总体而言，美国国内对中国的"一带一路"倡议抱有警惕和防范心理，甚至不乏偏见和误解，普遍认为中国在新时代提出的这一周边外交倡议构想具有地缘政治和地缘经济等多重动机。中国宣布设立亚洲基础设施投资银行和丝路基金之后，一些美国媒体和观察家迅速将"一带一路"倡议与美国历史上的"马歇尔计划"联系起来，声称"一带一路"倡议是"中国版的马歇尔计划"❸，其中亚洲基础设施投资银行和丝路基金是相互联系的重点倡议安排。"一带一路"倡议可以称得上是中国对美国"亚太再平衡"战略的一种回应。也有不少美国学者认为中国发起的"一带一路"倡议实际上是一种对周边国家的"新怀柔政策"，其目的在于稳定因海洋争执而恶化的周边局势，防止"中国威胁论"发酵。同时，通过

---

❶ 林尚杰.从"一带一路"视角看美国介入南海争端［J］.法制与社会，2016（15）.

❷ 王联合.美国对"一带一路"战略的认知与反应［J］.复旦国际关系评论，2015（1）.

❸ 马建英.美国对中国"一带一路"倡议的认知与反应［J］.世界经济与政治，2015（10）.

丝绸之路合作对相关国家加以拉拢，还可以提升中国的地区影响力。

"丝绸之路经济带"及"21世纪海上丝绸之路"构想是中国新一届政府外交工作的一大亮点。美国对这一倡议十分关注和重视，认为中国提出"一带一路"倡议抗衡"亚太再平衡"战略❶，塑造"去美国化"的地区新秩序。在美国强势介入地区事务的背景下，中美两国在经贸、安全等领域展开持续博弈，如何处理好美国因素，对"一带一路"倡议的顺利推进至关重要。

中国需积极寻求将"一带一路"倡议与美国的"新丝绸之路"计划对接，寻找两国能够深度合作的领域和项目，扩展共同利益，避免两国之间的恶性竞争。

在推进"一带一路"倡议中，中国需妥善处理好与周边国家的海洋争端。不断加强与周边国家之间的政治与战略互信，避免周边国家"在经济上与中国的向心力越来越大、在安全与政治上与中国的离心力越来越大"而沦为美国牵制中国的棋子。

中国还应注意与美国主导的现有国际金融机构进行协调合作，以化解多边阻力与政治风险。

第三节　澳大利亚、日本对"一带一路"的认知及影响

一、澳大利亚积极参与中国"一带一路"建设

虽然澳大利亚在严格意义上并非沿线国家之一，但作为发达经济体拥有成熟资本市场的澳大利亚，对中国"一带一路"倡议表现出了积极的态度，不同于其他沿线小国❷，澳大利亚多次表达了深入参与"一带一路"建设的意愿，希望发挥农业、环保、能源资源、医疗、教育、基础设施建设等领域优势，在中国"一带一路"建设中分享成果。而且，澳大利亚更希望在中国人民币国际化和中国企业"走出去"中扮演关键角色。作为亚投行的创始成员国之一，澳大利亚积极参与沿线建设推动人民币国际化进程，以实现澳元与人民币的直接交易，并适时推出人民币板块，以规避汇率风险，这将成为澳大利亚推动中国人民币国际化的重要一步。

❶　杜兰."一带一路"倡议：美国的认知和可能应对 [J].新视野，2015（2）.
❷　周艾琳."一带一路"魅力难挡 各国都看中了哪些机遇？[N].第一财经日报，2015-04-30.

同时，中国政府提出的"一带一路"倡议越来越受到澳大利亚经济界人士的关注，中国的"一带一路"倡议也为澳大利亚带来了发展机遇，澳大利亚希望以中国"一带一路"倡议为契机，吸引更多的中国资本进入澳大利亚的基础设施建设、海洋合作研究、旅游等领域。澳大利亚拥有先进的科学技术和丰富的自然资源，而中国的"一带一路"倡议致力于深化区域互联互通，对澳大利亚具有重要意义，澳大利亚在中国"一带一路"建设进程中将发挥重要的积极作用。

近年来，中澳关系不断向前发展，两国经贸合作不断深入，中国已成为澳大利亚最大的贸易伙伴和最大投资国之一，双边经贸关系的高速发展源于双方经济的高度互补。中澳双边经贸具有很强的互补性。中国的"一带一路"倡议将为澳大利亚多个产业带来长期发展的机遇，涵盖了基础设施建设、银行金融业、农业、能源、旅游、教育、医疗、专业服务等诸多行业。在践行"一带一路"合作发展计划的过程中，澳大利亚产业不但要进一步加强传统贸易领域优势，更要灵活发掘"一带一路"与其他关联产业的联结，从而进一步增强澳大利亚国家竞争优势。

目前，中澳两国都在积极实现各自的经济转型，双方深化互利合作的潜力和机会很大。中澳双边经贸合作已经形成了全方位、多层次、宽领域的格局，尤其是中澳正式签署了自贸协定，人民币清算行花落悉尼等，这都为两国的经贸合作提供了新的机遇，互利共赢正成为中澳加强合作的主旋律。澳大利亚将借中国"一带一路"倡议与之经贸深度融合的东风，助力澳大利亚多产业的发展。澳大利亚积极对接中国"一带一路"倡议❶：在确保大宗商品贸易的市场地位基础上，充分发挥澳大利亚在创新和知识经济的比较优势，带动中澳两国新的经贸往来增长点。

中国"一带一路"倡议和国际产能合作与澳大利亚的"北部大开发"倡议及国家基础设施发展计划拥有诸多共同点。因此，通过中澳两国发展战略的对接，双方可进一步提升两国全方位合作的领域与层次，将中国"一带一路"建设与澳大利亚北部大开发、昆士兰北部大开发等相对接，以实现双方乃至多方合作共赢的长期目标。

澳大利亚北部地区包括北领地、昆士兰州和西澳大利亚州北部地区。由于该地区地广人稀、基础设施相对落后，经济形式相对单一，过于依赖当地的矿业发展，澳大利亚北部地区长期成了澳大利亚落后地区。

2014年11月，中国国家主席习近平在对澳大利亚进行国事访问期间提出，中方愿意应澳方邀请积极参与澳大利亚"北部大开发"计划。2015年6月，澳大利

---

❶ 中国"一带一路"：澳大利亚产业的机遇，中国经济网，2016年5月27日。

亚政府正式公布了"北部大开发"计划,拟在未来20年内将北部地区打造成推动澳大利亚经济增长的重要区域,同时发布《我们的北部,我们的未来——发展澳大利亚北部构想》白皮书,提出了未来20年澳大利亚北部发展的愿景和蓝图。

澳大利亚"北部大开发"计划立足长远,将致力于在多个领域释放当地的巨大发展潜力,包括通过简化土地政策、加大基础设施建设、消除企业用工障碍、提升政府管理水平等措施降低商业成本、发展水利、吸引投资,到2035年,将该地区打造成澳大利亚连通国际商贸和投资的大门。

"北部大开发"计划不仅可以促使该地区经济多元化,还有利于促进澳大利亚经济的持续发展。

与"一带一路"很多沿线国家相比,澳大利亚作为发达经济体拥有较为成熟的资本市场,可以吸引更多的中国企业在澳大利亚上市,这是中澳两国深化进一步合作的重要领域之一。

二、日本积极竞争"一带一路"沿线地区

随着日本安倍晋三重新执政以来,积极推动"摆脱战后体制",力图打破行使集体自卫权问题上的"禁区"并力主修宪,大肆宣传"中国威胁论",否定钓鱼岛争端,拉拢美国,修改"日美防卫合作指针",在中国周边地区推行"价值观"外交,以及战略援助外交,企图形成对华战略牵制。

东盟地区是中国的"一带一路"倡议所经地区之一,对中日两国具有重要的地缘政治意义,中日两国与东盟地区经济深度融合,将有助于亚太地区繁荣与稳定,推动国际政治、经济新秩序的重构。因此,中日两国在东盟地区的竞争应抛弃"零和游戏",发挥各自在东盟地区的优势,取长补短,实现共赢。

中国、日本和东盟同为东亚地区的主要经济体。中国与日本都是东盟主要的对话伙伴国。而且,中国和日本同为东盟的主要直接投资来源国。但是,中日两国对东盟投资差异性很大,无论在投资结构与投资方式领域,还是投资水平与质量等方面,和日本相比,中国在东盟地区的投资规模都存在较大差距。制造业成为日本对东盟的投资主要集中领域,在制造业投资的基础上,日本企业也不断扩大以市场进入为目的金融和保险业、批发和零售业的投资。2010年后,中国对东盟的投资逐渐集中于基础设施建设、房地产、采矿、金融等领域。在基础设施建设方面中国已经形成国际性的优势。

日本对东盟的投资主要是本国产业链在外部的延伸,成为日本母公司产业链的组成部分,并带动当地经济发展。而中国对东盟的投资则以资源获取和工程建

设为主，难以实现生产网络拓展的功能。中国与东盟之间的经济合作关系远不及日本在东盟的产业链拓展模式紧密，双方在经济合作中难以实现深度整合。

相比日本上下对亚洲基础设施投资银行的关注和热议的程度，日本对"一带一路"倡议的关注度略显不足。有日本媒体认为"一带一路"倡议是对美国主导的"跨太平洋伙伴关系"的对抗，认为，中国"一带一路"倡议的巨大构想背后是中国扩大霸权的野心。因此，安倍晋三政府除了强化日、美同盟外，还积极呼吁澳大利亚、印度、日本和（美国的）夏威夷共同组成"民主安全菱形"，再与北约联手应对中国的"海洋崛起"。作为非南海主权声索国，日本公开介入中国南海事务、联合东南亚国家推动南海问题的所谓"多边解决"。

作为对中国"一带一路"倡议的反应，日本在整体倡议上选择对抗，日本鼓吹"中国威胁论"，借"中国威胁论"巩固日美同盟，渲染中俄不睦，以遏制中国。其"自由与繁荣之弧"与中国的"一带一路"完全是背道而驰。❶日本政府的一系列动向不仅给中日关系改善设置战略困境，还对中国"一带一路"倡议形成了重大外部压力与挑战。

中国的崛起让美日两国更加紧密，安倍巩固军事建设、推动签署跨太平洋伙伴关系协议的努力，都是对中国的直接回应。同时，中国的崛起也可能造成美日联盟的分裂。只要美国无法保证日本的利益，美日两国的裂痕与分歧也会加深。

第四节　印度对"一带一路"的认知及政策

从 20 世纪 90 年代末开始，美国为了扩大在中亚、南亚的影响就曾提出过构建丝绸之路的战略设想。此后美国一直没有放弃有关丝绸之路的谋划。2006 年、2011 年美国重提所谓"丝绸之路""新丝绸之路"战略计划，以配合其亚洲战略的顺利实施。不过美国的"丝绸之路"计划所获得的国际反响远不及中国倡导的"21 世纪海上丝绸之路"大。

一、印度对中国"一带一路"的不同认知

印度对中国的"21 世纪海上丝绸之路"有以下几种回应。

第一，印度官方表态积极但不失谨慎。2014 年 2 月，在印度新德里举行的

---

❶ 丁曼 . 中日两国在"一带一路"上合作还是对抗？［J］. 俄罗斯东欧中亚研究，2016（5）.

中印边界问题特别代表第 17 轮会谈上,中方特别代表、中国国务委员杨洁篪邀请印度共建"21 世纪海上丝绸之路"。印方代表、印度安全顾问梅农对"海上丝绸之路"做出积极评价。会谈期间,印度总理辛格会见杨洁篪时表示,印方将积极参与孟中印缅经济走廊和"丝绸之路经济带"建设,未提及"海上丝绸之路"。之后于 6 月来华访问的印度副总统哈米德·安萨里,在中国社会科学院回应了有关参与中国"海上丝绸之路"的问题,仅表示印度还需要与中国就相关细节进行讨论。2015 年应中国国务院总理李克强邀请,印度总理莫迪对中国进行正式访问。在两国发表的联合声明中表示"双方对在孟中印缅经济走廊框架内的合作竞争表示欢迎",但未提及"一带一路"建设与合作。

第二,有学者认为中印之间的竞争将从陆路转向海洋。一直以来,中印两国对来自对方威胁的认知是不对称的,印度强化来自中国的所谓"威胁",而中国对印度却没有类似的感知,这也是印度战略界及媒体对中国政府外交活动进行过度解读的原因之一。印度知名战略家拉贾·莫汉的新作《神魔闹海:中、印在印度—太平洋的竞争》中,他对中印关系立下了三个基本论调:其一,中印的竞争是持续的;其二,中印传统的陆路竞争将会"外溢"到海洋;其三,印度—太平洋将成为一个新的地理空间。暂且不论该推断是否准确,但可以肯定的是,印度将海上强国建设纳入了国家发展大战略,印度洋成为其战略聚焦的首要区域。进入 21 世纪后,印度正从海军战略理论及海军力量建设方面,全面推动印度洋战略的实施。中国"21 世纪海上丝绸之路"旨在主动创建和平、合作、互赢的平台,建立连接中国与世界的新贸易之路,但印度的观念是将印度洋视为"印度的海洋",而中国倡导的"21 世纪海上丝绸之路"将穿越这一区域,对此,印度保持高度关注。

第三,认为中国将通过该战略拉拢印度周边国家,对印度形成不利影响。中国"21 世纪海上丝绸之路"建设将发展与印度洋沿岸国家的海上互联互通,加深地区间经贸合作。南亚区域是中国海上丝绸之路建设的重点合作区域之一,但是印度对中国与南亚国家的合作非常敏感。

第四,也有印度学者对中国"21 世纪海上丝绸之路"持合作的态度。早在 2006 年,来自印度国防研究与分析所的库拉那就讨论了中、印在印度洋上开展合作的可能。在他撰写的《保卫海上丝绸之路:中印会聚焦在那里吗?》的文章中,作者从新自由主义而非新现实主义的角度探讨了印度与中国在印度洋上的合作。作者在文中提到的"新丝绸之路"与中国目前所倡导的"海上丝绸之路"所覆盖范围大致吻合。有学者还把中印海上合作与中印边界问题联系起来认识,认为中印在海上的合作将会推动中、印边界问题的解决。

总之，印度学界、政界对中国提出的"21世纪海上丝绸之路"倡议持不同的观点，有表示赞成的，主张与中国进行海洋领域的合作；也有呼吁要限制中国在印度洋上的影响；而占多数的观点则是持较为谨慎的态度。

二、印度的反应

具体到印度对中国"21世纪海上丝绸之路"的外交决策，我们可以根据以上矩阵模式做出以下假设和推论。

将印度能够继续保持在北印度洋区域的优势设为参考点，把印度通过不同程度地参与"海上丝绸之路"计划获得的收益视为所得，将不合作不获得由该计划带来的效益视为损失，将中国在印度洋上的影响力变化以及地区稳定性视为风险，那么将得到以下四种方案。

方案一：印度选择有保留的合作或成为"搭便车者"，获得有限的但肯定的收益，同时面临的是中国在印度洋上比目前稍强但有限的影响力。

方案二：印度选择积极参与中国主导下的海洋合作，以获得更大的收益，但中国在印度洋上的影响力也会更大，印度认为这将削弱印度在该区域的优势地位。

方案三：印度采取不合作的态度，基本失去参与该倡议合作的获利，以限制中国在印度洋的发展。

方案四：印度对该倡议采取抵制态度，阻碍该倡议的顺利进行，或规划由自己主导的地区合作，通过发展自身海军力量和区域合作，抗衡中国在印度洋的影响，确保自身的地区优势。

其中方案二与方案一相比，虽然印度全面参与中国的"海上新丝绸之路"建设将获得更多的收益，但是面临着中国在印度洋上影响力的扩大甚至是承认中国主导印度洋的风险。因此理论上，印度选择方案一将更为合理。方案四与方案三相比，印度都失去了参与合作所获得的收益，选择方案四印度可能会恶化中、印关系，导致与中国的军备竞赛，但是将更大限度地限制中国在印度洋上的发展，因此在遏制中国方面，方案四更加有效。

2014年6月，印度总理莫迪推出了"季风计划"，以深化环印度洋地区的互利合作，稳固印度在该地区的领导权，进而实现印度的全球战略抱负。"季风计划"是指以深受印度文化影响的环印度洋地区，以及该地区国家间悠久的贸易往来史为依托，以印度为主力，推进环印度洋地区国家间的合作，共同开发海洋资源，促进经贸往来等。"季风计划"分两个发展阶段，第一阶段只是一个文化项目。印度依托印度洋国家的共有历史，强化印度在印度洋地区在文化、心理、认同方面的存在，扩展印度文化软实力的影响；而"季风计划"第二阶段，逐渐超越文化项目范畴而成为一项被赋予外交、经济功能的准战略规划。就现有信息来看，"季风计划"缺乏具体内容与战略设想，时至今日，"季风计划"仍是一个较为模糊的概念。但是，印度版的"季风计划"是印度一个针对中国"一带一路"倡议的反制措施。❶印度将利用其历史、文化和地理优势与中国的"21世纪海上丝绸之路"倡议竞争，以期开发、复兴和加强印度与印度洋地区其他国家之间的联系。

莫迪这些加强与环印度洋地区合作的"季风计划"和"香料之路"等概念，似乎是对中国相关战略的回应。那么印度会倾向于选择方案一还是方案四呢？这主要取决于以下几方面的因素。

第一，印度如何定义其在印度洋上的核心利益，是将其在印度洋尤其是在北印度洋的绝对优势视为不可损害的利益，还是以通过在印度洋上的区域合作获取经济利益作为优先。一个不容争辩的现实就是印度的印度洋战略的最终目标就是"要把印度洋（the Indian Ocean）变成印度之洋（India's Ocean）"❷，最终成为海上强国。因此印度将印度洋特别是北印度洋视为其势力范围，视其关系到国家生死存亡。印度忘不了英国殖民者从海上入侵印度，因此对区域外国家在印度洋的存在感到不安并视为一种威胁。在事关国家安全问题上，印度往往选择"制衡威胁"而非"制衡权力"。如冷战时期，印度选择与苏联结成同盟抗衡巴基斯坦；又如在维护地区权力结构上选择与美国合作，而非与地区内国家合作排斥美国。这就是为什么印度将中国海军为保护商船安全在印度洋上进行护航视为是中国"扩张"且直接威胁到了印度国家利益，同时却与美国进行大量的海上防务合作。但是印度洋是公海的性质并未因印度的印度洋战略而改变，各国都有权利在印度洋上进行正当的航行及贸易活动。

第二，中国"21世纪海上丝绸之路"倡议给印度带来的收益变化。同以丝绸之路命名的美国版"新丝绸之路"在印度获得了全面的支持，一个重要的原因就是印度能从该项目中获得切实的利益，框架内的土耳其—阿富汗—巴基斯坦—印度（TAPI）天然气管道项目能弥补印度能源市场的不足。在印度学者看来，目前中国提出的"21世纪海上丝绸之路"还停留在论证阶段，没有具体规划出所涉及的国家及路线。有学者担心，这条丝绸之路会让海量的中国商品冲击印度

---

❶ 陈菲. "一带一路"与印度"季风计划"的战略对接研究［J］. 国际展望，2015（6）.
❷ David Scott.India's Grand Strategy for the Indian Ocean［J］.Asia-Pacific Review，2006（2）.

国内市场。此外，亚太地区目前已经存在两大清晰的地区经济合作路径，一为美国力求主导的跨太平洋伙伴关系协定（TPP），另一为东盟主导的、中国积极参与的区域全面经济伙伴关系协定（RCEP），这两条路径部分重合且具有一定的竞争性。印度积极参与了RCEP。中国的建设规划与这两大路径部分重叠，"21世纪海上丝绸之路"如何在多个合作路径中凸显自身优势，对中国来说是个挑战；同时能否保持与其他组织的良好关系，并让印度看到实际获益的可能，也是影响"21世纪海上丝绸之路"计划的重要因素。

近年来，印度正热衷于加强海军建设，提升与美国等相关国家的海上合作，旨在打造蓝水海军。印度新任总理莫迪虽然热衷于经济建设，但是其所属的人民党更加重视海军建设，早在1998年人民党上台后，印度便加快了海军建设步伐。不过，印度的海军建设规模尚不具备单独承担保护印度洋航道安全的能力，更不可能控制印度洋，而与中国合作则能深化两国经贸关系，有利于印度洋沿岸地区的经济发展，推进中印两国避开边界问题先行发展其他领域的合作。因此从短期来看，印度可能对中国"21世纪海上丝绸之路"保持有限度的参与并密切关注中国在印度洋上的各项举措。

三、中印共建"21世纪海上丝绸之路"的对策建议

印度是印度洋特别是北印度洋上的重要国家，为确保中国"21世纪海上丝绸之路"倡议的顺利进行，中国应积极争取印度的理解与参与。对中国来说，所希望的是营造一种和谐印度洋的氛围，实现各国的发展与繁荣，呈现双赢、共赢的局面。要使印度能够与中国共同推进"21世纪海上丝绸之路"建设，我们还需要做更多的外交努力。

第一，从非传统安全合作入手，建立印度洋上的命运共同体。中印两国在印度洋上并不存在有争议的海域，相对于西太平洋突出的传统安全问题，印度洋上的非传统安全问题更为显著，例如海盗、武装抢劫、恐怖袭击、海啸等。"海上丝绸之路"的一些关键的水域安全状况令人担忧，如霍尔木兹海峡的最窄处只有不到40千米，又没有其他的替代航道可供选择。非传统安全问题更需要多方合作解决，即使是世界头号强国的美国在反恐问题上也需要其他国家的协助。目前，无论是中国还是印度都不具备单独保护印度洋海上安全的能力。印度洋航道是中国和印度的海上生命线，而中、印两国通过双边合作确保这条航线的畅通符合双方的利益。从非传统安全角度入手，加强合作，建立印度洋上的命运共同体是必要的，同时也能最大限度地减少印度对中国海军在印度洋存在的

担忧。

第二，与印度共商"21世纪海上丝绸之路"的具体实施规划，让包括印度在内的有关国家更好地了解该倡议的目的所在和真实意图，以共同推进其实施。"21世纪海上丝绸之路"是一个宏大的发展规划，涉及多个国家、多个领域，目前这个倡议还处于初级阶段，缺乏具体的实施方案。如在经贸合作方面，是要建立两国间的自由贸易区，还是要在整个区域发展自由贸易，都需要进一步明确。当前中国正从一个地区合作规则的遵守者，发展为地区合作规则的创造者，还需要积累更多的经验。要学会表达自己，让合作者更多地了解、相信中国的建设目标。近期，由中国出资的一些项目在海外受到了部分当地民众及政府的抵制而不得不暂停或取消，这让中国陷入了尴尬局面。为了让印度能进一步参与到该倡议中，激发印度的积极性，中方可以与印方设立联合工作小组，或成立联合研究中心，就中印共建"海上丝绸之路"进行深入探讨，协调各方利益。增加印度的参与性，让印方切身感受到中方的诚意和开展合作的决心。中印两国学术界和智库也可就该议题举办相关研讨会，共谋合作发展。

第三，确保"21世纪海上丝绸之路"的双向度，平衡中印贸易。提到古代海上丝绸之路，人们往往联想到的是大批中国丝绸、瓷器，以及茶叶等的对外输出，它很大程度上是一条单向度的海上贸易线。在"21世纪海上丝绸之路"上，不仅要有来自中国商品和服务的输入，也需要有来自其他国家的服务和商品输出。目前中国在与印度等许多国家的双边贸易中一直保持顺差地位，这已经引起了一些国家的不满，如今中国发展"海上丝绸之路"，肯定会引发这些国家更大的担忧。所以中国在建设"海上丝绸之路"时，在可能的条件下，积极推进双边贸易的平衡发展，实现优势互补，这对避免或减少对方的不合作态度是有利的。

第四，确保"21世纪海上丝绸之路"地区合作的开放性。区域合作大致可以分为开放型和封闭型两种，前者以亚太经合组织为代表，后者以欧盟、北美自由贸易区为典型。封闭型的地区合作具有排他性和保守性，作为区域外国家无法享受到区域合作带来的便利和实惠。"21世纪海上丝绸之路"所经过的水域大多为公海，因此该倡议不能仅针对"海上丝绸之路"的沿线国家，而应当坚持开放性原则吸收更多的国家参与其中。这可能会出现"搭便车"现象，不过中国要允许其他国家来搭"海上丝绸之路"建设的"便车"，以开放的心态让更多的国家共享中国发展带来的红利，不但可以彰显中国国对外交往中正确的义利观，同时也能更好地实现各国经济互补，发展务实合作。

第五节　本章小结

2015年3月，中国国家发改委、商务部和外交部联合发布了《推动共建丝绸之路经济带和21世纪海上丝绸之路的愿景与行动》，提出：在遵守现有国际秩序准则，发挥现有世界治理机制及利用多重国际合作机制的前提下，"以政策沟通、设施联通、贸易畅通、资金融通、民心相通为主要内容"，各个国际行为主体、经济组织和平合作、相向而行，从而实现"政治互信、经济融合、文化包容的利益共同体、命运共同体和责任共同体"的目标建构。

中国提出的"一带一路"倡议涉及周边外交、经济合作、区域治理与基础设施建设等诸多方面，它强调加强与广大发展中国家合作共赢，以发展促合作、以合作求共同繁荣。因此，要积极争取更多的国家和组织对中国"一带一路"倡议的认可与支持，积极获得"一带一路"沿线国家的认同与支持，努力消除一些国家对中国"一带一路"倡议的误解与疑虑，从而使更多的国家和地区共同参与到"一带一路"建设中，努力化解当前面临的诸多风险与现实挑战。

追求安全利益仍将成为美国中亚战略的一个选项。美国对中亚仍然有安全需求，与中亚合力应对麻醉品走私和恐怖主义、极端主义的威胁；通过安全合作为中亚地区的政治和经济稳定创造条件。但随着美国在阿富汗军事存在的萎缩，在中亚之外还存在着更为重要的安全关切，而且可动用的资源有限，因此，美国在中亚维护其安全利益时，其政策可能做出以下调整：继续反对任何域外国家控制中亚，采取离岸平衡的手法，作为中亚的一个伙伴，选择性地运用其政治、经济、安全工具，对冲比邻大国的地缘政治影响。鉴于阿富汗在中亚与中俄毗邻，该地区的安全威胁对中俄更为直接，这里的地区性"公共产品"对中俄更加重要，因此，可以考虑将维护阿富汗和中亚安全与提供地区性"公共产品"的任务分给俄罗斯和中国，以减轻美国的负担。❶

随着中国"一带一路"倡议在中亚的不断推进，美国不得不重新考虑其在中亚的经济利益。美国希望通过阿富汗与周边国家形成更紧密的经济联系，通过促进区域一体化进程为美国的商业、技术和创新提供机会，以实现阿富汗问题的最终解决。

---

❶ 袁胜育，等.美国中亚战略的困境、发展与转向［J］.人民论坛·学术前沿，2016（12）.

俄罗斯对中国"丝绸之路经济带"的解读包含经济、地缘政治和文化等内容，而俄罗斯参与中国"丝绸之路经济带"建设的真实意图也显而易见，其总的指导思想是"顺势而为、趋利避害、优势互补，互利共赢"。俄罗斯对中国的"丝绸之路经济带"建设持有复杂而矛盾的心理，中国正在推动实施比俄罗斯提出的欧亚一体化更为宏大的愿景；同为承载着大国复兴使命的中俄两国，近些年来两国的发展态势和所处的周边与国际环境有所不同。

自2008年以来，俄罗斯深陷经济危机、周边局势动荡、后院接连起火。加上美国不断强化的围堵与遏制，处于疲于应对之困境。尽管2011年10月，俄罗斯总统普京提出打造后苏联空间的"欧亚联盟"构想，旨在使俄罗斯主导的欧亚大陆中心的一体化进程成为连接亚洲与欧洲的桥梁和纽带，成为继欧盟、东盟之后的欧亚大陆第三大区域合作板块，但受地缘政治和经济现实的制约，俄罗斯在推动地区一体化方面力不从心。

因此，在中国"丝绸之路经济带"建设中，俄罗斯的目标是顺欧亚大陆一体化之势，发挥俄罗斯独特的欧亚大陆中枢的角色，带动俄罗斯境内基础设施建设，推动互联互通，发展俄罗斯经济的同时加快远东开发，同时巩固欧亚经济联盟的一体化，提高欧亚联盟在世界经济中的地位和俄罗斯作为欧亚文明中心的地位，推广欧亚文明对话和欧亚价值观。俄罗斯的优势是能源大国、原料供应国、交通枢纽和欧亚大国地位，拥有高科技水平和传统势力范围；弱势是投资不足、经济结构不平衡、经济形势低迷，与西方关系持续恶化。欧亚大陆的一体化趋势不可阻挡，在地缘政治博弈中俄罗斯二择其一的选择是与其让美国等西方大国主导，不如与中国协作，优势互补，同时通过中俄在后苏联空间和中亚、高加索地区的合作平衡西方。

无论是在基础设施建设、节能环保，还是在金融货币领域，中日两国都可以通过中国"一带一路"倡议积极寻找到双方合作的公约数。但大前提是日本政府能秉持开放包容的心态，积极参与，这样两国才能在"一带一路"框架下开展合作。❶但就目前来看，日本选择竞争和博弈的大战略在近期内不会改变，合作可能仅限于战术层面。

印度官方对中国"一带一路"倡议持误解、保留和抵触态度，一直"犹豫不决""模棱两可"，对中方的提议反应冷淡。而且，印度在国内也搞了一个所谓的"季风计划"，尽管在规模上无法与中国的"一带一路"倡议相比，但是，印

---

❶ 丁曼 . 中日两国在"一带一路"上合作还是对抗？［J］. 俄罗斯东欧中亚研究，2016（5）.

度欲用此来抗衡中国的"一带一路"倡议。"季风计划"旨在探索多面的"印度洋世界"——从东非、阿拉伯半岛、印度次大陆和斯里兰卡一直延伸至东南亚诸国。印度政府试图利用与该地区国家的历史联系，提供一种可抗衡中国"一带一路"倡议的选择。

中国应积极打消印度对中国"一带一路"倡议的顾虑，务实合作，实现双赢。实际上，中、印之间战略对接有助于实现双方利益，也有助于地区经济健康发展，并将对全球经济和地缘政治产生积极影响。

中、印应摆脱零和思维，坚持互尊互信、聚同化异的原则，有利于实现各自发展计划的对接，莫迪提出"印度制造"政策与中国的"一带一路"倡议存在较大的对接空间，印度可以从中国"21世纪海上丝绸之路"中获益，不仅包括基础设施建设，也可以为印度国内创造大量就业机会，同时印度也可以逐步获得制造业的全球优势，也有助于解决与中国之间巨大的贸易不平衡问题。

中、印战略对接是以非零和的方式建构非对抗性的新型战略合作模式。❶ 中国"一带一路"倡议与印度"季风计划"的成功对接不仅能够互补互利，实现共赢，也将产生积极的全球效应，并且使中、印这种新型合作方式得以推广。

---

❶ 陈菲."一带一路"与印度"季风计划"的战略对接研究［J］.国际展望，2015（6）.

第三章　中亚南亚恐怖主义演变及影响

　　长期以来，由于历史与现实的复杂因素，中亚南亚地区成为全球恐怖主义组织众多、恐怖主义活动频繁、恐怖主义事件频发的区域，特别是"9·11"事件后，中亚南亚地区更成为恐怖主义活动的"重灾区"，成为臭名昭著的"恐怖主义弧形带"的重要环节。恐怖主义具有巨大的破坏性、危害性，中亚南亚地区的恐怖主义尤其明显，对该地区及相关国家的安全、稳定与发展构成了严重威胁。因此，相关国家应采取积极的措施有效应对恐怖主义威胁，以维护中亚南亚地区的和平与稳定、保障相关国家的安全与利益。

　　自2001年美国发动阿富汗战争并成功推翻塔利班极端主义政权以来，阿富汗国家安全力量构建成为阿富汗战后重建的必不可少的重要环节，但是并非一帆风顺。

　　阿富汗国家安全力量的构建有着重大的现实意义。

　　首先，建立强大高效的国家安全力量可以建立一个可靠的国内安全环境，这也是对公民生存基本安全需要的一种保障。

　　其次，建立强有力的安全部队可与其他战后重建事业相互促进、相辅相成。

　　最后，只有建立起良好的国内安全环境，才能逐步恢复和培养阿富汗人民的国家认同意识。另外，安全环境的塑造对于构建稳定成熟的社会结构大有裨益。总的来说，构建阿富汗的国内安全力量从各个方面看，对于维护阿富汗国内安全、保证人民的安定生活、促进各项事业发展甚至营造良好的地区安全形势都有很重大的意义。

　　阿富汗国家安全力量建设对中国"一带一路"倡议规划的安全实施，也有着重大的战略意义。而且，中国更应严防其国内极端与恐怖势力向中国境内发展甚至与中国境内的分裂势力合流，以维护中国的国家安全、保障中国各项事业的顺利发展。

第一节　中亚南亚地区恐怖主义的现状

一、中亚南亚地区恐怖主义的现状分析

在中亚地区较为活跃的恐怖主义组织，按照俄罗斯和中亚国家相关机构的认定，有20个左右❶，有影响的包括"乌兹别克斯坦伊斯兰运动""伊扎布特""东突厥斯坦伊斯兰运动"等。中亚国家的绝大多数恐怖主义组织都具有伊斯兰背景，这与这些国家独立后，伊斯兰复兴运动迅速席卷这些国家，抢占并填补了苏联解体后留下的意识形态真空有直接关系，也与中东和南亚地区的恐怖主义组织不断向中亚地区渗透、扩张有直接关系。恐怖主义在中亚地区出现了向高层渗透的态势。2015年，在塔吉克斯坦，甚至先后出现了特警司令（哈里莫夫）加入"伊斯兰国"、被解职的国防部副部长（阿布杜哈里穆·纳扎尔佐德）策划发动恐怖主义袭击事件等让外界大跌眼镜的事件。2001年后，美国为首的北约国家对阿富汗的军事行动给了塔利班势力和"基地"组织沉重打击，本·拉登也于2011年被美国特种部队击毙，但目前，"基地"组织和塔利班势力仍然在阿富汗南部和巴基斯坦北部地区拥有较强力量并较为活跃，且不断向阿富汗其他区域及周边国家扩张。在南亚地区，还存在大量其他的恐怖主义组织，有影响的如"拉什卡—简戈维组织""虔诚军"，以及"巴基斯坦塔利班运动"❷等。中亚南亚地区的恐怖主义组织以宗教极端型恐怖主义组织居多，也有一定数量的民族分裂型恐怖主义组织及恐怖主义组织。与此同时，一些在叙利亚等中东地区的"圣战"分子也不断回流中亚南亚地区。以中亚地区为例，哈萨克斯坦、吉尔吉斯斯坦等五国均有不少在叙利亚的"圣战"分子。❸这些人陆续回国，有的"圣战"分子已经在策划或参与实施恐怖主义袭击事件。随着回国的"圣战"分子增多，中亚

---

❶　李琪.中亚地区安全化矩阵中的极端主义与恐怖主义问题［J］新疆师范大学学报（哲学社会科学版），2013（3）.

❷　巴基斯坦塔利班运动由贝图拉·马哈苏德建立。最初，马哈苏德领导的武装组织只是阿富汗塔利班的分支。2007年，马哈苏德自立门户，成立独立的巴基斯坦塔利班运动。2013年11月，巴基斯坦塔利班运动在其头目哈基姆被美国无人机击毙后走向分裂，多次出现内部派别脱离巴基斯坦塔利班运动而自立门户的现象。

❸　中国现代国际关系研究院反恐中心.国际恐怖主义与反恐怖年鉴（2013—2014）［M］北京：时事出版社，2015：102.

国家将承受更大的恐怖主义袭击威胁。

从发生的袭击事件来说，进入 21 世纪后，中亚南亚地区每年都发生大量的恐怖主义袭击事件，特别是南亚地区一度成为世界上承受恐怖主义袭击最多的地区之一。例如，2000—2006 年，全球共发生恐怖主义袭击事件 21460 起，其中发生在南亚地区的就达 4233 起，接近总数的 20%。❶ 近年来，南亚地区虽然发生的恐怖主义袭击事件次数占世界总数的比重下降，但从绝对数量上看，仍然是世界上发生恐怖主义袭击事件较多的地区之一。从国家情况来看，阿富汗、巴基斯坦和印度是遭受恐怖主义袭击的"重灾国"。根据位于澳大利亚悉尼的国际智库——经济与和平研究所（IEP）2014 年发布的报告，在全球恐怖主义指数排名中，阿富汗、巴基斯坦和印度均位列前十，其中阿富汗位列第二，巴基斯坦位列第三，印度位列第四，排名越靠前，说明这个国家遭受的恐怖主义威胁越大，发生的恐怖主义事件越多。此外，斯里兰卡、孟加拉国、尼泊尔等国家也经常遭受恐怖主义袭击。

与此同时，因为多种因素的影响，中亚南亚地区的恐怖主义活动呈现出一些新特点，主要体现在：一是恐怖主义势力在继续高频率袭击硬目标的同时，也将袭击对象越来越明显地指向了软目标；二是"基地"组织在中亚南亚地区的影响力和作用力相对下降，"伊斯兰国"强势向中亚南亚地区扩张，在这一地区的影响力和作用力短时间内大增；三是恐怖主义组织借助高科技发动恐怖袭击的危险不断增加；四是部分恐怖主义组织及其活动的政治色彩和政治动机更为浓厚、强烈；五是国际恐怖主义组织越来越重视成员的"本土化"。

二、中亚南亚地区恐怖主义的威胁

和世界范围内其他地区的恐怖主义类似，中亚南亚地区的恐怖主义同样具有巨大的破坏性、危害性，对该地区和相关国家构成了严重威胁。

（一）恐怖主义对相关国家的主权、安全、稳定与发展构成了严重威胁

主权是一个国家所固有的最基本、最主要的权利，也是一个国家最重要的特征和最根本的属性。一个国家的主权安全对一个国家的生存和发展至关重要，"国家的主权和安全要始终放在第一位"❷。各国普遍把维护本国的主权安全作为

❶　胡志勇.南亚恐怖主义的特点及根源析论［J］.现代国际关系，2008（12）.
❷　邓小平.邓小平文选（第3卷）［M］.北京：人民出版社，1993：347.

国家最重要的职责。恐怖主义威胁着国家的主权统一、领土完整，并成为外部势力侵犯一些国家主权、干涉主权国家内政的重要借口。在中亚南亚地区，恐怖主义已经成为一些国家主权统一、领土完整的重要威胁因素。这其中，有外部的恐怖主义因素的威胁，如"伊斯兰国"谋求在这一地区建立"行政管辖区域"——所谓的"呼罗珊省"；更严重的是来自内部的倾向于采取恐怖主义手段的分裂势力的威胁。在南亚地区，不少民族分裂主义势力选择暴力的恐怖主义 ❶ 行为来实现政治目标，暴力的恐怖主义行为成了一部分民族分裂主义势力的选择，"要使民族疆界与国界合二为一的理想，恐怕只有野蛮人才做得到，或者说，只有靠野蛮人的做法才可能付诸实现" ❷。长期以来，一些民族分裂主义者实施的恐怖主义主义行为给相关国家带来了严重灾难，严重威胁着相关国家的主权统一、领土完整。此外，恐怖主义因素也为其他国家侵犯中亚南亚国家主权、干涉其内政提供了借口。例如，美军等对藏匿在巴基斯坦北部的恐怖主义势力的越境空袭就是侵犯巴基斯坦主权的表现，对巴基斯坦的主权、安全构成了严重的现实威胁。而美国等国家也经常施压巴基斯坦等中亚南亚国家，要求这些国家按照美国等国家的意愿、战略和利益打击境内的极端势力（有些极端势力被他国认定为恐怖主义组织），干涉了这些国家的内政。

恐怖主义活动也对相关国家的国内稳定与发展构成了严重威胁。恐怖主义势力的活动及一系列恐怖主义袭击事件的发生是导致不少中亚南亚国家长期处于动荡、冲突之中的重要元凶，使所在国部分或整体的暴力冲突不断、社会治安恶化、政局动荡不安，严重制约着相关国家的发展。乌兹别克斯坦、塔吉克斯坦、阿富汗、巴基斯坦、印度等国家都普遍受此影响。例如，在阿富汗，长期的、持续的恐怖主义袭击和暴力冲突使得阿富汗的经济与社会发展受到重创，整个国家长期处于动荡的状态，人民的生命和财产安全无法获得基本保障，整个国家的发展也受到了严重制约，长期徘徊在世界上最贫穷落后国家的行列。

（二）恐怖主义对相关国家之间关系及整个地区的稳定与发展产生了不利影响

恐怖主义因素已经成为影响、制约中亚南亚地区相关国家间关系发展的重要变量。例如，印巴双方在对待恐怖主义问题上的不同态度和认知影响着两国关系的发展，印度和巴基斯坦都指责对方煽动甚至参与本国的恐怖主义袭击行为，这

---

❶ 恐怖主义的主体是多方面的，不仅有民族分裂主义势力，还有宗教极端势力、极右势力、极左势力等。相关内容参见宫玉涛，刘元玲.当代恐怖主义概论［M］.哈尔滨：黑龙江人民出版社，2010：54-85.

❷ 埃里克·霍布斯鲍姆.民族与民族主义［M］李金梅，译.上海：上海人民出版社，2006：130-131.

加剧了双方的矛盾和不信任，也为双方的冲突埋下了隐患。例如，2001 年 12 月 13 日的印度议会大厦恐怖主义袭击事件和 2008 年 11 月 26—27 日的印度孟买恐怖主义袭击事件。这两次恐怖主义袭击事件虽然都没有引发印巴大规模的冲突，但都不同程度地制约了印巴关系的发展，加剧了印巴之间的隔阂与矛盾。此外，在中亚地区，"乌兹别克斯坦伊斯兰运动"等恐怖主义组织越来越经常地采取跨国方式进行渗透，发动恐怖主义袭击，而各国在打击恐怖主义方面不具有完全一致性，这对塔吉克斯坦和乌兹别克斯坦、吉尔吉斯斯坦的国家间关系产生了一定的消极影响。

恐怖主义的存在和活动在一定程度上恶化了中亚南亚地区的安全局势，引发了地区性的动荡，制约着地区的稳定与发展。一方面，恐怖主义因素对国家间关系的消极影响威胁到了整个地区的稳定与发展；另一方面，恐怖主义的跨国存在和活动对地区安全局势构成了严重威胁。以"基地"组织和"伊斯兰国"为代表的部分恐怖主义势力在中亚南亚地区的存在和活动是跨国界的，他们跨国界的招募成员、发动暴力袭击，严重恶化了中亚南亚地区的安全局势，特别是恐怖主义势力活动频繁、经常发生恐怖主义袭击事件的区域，安全局势更是严峻。例如，一些恐怖主义势力为了推翻中亚现存世俗政权，建立伊斯兰哈里发国家，在中亚地区疯狂发展势力，制造暴力袭击事件，严重恶化了中亚地区的安全局势。其对中亚南亚地区和平、稳定与发展的现实和潜在威胁不容忽视。

三、应对恐怖主义威胁的对策

鉴于恐怖主义的巨大威胁，必须随时关注并仔细研判中亚南亚地区恐怖主义的动态，并采取积极的措施予以应对。就当前和今后一段时期而言，着力点应放在以下方面。

（一）尽快实现对恐怖主义的权威、统一界定，摒弃反恐中的"双重标准"

目前，国际社会对恐怖主义尚缺乏一个权威、统一的界定，2005 年，联合国威胁、挑战和改革问题高级别小组的报告《一个更安全的世界：我们共同的责任》中也承认："会员国未能就一项反恐公约，包括恐怖主义的定义，达成协议，从而制约了联合国拟定一项综合战略的能力。这使得联合国无法行使其道德权威，无法发出一条明确的信息：恐怖主义是一个永远不能接受的战术，无论其理由多么充分。"● 这种状况至今没有得到根本性改变。对恐怖主义缺乏权威、统一界定，这在现实中导致"恐怖主义"一词常被滥用。正是由于国际社会长期以来对"恐怖主义"在认识上存在分歧，这也为一些国家在反对恐怖主义进程中采取"双重标准"提供了借口。要真正防范和打击恐怖主义，促使国际反恐合作不断向前发展，国际社会各方首先应在对恐怖主义的认识问题上达成共识，规范恐怖主义、恐怖主义组织和恐怖分子等因素的定义及界定标准，统一反对一切形式的恐怖主义的立场，这也是中亚南亚地区乃至国际层面的反恐合作不断推进、反恐斗争不断深入发展的重要前提，将为中亚南亚地区乃至国际社会防范和打击恐怖主义创造良好的大环境。

在目前反对恐怖主义的斗争中，一些国家在恐怖主义问题上的"双重标准"态度和做法同样不利于各国合力打击恐怖主义，也对中亚南亚地区恐怖主义的防范和打击产生了不利影响。特别是一些国家将一些恐怖主义问题政治化的态度和做法，制约了相关国家的反恐合作。要真正整合各种力量防范和打击恐怖主义，必须摒弃反恐中的"双重标准"态度和做法，既要反对和打击一切形式的恐怖主义，也要坚决反对将恐怖主义问题政治化的态度和做法。

（二）加强双边和多边反恐合作

要有效防范和打击中亚南亚地区的恐怖主义，需要加强双边和多边反恐合作，仅仅依靠一个国家的力量无法有效地防范和打击跨国性、区域性活动的恐怖主义势力。各国在独立防范和打击境内恐怖主义的同时，也应加强与他国的反恐合作。由于两个国际政治行为体之间的反恐合作具有灵活性、针对性和及时性等特点，可以在不同意识形态与价值观念的国家之间找到利益的交叉点，可以在最不可能合作的国家间实现反恐合作。● 在中亚南亚地区，目前的双边合作和多边合作仍然有很多地方需要完善，特别是国际利益、战略及对恐怖主义的认识等方面分歧较大的国家之间的反恐合作更是充满着各种阻力。面对恐怖主义的共同威胁，各国有必要抛开分歧，共同合作，反对和打击一切形式的恐怖主义，应加强各方面的反恐合作。尤其是对于印度和巴基斯坦来说，应约束甚至打击境内的极端势力针对对方发动的暴力袭击行为，而不应利用恐怖主义势力达到自身的某种政治目的。这有助于为国家之间的反恐合作甚至国家间关系的改善、发展创造条

● 联合国威胁、挑战和改革问题高级别小组：《一个更安全的世界：我们共同的责任》，联合国网站，http://www.un.org/chinese/secureworld/ch6.htm.

● 杨洁勉，等.国际合作反恐——超越地缘政治的思考［M］.北京：时事出版社，2003：56.

件。有效防范和打击"基地"组织、"伊斯兰国"等有较大影响、在区域乃至国际范围内存在和活动的恐怖主义势力，更是需要多边的反恐合作，包括区域外大国的参与和合作。要通过多边的反恐信息和情报合作，多边努力切断恐怖主义势力的资金筹集和转移通道，并加强对涉恐资金的监管，多边合力阻止恐怖主义势力招募成员以及人员流动等，只有如此才能给这些恐怖主义势力以有效的防范和打击。为防范和打击日益猖獗的恐怖主义、加强反恐合作，2016 年 8 月，阿富汗、中国、巴基斯坦和塔吉克斯坦四国正式成立了"阿中巴塔"四国军队反恐合作协调机制，应推动这一反恐合作协调机制的进一步发展和完善。此外，各国在打击恐怖主义势力过程中，应尊重相关国家的主权，否则有可能影响到双边或多边的反恐合作。例如，美国越界打击在巴基斯坦境内极端势力的做法就引发了巴基斯坦的强烈不满和坚决反对，也对巴、美之间的反恐合作产生了消极影响。

（三）发挥好区域反恐合作机制的作用

要有效防范和打击恐怖主义，需要发挥好机制的作用。在中亚南亚地区，已经有了一个较为成熟的反恐合作机制，即上海合作组织框架下的反恐合作机制。在防范和打击中亚南亚地区恐怖主义进程中，要发挥好这一机制的作用。

2001 年 6 月 15 日，上海合作组织正式成立，并签署了《打击恐怖主义、分裂主义和极端主义上海公约》（以下简称《上海公约》）。特别是，《上海公约》对恐怖主义做出了明确界定：为本公约附件❶所列条约之一所认定并经其定义为犯罪的任何行为；致使平民或武装冲突情况下未积极参与军事行动的任何其他人员死亡或对其造成重大人身伤害、对物质目标造成重大损失的任何其他行为，以及组织、策划、共谋、教唆上述活动的行为，而此类行为因其性质或背景可认定为恐吓居民、破坏公共安全或强制政权机关或国际组织以实施或不实施某种行为，并且是依各方国内法应追究刑事责任的任何行为。这为上海合作组织各成员国展开广泛的反恐合作奠定了坚实的基础。2004 年 6 月，经过综合考量，上海合作组织在乌兹别克斯坦首都塔什干设立了上海合作组织地区反恐怖主义机构，以领导和协调各成员国打击恐怖主义。此外，在上海合作组织框架内，中、俄、吉、哈、塔等国家每年都会举行双边或多边的联合反恐军事演习。可以说，与国际社会及其他地区反恐合作机制建设的"失序"相比较，上海合作组织在反恐合作机

---

❶　包括《关于制止非法劫持航空器的公约》《关于制止危害民用航空安全的非法行为的公约》《制止向恐怖主义提供资助的国际公约》等 10 个附件。

制建设方面已经取得了较大成就，在防范和打击恐怖主义方面发挥着重要作用。

随着印度和巴基斯坦成为上海合作组织的正式成员国，作为观察员国的阿富汗也在申请成为正式成员国，斯里兰卡、孟加拉国、尼泊尔等南亚国家成为观察员国或对话伙伴国且存在成为正式成员国的可能性，这些国家的加入使上海合作组织包含了中亚南亚的绝大多数国家，使上海合作组织框架内的反恐合作机制能够扩展到南亚地区，对防范和打击南亚地区的恐怖主义发挥重要作用。中亚南亚国家及域外相关国家应在上海合作组织框架内加强反恐合作，上海合作组织应发挥好平台作用，上海合作组织及地区反恐怖主义机构应主动发挥协调功能甚至主导作用，在条件成熟时尽快建立恐怖主义信息数据资料库，为各国防范和打击恐怖主义提供便利，并及时将获得的涉恐信息反馈给相关国家。上海合作组织及地区反恐怖主义机构也应积极主动地帮助那些反恐力量、技术条件等较为薄弱的国家增强力量、提高技术条件，提升他们防范和打击恐怖主义的能力。

（四）反霸与反恐并举

随着反对恐怖主义斗争的不断深入，国际社会越来越认识到，反对恐怖主义问题必须与反对霸权主义问题结合起来，同时并举。在中亚南亚地区防范和打击恐怖主义进程中，同样应反霸与反恐并举。要反对个别国家从本国的战略和利益出发，任意指责别国的反恐行动，甚至干涉别国内政的行为；也要反对某些国家将霸权主义和强权政治融入反恐之中，搞反恐扩大化，借机扩充势力，占据有利的地缘政治要地，即借反恐之机谋霸权之实的行为。这不但会成为恐怖主义不断滋生的土壤，而且会削弱各国防范和打击恐怖主义的合作力度。因此，在中亚南亚地区防范和打击恐怖主义进程中，要实现各国在反对恐怖主义问题上的有效合作，推动反对恐怖主义斗争向更深化方向发展，必须将反霸与反恐结合起来，同时并举，"谁搞霸权主义我们就反对谁，谁侵略别人我们就反对谁"❶，这应成为各国的共识。在中亚南亚地区，反对霸权主义，既要反对地区外大国在中亚南亚地区推行的霸权主义行径，也要反对地区内大国的地区霸权主义行径，这两者的存在都不利于反恐合作，制约着各国打击恐怖主义的合作力度和深度。

（五）推动"一带一路"倡议取得实效，为消除恐怖主义产生和发展的土壤创造条件

"'一带一路'是促进共同发展、实现共同繁荣的合作共赢之路，是增进理解

---

❶ 邓小平.邓小平文选（第3卷）[M].北京：人民出版社，1993：162.

信任、加强全方位交流的和平友谊之路。"❶ "一带一路"倡议将为包括中亚南亚国家在内的沿线各国提供历史性的发展机遇。我国应与相关国家合作，积极推进"一带一路"倡议，推动"一带一路"倡议在中亚南亚地区取得实效，从而为消除恐怖主义产生和发展的土壤创造条件。要通过"一带一路"相关项目，推动中亚南亚地区的经济发展、人民生活改善，改变中亚南亚地区贫穷落后的状况。可以通过项目方式加大对一些国家或国家内部某一区域的经济发展的扶持力度，创造更多的就业机会，改善他们的经济状态和生活状况，这有助于使他们远离恐怖主义。要让当地人民享受到"一带一路"建设带来的实惠，切实帮助他们改变经济和生活落后的状况，并帮助不同民族或族群增强彼此间的政治互信，帮助不同宗教信仰的群体提高彼此间的包容性，这对于阻止恐怖主义的产生和发展将产生积极作用。

此外，应借助"一带一路"倡议，推动中亚南亚各国经济、政治、文化等各方面关系的发展，提高各国之间的政治互信、经济融合和文化包容等，打造利益共同体、命运共同体和责任共同体，为弱化甚至解决这些国家之间的矛盾创造条件，减少这些国家发生冲突乃至战争的概率。这对于阻止恐怖主义的产生和发展也将具有积极作用。

第二节 俾路支恐怖主义问题及其对中巴经济走廊建设的影响

俾路支恐怖主义问题是影响巴基斯坦安全和稳定，以及中巴经济走廊建设的重要问题。近年来，俾路支各种反叛组织、教派极端组织活动频繁，对俾路支的基础设施、安全部队、平民等不断发动恐怖袭击，造成了大量人员伤亡，俾路支恐怖主义问题凸显。

长期以来，俾路支民族问题未能妥善解决是俾路支恐怖主义产生的历史原因，社会经济发展落后、资源开发矛盾激化、阿富汗难民和毒品问题的推动以及外部势力的卷入是俾路支恐怖主义发展的现实原因。俾路支恐怖主义问题恶化了中巴经济走廊建设的投资环境，不利于中巴经济走廊项目的顺利推进，提高了中巴经济走廊建设安全维护的成本。

---

❶ 推动共建丝绸之路经济带和 21 世纪海上丝绸之路的愿景与行动［N］. 人民日报，2015-03-29.

俾路支位于巴基斯坦西南部，面积约 34 万平方千米，是巴基斯坦四个省中面积最大的省，占巴基斯坦全国总面积的 43%。该省人口 700 多万，占全国人口的 5%，是巴基斯坦人口最少的省。俾路支东北靠巴基斯坦旁遮普和联邦直辖部落地区，东南接信德省，南临阿拉伯海，西接伊朗，北靠阿富汗，是东亚通往西亚的必经之路，同时也是中东、中亚通往远东的潜在的能源通道，地理位置相当重要。

近年来，俾路支省频发恐怖袭击事件，俾路支省的恐怖主义问题对巴基斯坦国内稳定和中巴经济走廊建设产生了重要影响。本节试图探讨当前俾路支恐怖主义问题的现状，俾路支恐怖主义产生的原因及其对中巴经济走廊产生的影响。

一、巴基斯坦俾路支恐怖主义的现状

（一）各种反叛组织、伊斯兰极端组织和教派组织活动频繁

近年来，在俾路支积极活动的恐怖组织繁多，依据各种组织斗争的目标不同，可以分为以下三类：

第一类是具有分离主义性质的反叛组织。这类组织包括俾路支解放军、俾路支共和军、俾路支解放阵线、俾路支斯坦军、俾路支联合军、青年俾路支猛虎组织，以及俾路支共和卫队等。其中，影响最大的是俾路支解放军。

俾路支解放军主要由马里部落成员及其他非俾路支部落受过良好训练的中产阶级组成，主要在俾路支的奎达（Quetta）、博兰（Bolan）、盖杰（Kech）、库兹达（Khuzdar）和库霍鲁（Kohlu）活动。2006 年该组织被巴基斯坦政府定为恐怖主义组织。俾路支解放军与伊朗的恐怖组织如伊朗人民抵抗运动联系密切，希望能建立一个包括阿富汗、伊朗和巴基斯坦的俾路支人在内的大俾路支斯坦。在俾路支解放军的影响下，巴基斯坦的其他武装组织如巴基斯坦共和军和俾路支解放阵线成为分离主义者。俾路支共和军主要在德拉布格帝（Dera Bugti）、纳斯拉巴德（Nasirabad）、德拉穆拉贾马里（Dera Murad Jamali）、巴克汉（Barkhan）和罗拉莱（Loralai）活动。俾路支解放阵线主要在俾路支南部马克兰海岸一带活动。2013 年，俾路支发生的 487 起恐怖袭击事件中有 424 起（占 87%）是由俾路支解放军、俾路支解放阵线、俾路支共和军等叛乱团体引起的。2015 年，俾路支解放军等叛乱组织又制造了 194 起恐怖袭击事件，占巴基斯坦全年恐怖袭击事件（218 起）的 89%，共造成 213 人死亡，286 人受伤。

第二类是伊斯兰极端组织。这类组织主要包括巴基斯坦塔利班俾路支分支

（Tehreek-e-Taliban Balochistan）和真主军（Jundullah）等组织。2013年和2014年，巴基斯坦塔利班俾路支分支及其他具有相似目标的武装组织在俾路支分别制造了30起、20起恐怖袭击事件。2015年这些组织又制造12起恐怖袭击事件，造成10人死亡，18人受伤。

第三类是虔诚军等教派极端组织。2013年和2015年，坚格维军等教派组织在俾路支分别制造了33起、12起教派冲突事件，分别造成278人、34人死亡，499人、25人受伤。什叶派穆斯林、哈扎拉人成为主要的受害者。据有关资料显示，在过去15年内，俾路支发生了1400多起针对当地什叶派穆斯林、哈扎拉人等少数团体的暴力袭击事件。❶2016年8月1日，两名哈扎拉人在回家的路上被杀害。可见，教派极端组织对俾路支的安全也造成了较大的影响。

（二）袭击手段和袭击目标多样，平民成了最大的受害者

近年来，各类武装分子主要采取袭击方式是用简易炸弹袭击。2015年俾路支发生了60起炸弹袭击事件，导致了80人死亡，159人受伤。此外，他们还用火箭炮、自杀性袭击等手段进行袭击。袭击的目标包括安全部队、天然气管道、火车轨道、电力铁塔、政府官员等。其中武装分子袭击的主要目标是安全部队人员、警车、检查站。首先，2015年发生了78起该类袭击事件，导致91人死亡。2015年1月9日，边防总队在瓜达尔港的桑特沙（Santsar）地区巡逻时，遭到俾路支武装分子的火箭炮袭击，造成3人死亡，5人受伤。11日，40个武装分子袭击了罗拉（Lorala）的检查站，杀死了7个边防总队人员。其次，2015年俾路支发生了50起针对俾路支的天然气管道、火车轨道、电力铁塔等基础设施和政府官员的袭击事件。最后，武装分子对非俾路支工人和居民以及普什图人发动多次袭击。

从俾路支各种恐怖袭击造成的伤亡情况看，平民成了最大的受害者。2013年俾路支因恐怖袭击事件导致727人死亡，其中平民560人，占77%；受伤1577人，其中平民1301人，占82.5%。2015年俾路支恐怖袭击事件导致357人死亡，其中包括160名平民、20名警察、27名边防总队人员、14名武装分子以及14名其他人员；此外，还造成了329人受伤，其中包括214名平民，边防总队人员65名、18名警察、6名士兵、10名武装分子及16名其他人员。据有关资料显示，2011年以来，俾路支有1837人死于袭击或其他争端，其中有658人是无辜的平民，同时，有3470人在恐怖或教派冲突事件中受伤。

---

❶　徐伟.巴基斯坦安全局势依然严峻［N］.人民日报，2016-08-10.

（三）恐怖袭击事件逐年下降后出现反弹，安全形势较严峻

2013—2015 年，俾路支发生的恐怖袭击事件出现了下降趋势。2013 年，俾路支省发生了 487 起恐怖袭击事件，导致 727 人死亡，1577 人受伤。2014 年俾路支发生 300 多起恐怖袭击事件，比 2013 年有所降低。2015 年，俾路支发生了 218 起恐怖袭击事件，造成了 257 人死亡，329 人受伤。这与 2014 年相比，恐怖袭击事件下降了 36%，死亡人数下降了 31%，教派冲突事件也下降了 20%，因教派冲突导致死亡的人数下降了 60%。可以看出，2015 年俾路支的安全形势比 2013 年有所好转。

然而，2016 年俾路支发生的恐怖袭击事件出现了反弹，伤亡较 2015 年大。2016 年 1 月，俾路支叛乱分子、塔利班武装分子和宗派恐怖主义者实施了 20 起恐怖袭击事件（包括 2 起自杀性袭击），比 2015 年 12 月增长了 122%。根据南亚反恐门户的统计，从 2016 年 1 月到 9 月 4 日，俾路支发生了炸弹袭击事件 34 起，造成 132 人死亡，276 人受伤，这比 2015 年因炸弹袭击死亡的人数多。从 2016 年 1 月到 9 月 4 日，俾路支发生 5 起自杀性袭击事件，造成 107 人死亡，170 人受伤，这比 2015 年（1 起）发生自杀性袭击事件多。其中，影响较大的是 2016 年 8 月 8 日发生在奎达的自杀性袭击事件。当日，俾路支省首府奎达一家医院遭到了自杀性炸弹袭击，造成了 70 人死亡，110 多人受伤，极端组织"伊斯兰国"和巴基斯坦塔利班武装均宣称对此袭击事件负责。巴陆军参谋长拉希勒表述，恐怖分子在巴基斯坦西北部落地区被军方击败，他们正将注意力转移至俾路支省。❶

从近几年的情况看，俾路支是巴基斯坦安全形势较为严峻的省。2013 年，俾路支发生的恐怖袭击事件在全国位居第二，仅次于联邦直辖部落地区；2014—2015 年俾路支每年发生的恐怖袭击事件在全国位居第一。在俾路支省内部，奎达、德拉布格帝和盖杰是安全形势比较严重的地区。2015 年，这 3 个地区分别发生了 48 起、29 起、20 起恐怖袭击事件。由此可见，俾路支内部的安全局势依然严峻。

二、俾路支恐怖主义产生和发展的主要原因

（一）历史遗留的民族问题发展的结果

当今的俾路支人大约有 900 万，超过 60% 居住在巴基斯坦俾路支省，25% 居住在伊朗东南部，此外在阿富汗等国家也有分布。可以看出，俾路支人是一

---

❶ 徐伟. 巴基斯坦安全局势依然严峻［N］.人民日报，2016–08–10.

个典型的跨境民族。巴基斯坦俾路支问题也是一个跨境民族问题，该问题由来已久。在英国殖民统治印度时期，俾路支人多次起义反抗英国的统治。20世纪30年代，俾路支建立了第一个民族主义政党，其斗争目标是在英国撤出印度后在俾路支人聚居的地区建立一个"独立的，统一的俾路支斯坦"。❶

1947年，巴基斯坦独立后，俾路支最大的部落卡拉特帮首领穆罕默德·亚尔·汗宣布独立，并提出与巴基斯坦在防务、外交和通信方面保持特殊的关系。这遭到巴基斯坦拒绝。此后，巴基斯坦民族主义者发动了叛乱，被巴基斯坦政府平息。20世纪50年代到70年代，俾路支多次爆发反政府武装叛乱，特别是1973—1977年的武装叛乱影响极大，反叛武装曾经达到5万人，武装冲突导致8000人死伤。1977年齐亚·哈克总统上台后对俾路支人实行安抚政策，并宣布大赦，同时加强促进该省经济发展工作，暂时缓和了矛盾，但俾路支分离问题并未得到根本解决。20世纪70年代末，苏联阿富汗战争后，巴基斯坦一些部落民众纷纷进入阿富汗从事圣战，巴基斯坦成了支持阿富汗抵抗力量进行圣战的后方基地。苏联为了瓦解巴基斯坦支持阿富汗游击队的后勤运输线，决定成立一支能在巴基斯坦从事破坏活动的组织，其中一个就是"俾路支解放军"。在苏联阿富汗战争期间，该组织有不少成员在苏联受过训练，曾经一度非常活跃。苏联解体后，该组织沉寂过一段时间。然而，"9·11"事件发生后，由于美国对塔利班政权进行军事打击，导致阿富汗大量武装分子涌入巴、阿边境地区，俾路支局势混乱。俾路支解放军等叛乱组织利用了巴、阿边境地区的混乱局面，趁机对基础设施、外来工人等目标发动恐怖袭击。

自从巴基斯坦独立以来，俾路支分离主义问题一直未能得到妥善解决。近年来，俾路支发生的恐怖袭击事件主要也是由具有分离倾向的极端组织制造。可以说，当今俾路支恐怖主义问题是俾路支分离主义问题不断发展的结果。

（二）社会经济发展落后，资源开发矛盾激化

在巴基斯坦四个省中，俾路支是经济发展最落后的省。该省的经济总量只占巴基斯坦整个经济总量的3.5%。该省没有什么支柱产业，财政收入经常入不敷出。该省工业基础薄弱，基础设施落后，人民收入普遍较低，有一半人口生活在贫困线以下。在衡量社会发展水平的教育、卫生、健康等十项指标中，该省有九

---

❶ Adeel Khan，Baloch Ethnic Nationalism in Pakistan：From Guerrilla War to Nowhere? Asian Ethnicity，Volume 4，No. 2，June 2003，pp.281–293.

项排在全国最后 ❶。俾路支落后的社会经济发展状况，以及巴基斯坦财政分配不均，俾路支人在中央政府与军队高层中的代表不足等因素，增加了当地民众对巴基斯坦政府的不满。这种不满情绪容易被极端组织利用，为恐怖主义势力的发展提供了温床。

俾路支矿产资源丰富，巴基斯坦九大成矿区中有五个在俾路支省。俾路支也蕴含丰富的天然气资源。近年来，巴基斯坦中央政府加强了俾路支的资源开发，引发了俾路支民族主义者的强烈不满。他们反对"外部势力"包括巴基斯坦中央政府前来"掠夺"俾路支的自然资源，要求加强地方自治，获得更多控制当地天然气和其他矿物资源的权利，同时得到更多政治权和经济权。❷在俾路支资源开发中，俾路支人未能及时享受到开发带来的成果。例如，苏、伊的天然气资源在1954开始开发，但是旁遮普省却优先享受成果，而天然气到达俾路支省府奎达却花了30多年的时间。俾路支民族主义者指出，巴基斯坦政府让俾路支省的资源流出，并且忽视了俾路支的发展。俾路支不但是巴基斯坦最差的省，而且近年来开始建设的一些基础设施项目受益的也是"外来人"，而非俾路支本地人。因此，近年来，俾路支针对基础设施和外来人员的恐怖袭击事件也增加了。

三、俾路支的恐怖主义对中巴经济走廊建设的影响

（一）恶化了中巴经济走廊建设的投资环境

2013年5月，李克强总理访问巴基斯坦期间，将中巴经济走廊建设项目提上了日程，同年7月，中巴正式签署了合作协议。此后，中巴经济走廊建设开始启动。中巴经济走廊始于中国新疆维吾尔自治区，延伸至巴基斯坦俾路支省的瓜达尔港，全程近3000千米。2015年4月，中国国家主席习近平访问巴基斯坦，作为"一带一路"重大先行项目，走廊建设项目全面提速。目前，喀喇昆仑公路升级改造二期项目、瓜达尔港及自贸区开发项目和一些能源项目正在建设中。中巴经济走廊建设将吸引大量中国企业投资巴基斯坦的电力、管道、天然气、铁路、港口、通信等基础设施建设和电力能源建设项目。然而，自从中巴经济走廊项目启动以来，中国企业对巴基斯坦的投资也面临一系列的安全风险。

---

❶ 重建俾路支——巴基斯坦军队在行动［EB/OL］.（2010-07-03）［2013-08-11］.新浪网,http：// news. sina. com. cn/o/2010-07-03/150717749995s. shtml.

❷ 陈一鸣. 巴基斯坦俾路支局势持续动荡［EB/OL］.（2006-02-28）［2008-11-11］.人民网,http：// world. people. com. cn/GB/14549/4148802.html.

近年来，俾路支省发生了多次武装分子袭击天然气管道、交通基础设施等恐怖袭击事件。虽然这些事件造成的死伤人数不多，但是却对外国企业对巴基斯坦的投资产生了不利的影响。受巴基斯坦安全形势的影响，近年来巴基斯坦吸引外资水平持续不断下滑。如2014年7月至2015年2月，巴基斯坦外国直接投资流入6.155亿美元，较上财年同期的6.401亿美元下降3.8%。其中一个重要的原因就是俾路支省油气丰富的地区治安秩序混乱导致一些外国企业不愿到巴基斯坦投资。❶可见，俾路支的恐怖主义恶化了当地的投资环境。

（二）不利于中巴经济走廊建设项目的顺利推进

由于中巴经济走廊建设东线、西线和中线都有很长一段要经过俾路支省。俾路支省的局势对中巴经济走廊建设项目能否顺利进行起着非常重要的作用。然而，中巴经济走廊所要途经的俾路支省及部落地区都是巴基斯坦各种极端组织、反叛势力和恐怖组织活动频繁的地区，安全形势严峻。目前，俾路支存在的反叛势力俾路支解放军对中国企业和中方技术人员存在敌意，反对开发俾路支瓜达尔港。

为了阻止中巴共同开发瓜达尔港，武装分子多次袭击瓜达尔港的工人驻地及基础设施。2004年5月3日，载有12名中国工程师的汽车途经瓜达尔西海湾时，遭到炸弹爆炸，造成3名中国工程师遇难，9人受伤。2005年11月，中国新疆北新路桥公司在瓜达尔附近的建筑工地遭到火箭弹袭击。2006年2月17日，在巴基斯坦俾路支省一个水泥厂工作的6名中国人遭到袭击，造成3名中国人死亡。2013年7月，瓜达尔港附近一检查站遭武装分子袭击，至少10名士兵在交火中身亡，俾路支解放阵线宣称对此负责。2015年4月，武装分子在距瓜达尔港100千米之外的工地枪杀了20名工人。2016年，巴基斯坦赛恩德格金属公司的5艘油轮被武装分子付之一炬。该公司与中国冶金科工集团公司合作，运营着俾路支省默斯东地区（俾路支最危险的地区之一）的一个矿藏。❷可以看出，俾路支频繁发生的袭击事件不利于中巴经济走廊建设项目的顺利推进。

（三）提高了中巴经济走廊建设项目的安全维护成本

为了确保中巴经济走廊建设项目顺利推进，保护中巴经济走廊的安全，巴

---

❶ 巴本财年前8个月外国直接投资6.155亿美元，同比下降3.8%，中华人民共和国驻卡拉奇总领事馆经济商务室，2015年3月18日，http://karachi.mofcom.gov.cn/article/jmxw/201503/20150300913326.shtml.
❷ 美媒：巴基斯坦俾路支省陷动荡 或影响中国在巴投资［N/OL］.（2016-04-12）［2017-07-15］.中国日报中文网，http://www.chinadaily.com.cn/micro-reading/2016-04/12/content_24455785.htm.

基斯坦已派遣 17000 多名士兵和其他安保人员保护中巴经济走廊项目安全。据 2016 年 9 月 12 日《印度时报》报道，在一系列针对中巴经济走廊的袭击活动发生之后，巴基斯坦部署了多达 14503 名安全人员，保护在该走廊工作的 7036 名中国公民。其中，旁遮普省共有 6364 名安全人员保护中国的专业人士，俾路支省有 3134 名安全人员，信德省有 2654 人，开伯尔—普什图省有 1912 人，伊斯兰堡地区有 439 人。这相当于每一名中国人就有两名巴基斯坦安全人员保护。❶派出大量保安人员保护中巴经济走廊项目建设人员，维护保安队伍需要一笔大的开支，这会增加中巴经济走廊建设项目的成本。

据巴基斯坦《新闻报》2016 年 9 月 6 日报道，为满足安保要求，保证安保支出，巴基斯坦政府拟将所有中巴经济走廊项目的成本提高 1%，最终由消费者承担该部分成本。本次成本提高方案主要包括：一是提高中巴经济走廊能源项目成本，预计将提高 350 亿卢比（约 3.5 亿美元），该部分额外成本将转嫁给消费者，每度电预计上涨 0.02 卢比；二是部分非走廊项目也需提高成本，如瓜达尔至纳瓦布沙（Nawabshah）天然气管道项目，虽未列入中巴经济走廊，但因其重要性和敏感性，也需提高成本，满足安保支出；三是中巴经济走廊道路网络建设项目，也将提高成本，计入过路费。可见，大量的安保支出，提高了中巴经济走廊建设的安全维护成本。

第三节　巴基斯坦的地方民族主义运动和国家治理

巴基斯坦民族问题引起的暴力恐怖活动一直是巴基斯坦恐怖主义的主要源头之一。增进对巴基斯坦民族问题的了解，有助于中国积极应对"中巴经济走廊"建设中面临的安全挑战。

2013 年 5 月，中国首次提出"中巴经济走廊"倡议，两国政府高度重视，中巴经济走廊很快成为中国"一带一路"建设中的重大战略项目。目前，走廊的建设已经进入实施推进阶段。然而，中巴经济走廊的建设要在巴基斯坦展开并非易事。巴基斯坦在联合国的人类发展指数中排在 182 个国家里的第 146 位；国民的教育和健康状况低下，政府在健康和教育上的支出仅分别占国民生产总值的

---

❶　吴潇：印媒：中巴经济走廊每两名安全人员守护一名中国人［EB/OL］.（2015–12–12）［2016–09–12］. http://karachi. mofcom. gov. cn/article/jmxw/201512/20151201211478.shtml.

1% 和 2%。在 2014 年的全球恐怖主义指数（Global Terrorism Index）中，巴基斯坦排第四位。多年的反恐战争，使得巴基斯坦国内存在的民族宗教冲突、恐怖主义活动变得更为严重，巴基斯坦安全状况不断恶化。巴基斯坦国内的民族问题引起的暴力恐怖活动一直是巴基斯坦恐怖主义的主要源头之一。增进对巴基斯坦民族问题的了解，有助于我们知己知彼，积极应对中巴经济走廊建设中面临的困难和挑战。

巴基斯坦是一个多民族国家。这里既有旁遮普、信德、俾路支和普什图等四个主要民族，也有克什米尔、布拉灰、哈扎拉等少数民族。这些民族均先于巴基斯坦民族国家的建立而存在，有独立的文化传统和特殊的政治诉求。因此，复杂的民族结构，一直是巴基斯坦独立以来国家建构的主要障碍之一，对国家发展和稳定构成了严峻挑战。

一、巴基斯坦民族问题的缘起

巴基斯坦是根据"两个民族理论"（即印度教徒与穆斯林是两个民族的学说）建立的国家，意为圣洁的土地，即南亚的穆斯林家园。该理论由穆斯林教育家赛义德·阿赫默德汗（Syed Ahmad Khan，1817—1898）提出，后经旁遮普诗人哲学家穆罕默德·伊克巴尔（Sheikh Mohammede Iqbal，1877—1938）和巴基斯坦国父穆罕默德·阿里·真纳（Mohammed Ali Jinnah，1876—1948）发展而成。该理论认为，南亚次大陆的穆斯林与印度教徒在宗教、语言、风俗、服装、节日、饮食等文化方面截然不同，应当依据各自的宗教属性独立建国。在"两个民族理论"指导下，印巴分治。独立后的巴基斯坦包括西巴基斯坦和东巴基斯坦。其中西巴基斯坦是现在的巴基斯坦，东巴基斯坦说孟加拉语，即后来独立的孟加拉国。

巴基斯坦的官方语言是乌尔都语和英语。按照地区、种族、语言和文化传统划分，巴基斯坦有旁遮普、信德、普什图和俾路支四个主要民族。巴基斯坦人口接近 2 亿，其中旁遮普人占 60% 左右，信德人占 18%，普什图人占 11%，俾路支人占 3%，各个族群都有自己的语言。除了以上四个主要族群外，在开伯尔—普什图省、俾路支省，以及联邦管辖部落地区，还有许多小的部落民族。另外，在 1947 年印巴分治时由印度迁移到巴基斯坦的 800 多万说乌尔都语的穆斯林移民被称为"穆哈吉尔"。这些移民主要集中在信德省和旁遮普省的城市地区，特别是在信德省的卡拉奇和海德拉巴两个城市。

按照"两个民族理论"，所有信仰伊斯兰教的人，不分地区、种族、语言和文化传统，都属于"一个民族"，因此在巴基斯坦"少数民族"为非穆斯林。这种基于伊斯兰教宗教认同的民族划分忽视了巴基斯坦各民族的个性，也在实践上带来了诸多问题。作为一个新成立的国家，单一性的伊斯兰建国理论强加在不同民族为基础的多元社会基础上，给国家建构和国家的完整性带来了严峻挑战。巴基斯坦民族问题的最主要表现形式为各个地区的地方/族群民族主义。所谓地方/族群民族主义（regional/ethno-nationalism），是指一民族国家内部，从世居少数民族角度追求民族共同体与政治共同体的合一或更高度的自治乃至分离。自独立以来，巴基斯坦以族群为基础的地方民族主义运动此伏彼起，严重影响了国家政治的稳定和社会经济的发展，其中最为突出的例子就是 20 世纪 50 年代在东孟加拉兴起的民族主义运动，导致 1971 年孟加拉国的独立。

巴基斯坦目前总共有八个行政管理单位，包括信德、旁遮普、俾路支和开伯尔—普什图四个省和四个地区。巴基斯坦四个省都有地方民族主义问题，其中以信德省的信德族、俾路支省的俾路支族和旁遮普省的萨莱基族问题比较突出。

二、巴基斯坦地方民族主义运动

（一）信德民族主义运动

信德人有着独特的历史、语言和文化。他们认为自己的文化源于印度河流域文明，对自己的语言和文化有着强烈的自豪感。印巴分治之前，印度教徒在城市中占主导地位，操纵着经济命脉，而穆斯林大多是农村人口。印巴分治后，绝大多数信德人依然居住在本土农村，而信德印度教徒则被迫离开，前往印度。来自印度的穆斯林进入巴基斯坦。迁入信德省的印度穆斯林说乌尔都语，自称穆哈吉尔人，大部分定居在信德的卡拉奇、海德拉巴、苏库尔等城市，正好填补印度教徒离开信德城市后留下的位置。1948 年，巴基斯坦政府把信德省的大城市卡拉奇定为首都，大量由穆哈吉尔人和旁遮普人构成的新资本家阶层掌控了卡拉奇的经济。现在，卡拉奇是信德省的首府，也是巴基斯坦最繁华的大都市，大量的商业和工业资源被集中在这里。卡拉奇拥有最高的人均收入，然而其他地方的信德人却十分贫穷。这使得很多信德人认为，他们从巴基斯坦成立起，就遭到了殖民主义的压迫。

巴基斯坦联邦收入是按照人口为主要指标来进行分配的。由于信德省人口少，尽管信德交给联邦的税占联邦税收相当大的比例，但是返回的很少。信德农村的识字率只有 35%，公共卫生服务极其缺乏。大部分在信德的工厂和企业不属于信德人，只有 2% 被本省信德人所拥有，只有 5% 的信德人受雇于这些地方。在军队里和政府机构里，信德人也大概只有 5% 的代表率。此外，还有水源分配问题。巴基斯坦政府在印度河上游旁遮普省内建大坝及修运河，对下游信德省的水源使用造成影响。在政府机构、议会和军队的低代表率，低就业率，财政上、水源上的分配不均等，被信德人认作是他们被中央政府忽视和边缘化的重要证据。

"一个单位"政策也对信德省造成了影响。乌尔都语在这一时期地位确立，导致信德人在政府机构的任职中处于不利地位，信德人的民族主义运动在这个时期发酵。信德民族主义运动的领袖萨义德（Ghulam Murtaza Shah Syed）曾是巴基斯坦国父真纳"两个民族理论"的积极推行者。巴基斯坦独立后，他转向推动信德自由运动，定义了信德民族主义的五个基本原则：第一，信德是一个独立的国家。第二，巴基斯坦不是一个国家而是四个国家的集合。第三，信德人是一个基于语言、家园、文化传统、政治和经济利益认同的独立民族。第四，相信信德人有权利决定他们的未来。第五，认为巴基斯坦建国的意识形态，伊斯兰统治，中央集权和巴基斯坦的民族利益是信德实现民族主义的最大障碍。信德民族主义者可以分为三个派别，第一个是要求独立的极端派，追随萨义德的理念，要求完全从巴基斯坦独立；第二个是温和派，要求在巴基斯坦内部获得自治权；第三个派别主要是封建的力量，控制了信德省的农村，这个派别的政客在信仰上虽然认同信德民族主义，但是更在意保持现状，维护自己的现有利益。萨义德死后，他的信德自由运动分裂成了十多个要求从巴基斯坦独立的政治团体，有着各自的领导人物。包括信德省国民阵线（Jeay Sindh Qaumi Mahaz）、信德联合阵线（Jeay Sindh Muttahida Mahaz）、信德民族主义党（Jeay Sindh Qaumparast Party）、信德联合党（Sindh United Party）等。其中，信德联合阵线是目前最极端的民族主义组织。自 2002 年起，信德省内部发生了很多针对铁路和政府机构的炸弹袭击，很多案件无法找到肇事者。近年来崛起的一个军事化组织信德斯坦自由军（Sindhudesh Liberation Army）被认为是信德联合阵线的地下军事翼，宣称对很多由政治动机引起的暗杀负责。巴基斯坦政府密切关注信德民族主义团体在信德省内的活动，然而军警不加区别的反制措施，导致了信德省分离主义者更加强硬的立场，信德省的安全状况比萨义德时代进一步恶化。

（二）俾路支民族主义运动

俾路支省在巴基斯坦西南部，与阿富汗和伊朗接壤，占国土面积的 1/3 左右，人口稀少。该省拥有巴基斯坦大部分的海岸线以及丰富的自然资源，有煤炭、大理石等超过50种矿产资源，包括铜和金，还有天然气和石油。关于如何分配开发资源所获取的利润，成为俾路支民族主义者和巴基斯坦中央政府的一个主要矛盾。

俾路支省的民族问题，最初是由1947年印巴分治时俾路支省卡拉特（Kalat）土邦拒绝加入巴基斯坦导致的。巴基斯坦政府出兵强行吞并卡拉特导致了1948年的起义，1958年俾路支人由于巴基斯坦政府的"一个单位"政策（One Unit Policy）再度发动起义。"一个单位"政策由巴基斯政府于1955年推行，目的是为了解决管理两个地域上并不连接的东巴基斯坦和西巴基斯坦的困难。在"一个单位"政策的指导下，西巴基斯坦的4个省合并为一个省，俾路支省原有的行政划分被解散。旁遮普人成为这个政策的最大受益者，而其他省的利益则受到损害。1959年，巴基斯坦军方镇压了俾路支人的起义并逮捕了俾路支民族主义领袖纳络之·卡恩（Nauroz Kahn）。自此，俾路支人和中央政府的武装冲突直到20世纪70年代末期才趋于相对缓和。目前的叛乱始于2005年1月，而俾路支民族主义领导者那瓦布·不格提（Nawab Bugti）2006年被暗杀，更加剧了目前这一阶段的冲突。自此，暴力程度一直都维持着中等强度，没有再回到2004—2005年前的水平。暴力主要采取对基础设施和安全部队进行攻击，以及对政治领袖暗杀的形式。民族分离主义恐怖组织俾路支解放军就是在这一时期迅速兴起，成为俾路支反政府势力的重要代表。

俾路支省是巴基斯坦人口最少的省份，因此在巴基斯坦议会和政府中的代表也少。在巴基斯坦成立的前30年，在成为巴基斯坦内阁成员的170个人中，只有4个是俾路支人。俾路支省在教育、公共卫生以及获取干净的饮用水方面都远落后于其他省份的水平。尽管有丰富的自然资源，但是俾路支人并没有从中获益，在天然气工业中的收入较高的位置都被外省来的工人占据。俾路支民族主义者认为政府对于天然气开采使用费的分配带有歧视性质。其他省份从中央政府那里获取的开采使用费的利率高于俾路支省，获得的天然气补助也比较高。中国在俾路支省进行的大型基建项目，例如，瓜达尔港项目以及连接卡拉奇的高速公路，这些被中央政府描述为促进该省经济发展的项目经常成为袭击目标。俾路支民族主义领袖批评这些项目没有给俾路支人带来利益，道路的修建连接其他省份而不是通向俾路支省的腹地，没有使用俾路支人工作，项目所有权也不归于俾路支人，而是归于中央政府。

除以上列举的问题外，近年来俾路支省的外来移民也对俾路支民族主义的发展也起到了推波助澜的作用。由于与阿富汗接壤,越来越多的普什图人从阿富汗进入俾路支省,从巴基斯坦其他省份来的普什图人和旁遮普人也由于就业原因进入俾路支省的大城市中。在俾路支省的首府奎达,来自阿富汗的普什图人已经占人口的30%。迅速改变的人口结构加剧了俾路支人在政治和经济上被边缘化的担心。自从2006年以来俾路支民族主义者有针对性地发动了对新来移民,特别是旁遮普人的袭击。

另外,巴基斯坦的国家安全部门,军队和警察,也是俾路支人不满和怨恨的源头。在俾路支,真正持分离主义立场的民族主义者只是一小部分人,俾路支民族主义运动的极端化倾向是由于国家的镇压行为造成的。巴基斯坦政府一直都采用强硬的手段对待俾路支民族主义运动。由于与阿富汗接壤,西方在阿富汗的反恐对俾路支省的安全状况也有很大影响。北约驻阿富汗盟军的供应路线之一就经过俾路支省,北约车队在此条供应路线上曾遭到多次袭击。为了镇压分离主义运动,以及配合北约的反恐,巴基斯坦政府在俾路支省内保有大量军队、半军事组织和警察。这些组织有系统地压迫和绑架俾路支民族主义者,杀害俾路支人的政治领袖,导致俾路支省人的强烈愤恨,从而引起层出不穷的叛乱和暴力活动,使得俾路支省安全状况持续恶化。

(三)萨莱基民族主义运动

旁遮普省的萨莱基民族主义运动是一个比较温和的运动。和信德民族主义及俾路支民族主义运动要求独立的主张不同,萨莱基民族主义的诉求主要是扩大在地区内的影响力,通过运动证明旁遮普省并不是只有旁遮普族一个声音。旁遮普可以被分为三个地区,即中北部地区、西北部地区和西南部地区,地方方言差距悬殊。西南部主要方言是萨莱基语。说萨莱基语的人口有2500万~4000万人。萨莱基的民族认同主要基于语言。巴基斯坦建国后,萨莱基语逐步成为旁遮普南部地区族群联系的象征。旁遮普中北部社会发展水平一直都比较高。旁遮普省的首府在北部的拉合尔,政府把钱投入北部发展基建和服务,企业都集中在北部,就业率高,而南旁遮普经济发展水平则比较落后。萨莱基人认为政府把资源集中投放在北旁遮普,忽视了南部萨莱基人的利益。旁遮普省南部不仅与信德省接壤,从文化上也和信德省有更多的相同之处,这更加增强了旁遮普南部地区在旁遮普省内的疏离感。

1955年的"一个单位"政策也对萨莱基民族主义运动的形成起到了推波助澜的作用。南部旁遮普可以分为三个区,即巴哈瓦普(Bahawalpur)、德拉加齐汗（Dera Ghazi Khan）和木尔坦（Multan）。巴哈瓦普曾是个土邦，1947年印巴分治时决定加入巴基斯坦，1952年的时候成为巴基斯坦的一个省，1955年被并入西巴基斯坦。然而，"一个单位"政策结束后，巴哈瓦普并没有恢复省的地位，而被并入了旁遮普省，这导致了恢复巴哈瓦普省地位的政治运动（Bahawalpur Sooba Movement）。1970年4月24日，民族主义者第一次走上街头发起示威游行，遭到警察镇压，导致两人死亡，几百人受伤。虽然巴哈瓦普运动被镇压，但在建构文化认同，调动南部旁遮普省居民的萨莱基民族认同感上是成功的。巴哈瓦普运动失败后，萨莱基民族主义者又发动了建立萨莱基省的运动（Saraiki Movement），与之前的运动不同的是，这一次的运动更加强调萨莱基人在语言上的文化认同，并且提出改善经济上不平等的要求。运动领导者认为，分治能够改变旁遮普省南部人民被边缘化的现状，要求提高萨莱基人在政府和军队工作的配额，提升他们的就业机会，此外，他们还要求用萨莱基语印刷官方文献，在电视和广播中更多地使用萨莱基语。

萨莱基运动20世纪90年代末在政治层面有所突破。1998年巴基斯坦各个地方民族主义运动联合起来，发动了巴基斯坦被压迫者民族主义运动（Pakistan Opressed Nationalist Movement），这个平台成功地凝聚了萨莱基各个地方民族政党的力量，在全国层面上发出自己的声音，使巴基斯坦政府认识到萨莱基语区的问题。经过多年的发展，萨莱基运动在一定程度上取得了一些成果。首先，其构建了基于萨莱基语的文化认同，在这个意义上也是一个文化复兴运动。其次，在民族主义运动的推动下，萨莱基人成功地获取了巴基斯坦第五个本土民族的身份，萨莱基语在一些官方和非官方的场合被认为是一种独特的语言，被考虑到1981年和1998年的人口普查中去。最后，萨莱基建省问题成了一项政府议题。2012年在人民党主席扎尔达里任总统期间，巴基斯坦国民议会通过了成立南旁遮普省的决议，但是，仅仅通过决议是不足以建省的，还需立案并由国民议会和旁遮普省议会2/3多数的表决通过才有可能实行。尽管这项决议更多地带有政党取悦选民的性质，但不可否认的是，地方民族主义的诉求已经受到巴基斯坦政府更多的关注。与此同时，萨莱基运动也存在一些问题，导致运动很难深化：首先，萨莱基人在情感上还未能够非常眷恋这一语言。虽然萨莱基运动提升了萨莱基族群的认同，但是并没有能够让说萨莱基语的人为自己的语言骄傲，并且有意识地更多使用这个语言。其次，萨莱基运动也在巴基斯坦获得了很多批评的声音，批评认为在国家已经面临政治经济和安全方面的严峻挑战时，以族群为基础来建立行政单位的举措会导致更多的族群采取类似手段争取族群权益，不利于巴基斯坦的统一和稳定。最后，领导该运动的政治精英主要居住在拉合尔和伊斯兰堡等大城市中，与当地的民众脱节，运动本身并未对萨莱基人和旁遮普省南部的民生发展现状带来实质上的改变。

三、巴基斯坦地方民族主义运动和国家治理政策探析

导致地方族群民族主义运动在巴基斯坦盛行的原因可以从国族建构、国家结构和地方统治精英主导的地方主义导致对国家资源的分配不均三个方面进行分析。

首先，现代民族国家是建立在一国一族的理论基础上的，国族建构，国家认同对于国家的统一和完整性非常重要。在殖民时期，英国人为了巩固自己的统治，通过语言上及行政上的手段对英属印度居民进行区分，这也促使了以地区为基础的民族认同的形成。巴基斯坦的统治精英很多是印巴分治时期从印度移民过来的，国家成立之初在巴基斯坦当地缺少群众基础。这些统治精英尽管意识到多元民族的社会构成，但为了巩固统治，还是倾向于使用强硬手段维护国家完整性，把地方民族表达的不满都看作是对国家秩序的挑战，或是外部势力的教唆和挑动。对于地方民族主义运动的压制，使得部分地方民族公开走上分离主义道路。

其次，国家的结构问题。巴基斯坦的政治实践中一直都是分权和集权两种趋势并存，联邦中央权力过大，省政府权力较小。政体上，国家制度的建立以自由主义为出发点。1940 年的拉合尔决议清楚地阐明了巴基斯坦将是一个联邦，所有的管理单位都是自治的和自主的。然而，由于巴基斯坦建国特殊的历史条件，在政治实践上，倾向于用集权巩固政权。巴基斯坦的第一部宪法历时 9 年才于 1956 年出台。但只存在了两年便被实行军事管制的陆军总司令阿尤布·汗废除。但是，1956 年宪法确立的一些基本原则，如突出伊斯兰特色、实行联邦制、建立强有力的中央政权、司法独立等，深刻影响着之后的宪政体系。现行的 1973 年宪法规定了巴基斯坦是一个联邦共和制国家，可是治理的结构却具有高度集权的倾向。中央拥有对省的否决权，行政高于立法，行政与司法混淆的情况加剧了地区之间和民族之间的不和。此外，巴基斯坦军方在国内的政治经济与安全外交上一直享有巨大的影响力，建国以来，先后四次建立军管政府，而文管政府较弱，无法有效控制军方。长期以来，情报机关的一些行为也对地方民族主义运动起到了推波助澜的作用。

最后，地方统治精英主导的地方主义，导致各省之间和各省内部的分配不

均。在巴基斯坦，世袭的带有封建色彩的政治文化有着突出地位。政治权力一直都掌握在一些地方的大家族手中，例如布托家族、谢里夫家族，都是地方上的豪门。大大小小的家族控制了上至国家下至地方的经济命脉。以家族为基础的利益集团往往只代表本地或本省的利益。这些家族，通过操纵政党选举，以维护自己在政治中的特权地位，从而获取各种政策上的优惠和经济利益。例如，穆斯林联盟（谢里夫派）和人民党作为巴基斯坦历史最悠久、实力最雄厚的两大政党，分别以谢里夫家族和布托家族为主导，代表旁遮普省和信德省的地方利益，为了稳住票仓，迎合选民，千方百计地将国家资源输送给自己的大本营。特别是旁遮普省，经济发展水平要比其他省份高。这主要是因为1955年的"一个单位"政策实施后旁遮普人成为最大受益者，在巴基斯坦政府和军队上的影响力逐步增强。1971年东巴基斯坦独立后，旁遮普人成为国家政治生活中的主导族群。而其他省份的发展则相对落后，这就不可避免地引起其他省的不满。分配上的不平等造成的不满情绪为族群议题政治化提供了土壤。在政治经济上被边缘化的民众通过民族认同团结起来，通过地方民族主义运动在政治层面上发声，提出自己的诉求，并以要求以族群为基础建立次一级行政单位为手段，使公共资源的分配得以向本地区倾斜。

巴基斯坦一直都有创建新省的讨论，如上述南旁遮普省的例子。建立新省意味着重新建立一套政府管理机构，自然会增多当地政府部门工作就业机会，而且可以重新分配中央的资源，获得更多发展需要的资金。理论上，可以调动地方的积极性。新建省份可以进行自主决策来实现当地的发展目标，提升原来被边缘化族群在政治中的参与程度。此外，巴基斯坦官员和决策层主要关注省会城市，他们的精力都放在处理这些中心城市的问题，像拉合尔、卡拉奇、白沙瓦等。增加更多次一级的行政单位有可能减轻目前政客和官僚的负担，加速决策过程提高效率，使资源能够更为有效地在发展学校、医院、道路等基建上进行配置，加强边远地区长期受到政府忽略的族群对政府的向心力。但是，以族群为基础建立更多的省在是否能够提升治理的质量，并改善政治经济被边缘化民众的生活状况上，是有争议的。

目前，巴基斯坦国内对于如何缓解民族矛盾，抑制地方民族主义运动发展，达成了一定的共识，其中很重要的是需要考虑被边缘化族群的利益，以及通过权力的下放，扩大地方自治权。这种共识从2010年最近的一次宪法修正案例体现出来。在充满种族冲突和民族分离主义运动的社会里，权力下放被认为能够改善国家治理中的一些问题，使草根层面获得更多的利益，从而缓解政治紧张局势和增强社会凝聚力。2010 年 4 月，巴基斯坦议会一致通过宪法中的第 18 条修正案。宪法修正案是巴基斯坦国家未来发展的风向标。2010 年宪法修正案包括了自 1973 年该宪法实行以来最引人注目的权力下放的条款，在地方和中央关系上面，宪法第 18 条修正案，扩大了地方政府的权力，采取了缓解地方和中央紧张的关系的重要步骤，加强中央和省的沟通机构，"共同利益委员会（Common Interests Council）"的作用。中央与省的纷争将首先提交"共同利益委员会"处理，而不是直接由最高法院裁决。宪法第 18 修正案废除了"共同立法表（Concurrent List）"。"共同立法表"规定了在婚姻、合约、枪支持有、劳动、教育课程、环境的污染、破产等 40 个不同的领域，联邦和省级政府都可以立法，但联邦法律优先于省的法律。随着"共同立法表"的取消，这些领域的立法权被下放到了省议会。宪法第 18 条修正案还重新规定国家税收在联邦政府和省政府之间的分配，对联邦在税收上的权力进行了限制。此外，宪法修正案还照顾了被边缘化的阶层和省份，在制度设计上使得被边缘化的阶层和省份在政府机构中任职的代表名额不足问题可通过宪法进行矫正。

　　总而言之，权力下放旨在加强地方政府的自治权，通过加强各省的能力来加强国家的能力。宪法修正案为巴基斯坦的社会政治发展提供了机遇，但是还有很长的路要走。目前看来，权力只是从首都转移到省府，还未真正下放到基层，财政和政策控制都还集中在省的立法和行政手中。对于宪法修正案本身也有很多争议，一派认为在放权上做得太迟太少，另一派认为进行得太多太快。中央与地方的矛盾依然尖锐，资源丰富的省份不愿与中央分享权益，而是要求拥有更大的自治权。小省对大省在中央和军队中的主导影响力不满，要求获得更平等的权益。"此外，西北边境省"更名为"开伯尔—普什图省"的改革措施引起很大争议。改名引起该省非普什图人的强烈抗议，特别是占当地人口 30% 的哈扎拉人提出独立建省要求，结果爆发严重冲突，造成多人死亡。修正案中也没有提到几乎不受政府直接管理的联邦直辖部落区。这一地区还沿用着殖民时代的法律条文。这些都将影响到巴基斯坦的团结、稳定和发展。虽然宪法修正案在缓和民族矛盾、增强国家向心力和扩大地方自治权方面做了积极的尝试，但是对于地方民族主义运动建立新省的诉求并没有回应。而宪法层面的改革若是没有办法在公共政策层面得到推行贯彻，惠及被边缘化的民族和群体，将难以从根本上解决地方民族主义运动对于巴基斯坦国家治理的挑战。

第四节　中亚伊斯兰极端主义的表现及前景

中亚伊斯兰极端主义的产生与发展有着深刻的国际背景。在资本主义工业化与全球化发展的历史轨迹中，中亚伊斯兰极端主义不仅是政治权力的博弈史，还是全球宗教回归的异化产物。在该背景的影响下，中亚伊斯兰极端主义表现出政治性、激进性和暴恐性的"三性"基本特征，为中亚地区带来了严重的意识形态危机，也为中国新疆的安全稳定带来了威胁。面对这一政治与安全风险，依靠中亚自身力量应对已力不从心，中亚地区欲挤压伊斯兰极端主义的生存空间，维护区域和平与安全，需在"上合组织"框架内共同打击伊斯兰极端主义，这才是走出困境的必由之路。

"极端主义"源于拉丁文"extreum"，主要是指政治主张偏激，且采取极端手段实施具有政治目的活动。❶从定义可知，政治性和偏激性是极端主义的两个显著特征。目前学术界并没有对"伊斯兰极端主义"给出清晰的概念界定，但其符合极端主义的两个主要特征，以建立伊斯兰国家为目标，利用宗教感染力，歪曲宗教教义，以暴力为手段，制造社会恐慌，表现出强烈的排他性和抗拒性。❷伊斯兰极端主义现已演化为世界难题，成为威胁当前国际秩序的重要因素之一。中亚是一个宽泛概念，有广义与侠义的区分。本书所指的中亚主要是狭义概念，主要指哈萨克斯坦、乌兹别克斯坦、塔吉克斯坦、吉尔吉斯斯坦和土库曼斯坦在内的中亚五国。

中亚伊斯兰极端主义从不是孤立存在的，而与国际背景分不开。美国学者布鲁斯·霍夫曼认为，现在每个人在自己的房间里都可以成为恐怖分子，年青一代利用便捷的移动设备，足不出户就能够了解恐怖组织的活动情况，并与之产生情感共鸣，最后融于团体中。这句话充分展示了全球伊斯兰极端主义在"三性"特征基础上，又面临着科技化、年轻化等新发展态势。

一、宗教回归激发中亚伊斯兰极端主义泛滥

文化从来不是孤立存在的，而是植根于特定的社会环境中，文化本身不成为

---

❶ 李琪. 中亚地区安全矩阵中的极端主义与恐怖主义问题［J］. 新疆师范大学学报，2013（3）.

❷ 杨恕. 聚焦中亚——中亚国家的转型及其国际环境［M］. 北京：中国社会科学出版社，2013：87.

焦点，文化所生存的土壤和仰赖的环境才是关注的根本。❶ 中亚伊斯兰极端主义生存与仰赖的环境与全球宗教回归分不开，这也印证了全球伊斯兰极端主义从不单单是内生的产物，而是与国际社会因素内外因共同作用的结果。在外部因素中，全球性宗教回归的作用不可小觑。

1643 年，威斯特伐利亚和会确立了主权独立的民族国家才是国际交往的平等主体，结束了关乎基督教政治地位与欧洲霸权的残酷斗争，宗教不再介入政治与国际关系，民族国家开始登上政治舞台。❷ 一些政治投机者开始以"民族主义"为出发点寻找政治权力。俄国喀山出现了"泛突厥主义"，一些别有用心的人用突厥的语言学概念偷换成突厥人的民族概念，试图寻找分裂的理由，"泛突厥主义"对中亚及中国新疆地区产生了深远影响，但该思想并未成为主流思想❸，政治图谋者们开始重新考虑宗教的影响力，中亚地区宗教回归拥有了发展条件。

萨缪尔·亨廷顿曾说，忽视 20 世纪末伊斯兰复兴运动对东半球的政治影响，就如同忽视 16 世纪末新教改革对欧洲的政治影响。1979 年，伊朗伊斯兰革命胜利，伊斯兰世界大受鼓舞，伊斯兰复兴运动在全球盛行。1991—1996 年，中亚地区也进入伊斯兰复兴的快速发展阶段，其典型表现为宗教团体盛行、宗教场所呈几何级数增长。1997 年，哈萨克斯坦的清真寺数量由独立前的 63 座发展到 4000余座；1996 年，吉尔吉斯斯坦的清真寺数量由独立前的不到 20 座发展到了不下1500 座。冷战结束后，宗教甚至成为个别中亚国家稳固政权的工具。有的中亚国家领导人为得到主体民族的支持，在一些场合发表支持伊斯兰复兴的言论，有的总统还曾经访问过沙特阿拉伯，并专程赶赴麦加朝圣，伊斯兰教的复兴俨然成了个别官员的政治手段。在某种程度上，伊斯兰成了中亚地区政治权力的博弈工具。

工业化与全球化的发展造成发展落差，宗教恰恰安抚了因发展差距导致的心理落差。西方社会高速发展的关键时期，中亚地区也并没有赶上工业化的快车道，而仍在封建思想的统领下按部就班，封闭的社会环境进一步加剧了社会分化。在经济技术发展落后的现实中，中亚的社会矛盾进一步激化。此时，伊斯兰教恰恰安抚了中亚地区因发展落后导致的心理落差，"东欧剧变"使中亚地区的信仰体系全面崩塌，深受伊斯兰文化影响的中亚地区宗教回归条件成熟，伊斯兰

❶ 哈全安.土耳其政治民主发展进程［M］.上海：上海三联书店，2010：264.
❷ 章远.宗教政治的回归于国际危机治理［J］.文化纵横，2015（4）.
❸ 同上.

极端主义也借机乘虚而入。20世纪90年代，伊斯兰极端主义事件在中亚地区多发。1997年起，乌兹别克斯坦发生多起针对公职人员和警察的伊斯兰极端主义事件；1999年，塔什干发生爆恐事件，共造成15人死亡，128人受伤；1998年，暴恐分子在吉尔吉斯斯坦南部地区袭击村庄，提出其目标是建立"伊斯兰国家"；1997年4月，塔吉克斯坦总统拉赫莫诺夫在列宁纳巴德州遇刺。伊斯兰极端主义在中亚愈演愈烈。

二、中亚伊斯兰极端主义的"三性"特征

文化具有政治属性。阿拉伯著名历史研究专家菲利普·K.希提曾说，伊斯兰是一种生活方式，既有宗教方面的内容，也有政治方面的内容。❶ 这句话充分说明了伊斯兰的政治属性。伊斯兰文化政治属性外溢，为伊斯兰极端主义的滋生提供了温床。"政治性"是伊斯兰极端主义的核心特征，正因政治权力需要，为夺取政权，其表现越来越激进，恐怖主义成为政治逻辑的自然延伸。因此，中亚伊斯兰极端主义主要有"政治性""激进性""暴恐性"的"三性"基本特征。

"政治性"是伊斯兰极端主义的目标。夺取政治权力是伊斯兰极端主义的核心特征。纵观中亚地区伊斯兰极端主义的发展历史，获得政治权力、建立统一"哈里发帝国"是伊斯兰极端主义的核心思想。中亚地区宗教极端势力呈总体上升趋势，与"政治性"属性的延伸发展分不开。20世纪90年代起在中亚具有重要影响力的伊斯兰解放党（伊扎布特）的政治意图十分明显，其目标就是建立一个单一教权的世界统一的"哈里发帝国"。"乌兹别克斯坦伊斯兰运动"成立的政治图谋就是要推翻乌兹别克斯坦总统卡里莫夫的统治。1998年，伊斯兰极端主义分子曾提出过其行动目标为建立"伊斯兰国家"。西哈萨克斯坦州的拉尔斯克的恐怖主义小组主张建立伊斯兰国家。❷ 在中亚地区，近年来以"乌兹别克斯坦伊斯兰运动"为代表的多个伊斯兰极端组织无不以获得政治权力为目标，开展一系列恐怖主义活动。政治化的诉求引导了中亚伊斯兰极端主义的其他特征。为获得政治权力，伊斯兰极端主义往往使行动变得更加激进，最终利用暴恐方式夺取政权。

"激进性"是伊斯兰极端主义的手段。近年来，随着全球伊斯兰极端主义发展，表现的愈发激进，中亚地区伊斯兰极端主义很具有典型性。伊斯兰极端主义

---

❶ 罗宾·多克.伊斯兰世界帝国［M］.王宇洁，李晓曈，译.北京：商务印书馆，2015：3.
❷ 苏畅.当前中亚宗教极端势力特点及发展趋势［J］.新疆师范大学学报，2014（2）.

从意识形态的思想传播发展到针对"异教徒"的暴力恐怖主义再到穆斯林群众本身也难以幸免的"圣战"行动,"激进性"是伊斯兰极端主义的重要手段。中亚地区活跃的伊斯兰解放党由曾经典型的意识形态宣传向暴力恐怖型发展,激进态势不断升级。起初,伊斯兰解放党多以意识形态宣传为主要表现形式。但在2001年以后,伊斯兰解放党在其刊物上发表相关文章,声明进行自杀式炸弹袭击是唯一合法的战术或战争,讨伐"异教徒"是"圣战"唯一方式 ❶,标志着中亚伊斯兰极端主义思想态势的升级。

"暴恐性"是伊斯兰极端主义的方式。根据当前国际安全形势的综合判断,恐怖主义和民族分离运动仍然是威胁国际秩序的两个重要因素。美国"9·11"事件以后,全球进入了暴恐事件高发时期,中亚地区首当其冲。首先,多个新的伊斯兰极端组织成立。20世纪初,多个伊斯兰极端组织在中亚成立。如2002年中亚突厥斯坦伊斯兰运动成立,2002年中亚伊斯兰圣战者联盟成立,2008年圣战组织成立,2009年哈里发战士成立 ❷,这些组织频繁制造暴恐事件,为中亚地区的安全稳定带来严重威胁。其次,根据相关资料数据整合,2006—2008年,吉尔吉斯斯坦的伊斯兰解放党成员至少增加了3倍,伴随着极端组织实力的壮大,多起恐怖事件在中亚地区发生。

第五节　本章小结

目前,中亚南亚安全局势令人担忧。其一部分原因在于域外大国长期对这两个地区采取双重标准,助长了区内恐怖组织活动。而最重要原因在于中亚和南亚相关国家治理能力的缺失,以及相关国家采取的政策不当。中亚南亚安全局势的恶化使中国"一带一路"建设的推进不确定性因素上升,安全风险增加。

一、中国以负责任大国态度与中亚地区联合打击伊斯兰极端恐怖活动

中国作为上海合作组织的重要成员国,以负责任大国态度与中亚地区就打击伊斯兰极端主义问题进行了长效磋商机制,开展相关反恐演习,落实上合组织相

---

❶ 李琪.中亚地区安全化矩阵中的极端主义与恐怖主义问题［J］.新疆师范大学学报,2013（2）.
❷ 同上。

关协定，加强边境管理，开展有效的情报交流。中国与哈萨克斯坦、塔吉克斯坦等中亚国家就联合打击恐怖主义、分裂主义和极端主义签署了专门的合作协定和联合声明。目前，中国提出了"一带一路"倡议，通过"共赢"思想实现与中亚地区的互通有无。中亚地区可以利用"一带一路"的发展机遇，在上合组织的框架内实现与成员国之间的互联互通，共同打击中亚伊斯兰极端主义，挤压伊斯兰极端主义的生存空间，这不仅能为中亚地区经济发展创造安全环境，也能推动中亚地区与中国的多边经济合作，减少全球经济的下行压力，实现安全稳定与经济发展的"双赢"新局面。

就中亚地区的综合情况来看，在上合组织的框架内打击中亚伊斯兰极端主义是行之有效的措施。

首先，上合组织拥有更加坚实的法律基础和更加高效的组织力量。打击宗教极端主义和恐怖主义是上合组织的工作重心。上合组织把联合维护和保障地区和平、安全与稳定作为组织成立的宗旨之一，在 2001 年 6 月 15 日成立当天就颁布了《打击恐怖主义、分裂主义和极端主义上海公约》，希望能在维护区域安全稳定方面有所作为。根据俄罗斯广播电台"俄罗斯之声"2014 年 12 月 15 日有声报道，哈萨克斯坦总统纳扎尔巴耶夫认为上合组织汇聚政治影响力和经济实力，该组织主要是为稳定、没有领土争议以及共同打击三个当今所厌恶的事物——分裂主义、极端主义和恐怖主义而工作。这说明了上合组织对于打击伊斯兰极端主义的针对性。上合组织秘书长曾言，上合组织已成为保障地区和平、稳定和安全的重要力量❶，事实也证明了上合组织在近年来打击伊斯兰极端主义具有更完备的组织机构和议程设置。上合组织先后颁布了《上海合作组织成员国合作打击恐怖主义、分裂主义和极端主义构想》《上海合作组织反恐怖主义公约》《边防合作协定》《关于地区反恐怖机构的协定》《上海合作组织成员国首次公安内务部长会议关于打击跨国犯罪的联合声明》《上合组织成员国和阿富汗伊斯兰共和国关于打击恐怖主义、毒品走私和有组织犯罪的声明》等多项法律和政策文件，为联合反恐提供了更加坚实的法律基础和政策保障。❷ 面对坚实的法律基础和高效的反恐组织力量，上合组织在对抗中亚伊斯兰极端主义上更具有针对性。

其次，上合组织拥有更加务实的长效维护机制和更加实用的预警措施。在国际社会中，上合组织率先提出联合打击"三股势力"的相关声明与主张，卓有成

❶ 任瑞恩.上海合作组织秘书长：上合组织已成为保障地区和平、稳定和安全的重要力量［EB/OL］.［2013-09-12］（2015-05-14）. http://news. xinhuanet. com/fortune/2013-09/12/c_117349068.htm.

❷ 赵鸣文.上海合作组织未来十年发展前景［J］.国际问题研究，2011（6）.

效地开展相关工作。在中亚地区的安全稳定事件中，上合组织坚持维护成员国的核心利益，不局限于国家问题的解决，而是从区域的角度，给予联合行动更多实质与内涵，形成了更加务实的长效维护机制。在这个维护机制中，上合组织拥有了较完备的反恐侦破技术，信息共享机制，有力地防范和打击了伊斯兰极端主义的快速蔓延。目前，上合组织有更完备的军事部署。从成立至今，上合组织举行了多次大规模的军事演习，涉及海、陆、空三位一体，给予中亚地区伊斯兰极端主义极大的震慑力。在多项军事演习中，以代号为"和平使命"的军事演习已成功举办多次，受到了国际社会的广泛关注。其中，2007年在中国新疆乌鲁木齐举行的"和平使命—2007"由上合组织全体成员国共同组织实施，这次军事演习有力证明了上合组织对于抗击伊斯兰极端主义的合力与决心。2003年8月，中、俄、哈、塔、吉五国在中国新疆维吾尔自治区的伊宁市举行"联合—2003"的军事演习。为应对伊斯兰极端主义高科技化的发展趋势，2015年10月14日，上合组织在中国福建省厦门市举行代号为"厦门—2015"的网络反恐演习，这是上合组织首次举行的针对互联网恐怖主义活动的联合军演。❶上合组织依靠敏锐的预警能力和独特的判断力，走在了当前区域反恐的最前沿。

　　最后，上合组织拥有更好的国际威望和更高的发展平台。上合组织成员国中含有两个联合国常任理事国，这种"高规格"配置，使上合组织获得了更高的国际威望和影响力。2004年12月，上合组织获得联合国大会观察员地位，2005年9月，时任上合组织秘书长的张广德代表上合组织出席了联合国60周年首脑会议，上合组织与联合国秘书处建立了合作关系，这些成果都标志着上合组织拥有了更高的发展平台。2016年是上合组织成立15周年的纪念年。回顾15年来上合组织的发展，其国际威望不断提高，不少国家表达了对该组织的强烈愿望。2016年6月13日上合组织秘书长阿里莫夫对媒体表示，在上合组织成立15周年之际，又添五个伙伴申请国，一个是东欧国家，三个是中东国家，一个是东南亚国家。❷哈萨克斯坦首任总统基金会世界经济与政治研究所所长阿基姆别科夫曾说，越来越多的国家希望加入上合组织，说明该组织的世界地位和影响力正不断上升。❸联合国鉴于上合组织拥有丰富的反恐经验，多次表示将加强与上合组织的合作。上合组织在拥有了更多国际威望之后，会吸引更多的国际资源，这些

---

❶　张思佳 . 上合组织举行首个网络反恐演习［N］. 京华时报，2015-10-15.

❷　上合组织再添五个申请国［EB/OL］.（2016-06-15）［2016-10-27］. http：//military. china. com/important/11132797/20160615/22871320_all. html.

❸　同上.

优势资源将完善相关反恐机制，促进中亚地区抗击伊斯兰极端主义的高效性。

二、打击俾路支反叛势力与极端势力

巴基斯坦的问题是很多发展中国家共有的，即在后殖民时代，如何进行国家的建构，如何维护国家的完整性，如何解决稳定及发展的问题。巴基斯坦的政治精英非常清楚把强调伊斯兰教纯洁性和文化同质性的建国意识形态强加于被不同语言和部族划分的社会可能遭到的抵抗，所以受过西方自由主义教育的政治精英选择了联邦的制度，在理论上给予了地区自主权，但是在政治实践中政治精英为了巩固统治地位，中央不断地干预如旅游业、环境、教育等本该由省负责的领域，造成巴基斯坦政体中分权与集权两种力量并存，并相互竞争的局面。由于地方主义势力过于强大，至今各省的发展水平仍然差距悬殊，地方民族对中央普遍存在反感和离心倾向。巴基斯坦国家治理的道路，由于本国宗教民族问题的特殊性而困难重重。从 2010 年宪法第 18 条修正案可以看到，巴基斯坦政治精英在制度设计上进行了一些调整，以应对当前地方民族主义带来的发展和安全挑战，但在实践上还不尽如人意，制度尚待发展和完善。而民族问题带来的国家政治经济上的安全隐患不仅影响着"中巴经济走廊"建设的成败，也影响着中国西部周边的整体安全局势。所以，巴基斯坦对于缓解民族矛盾，缓和中央与地方关系采取的国家治理政策，对于中国了解巴基斯坦社会发展的长远趋势有重要参考价值。

为了改善安全形势，巴基斯坦政府一方面加强了打击恐怖主义势力的力度，许多武装分子在军事打击中被击毙；另一方面，巴基斯坦政府正通过一项大赦计划，加大了对叛军进行招安。俾路支省内务部秘书杜兰尼（AkbarDurrani）称，已经有超过 600 名叛军投降，并在俾路支省 95% 的地区恢复了和平。❶ 但从近年来的情况看，俾路支的安全形势比 2013 年有所好转，但是并不稳定。由于俾路支各种反叛势力和极端势力并未彻底击败，地方部落与中央政府的矛盾也并未解决，在短时期内俾路支的安全形势难以有很大的改观。将来各种反叛势力和教派极端分子为了实现自身的利益诉求还是有可能对安全人员、中巴经济走廊建设项目发动恐怖袭击。中巴经济走廊建设项目仍然充满挑战。

---

❶ 中华人民共和国驻卡拉奇总领事馆经济商务室.巴俾路支民众希望通过中巴经济走廊改变命运［EB/OL］.（2016-05-12）［2016-12-17］.http：//karachi. mofcom. gov. cn/article/jmxw/201605/20160501322612. shtml.

第四章 "丝绸之路经济带"在中亚的机遇与挑战

　　"丝绸之路经济带"自提出以来就受到了国内和国际的广泛关注。从层次分析法看，"丝绸之路经济带"的提出原因有中国自身因素、区域安全压力、世界经济影响。"丝绸之路经济带"在中亚的机遇包括中亚相对稳定的政治环境、共同的安全理念和组织、丰富的能源资源、中国和其他国家的经济安排、中华文化的传播。在中亚的挑战集中于对中国边疆安全的影响、美国"新丝绸之路计划"的对冲和伊斯兰文化的过度认同。为此，中国需要采取合理的应对措施，从而更好地推进"丝绸之路经济带"的建设。

　　2013 年 9 月 7 日，中国国家主席习近平在访问哈萨克斯坦时提出建设"丝绸之路经济带"的倡议，习近平主席强调中国要和中亚国家"打造互利共赢的利益共同体"，要加强政策沟通、道路联通、贸易畅通、货币流通、民心相通。❶此后中国政府将"一带一路"倡议正式纳入国家发展议程中，成为中国未来发展的方向，。李克强总理在 2014 年 3 月的政府工作报告中提到，抓紧规划建设丝绸之路经济带、21 世纪海上丝绸之路，推进孟中印缅经济走廊和中巴经济走廊建设。❷2014 年 12 月召开的中央经济工作会议将"一带一路"与京津冀协同发展、长江经济带并列为今后中国优化经济发展空间格局的三大方向。2015 年 3 月 28 日，国家发改委、外交部、商务部联合发布了《推动共建丝绸之路经济带和 21 世纪海上丝绸之路的愿景与行动》，详细阐明了"一带一路"倡议的时代背景、共建原则、框架思路、合作重点、合作机制、中国各地方开放态势、中国的积

---

❶　弘扬人民友谊，共创美好未来［EB/OL］.（2013-09-08）［2017-08-11］. http：//politics. people. com. cn/n/2013/0908/c1001—22842914.html.

❷　李克强总理作政府工作报告［EB/OL］.（2014-03-05）［2017-06-17］. http：//www. gov. cn/guowuyuan/2014-03/05/content_2629550.htm.

极行动以及共创美好未来的愿景。❶2015 年 7 月 21 日，国务院副总理张高丽主持"一带一路"建设推进工作会议，这次会议划定了"一带一路"的重点，着力推进新亚欧大陆桥、中蒙俄、中国—中亚—西亚、中国—中南半岛、中巴、孟中印缅六大经济走廊建设。2016 年"两会"期间，李克强总理在政府工作报告中提到，扎实推进"一带一路"建设，共同打造陆上经济走廊和海上合作支点，使"一带一路"成为和平友谊纽带、共同繁荣之路。❷

国内学者认为，"一带一路"倡议是出于中国经济外交转型、中国参与并推动国际经济体制改革的需要。❸"一带一路"是文明互鉴之路，标志着中国走在文明型崛起的大道。❹还有学者认为中国要落实"一带一路"倡议，就需要在承认文化共通的前提下，把握文化的普遍性和特殊性。❺

国外学者尤其是美国学者，普遍将"一带一路"倡议视为中国的"马歇尔计划"，例如，香农·蒂耶兹（Shannon Tiezzi）就认为二者的共性在于，一个崛起的全球性大国会利用其经济实力来实现外交政策的目标，"马歇尔计划"帮助美国建立了超级大国的地位，而中国的"一带一路"倡议也可以实现同样的效果。还有学者认为中国的"一带一路"倡议是对美国全球地位的挑战，例如，《防务新闻》（Defense News）提出，中国的"一带一路"倡议会挑战美国在亚洲、非洲和中东地区的影响力。这些美国学者更倾向于从中美战略竞争的角度来看待"一带一路"倡议。

第一节　"丝绸之路经济带"提出的原因

"丝绸之路经济带"的提出可以使用层次分析法进行理解，包括国家层面上的中国自身因素，区域层面上来自亚太地区的安全问题，以及全球层面上的世界经济中心和权力的转移。

---

❶ 中华人民共和国商务部综合司.推动共建丝绸之路经济带和21世纪海上丝绸之路的愿景与行动［EB/OL］.（2015-03-30）［2015-08-16］.http：//zhs. mofcom. gov. cn/article/xxfb/201503/20150300926644. shtml。

❷ 政府工作报告（2016）［EB/OL］.（2016-03-18）［2016-07-15］.http：//www. sh. xinhuanet. com/2016-03/18/c_135200852.htm.

❸ 黄益平.中国经济外交新战略下的"一带一路"［J］.国际经济评论，2015（1）；高程.从中国经济外交转型的视角看"一带一路"的战略性［J］.国际观察，2015（4）.

❹ 赵磊：开放发展，合作共赢——"一带一路"的文化经济学视角［J］.党政研究，2016（2）.

❺ 倪稼民：基于文化共通与文化多元视角解读"一带一路"的意义［J］.党政研究，2015（5）.

从国家层面上看，中国特殊的地缘位置和快速发展的经济是"丝绸之路经济带"倡议构想的客观条件。第一，中国是一个陆海复合型国家。就领土范围来说，中国地缘政治意义上的边缘地带领土是中东部沿海地区，这一地区是中国海权建设和维护的禀赋地带，集中了中国最主要的经济发达区。中国地缘政治意义上的心脏地带领土是地广人稀的西部地区，这一地区是中国陆权建设和维护的禀赋地带。东部沿海地区是战略前沿和战略重心，中亚地区则是可以依靠的战略大后方和战略缓冲区。❶ 因此，为了能够获取足够的战略纵深，中国需要从西北地区入手，发展出通向欧亚大陆"心脏地带"的路线。英国地缘政治学家哈尔福德·麦金德（Halford John Mackinder）在《历史的地理枢纽》一文中提出了"枢纽地带"，大致包括亚欧大陆的中部和北部地区，是沟通亚欧大陆的枢纽。随后他又在《民主的理想与现实》一书中提出了被奉为经典的论断："谁统治了东欧谁便控制了'心脏地带'；谁统治了'心脏地带'谁便控制了'世界岛'；谁统治了'世界岛'谁便控制了世界。"❷ "世界岛"是亚、非、欧三大洲的联合，东欧地区是控制其的关键，作为进入东欧的门户，中亚地区也是"心脏地带"的关键区域。美国学者布热津斯基（Zbigniew Brzezinski）强调："中亚国家拥有丰富的矿产和能源储藏，必然会引起外国的兴趣。"❸ 虽然这些学者都是从地缘政治扩张、建立霸权的角度来看待中亚地区，不符合当今国际政治规范，但是这些话语仍然体现了中亚地区重要的地缘战略意义。中国作为发展中国家和陆海复合型国家，需要将中亚纳入外交政策的重要议程，在陆权上重视中亚。第二，中国近年来经济快速发展，经济总量不断提高。进入 21 世纪以来，中国的 GDP 始终维持高速增长，在美国主导的世界经济体系中异军突起。2008 年的金融危机沉重打击了西方国家，相反，中国却在世界经济普遍萎靡的情形下屹立不倒，还帮助世界经济渡过了难关。2012 年中国的经济总量超过日本成为世界第二大经济体，并且这一势头仍将持续下去。中国不仅具备客观的经济实力，主观上也具备"走出去"的意愿。2007 年，胡锦涛同志在党的十七大上提出："坚持对外开放的基本国策，把'引进来'和'走出去'更好结合起来，扩大开放领域，优化开放结构，提高开放质量，完善内外联动、互利共赢、安全高效的开放型经济体系，

---

❶ 程毅.大国角逐与中亚战略走势［J］.国际政治研究，2005（3）.

❷ 哈尔福德·麦金德.民主的理想与现实（第一版）［M］.武原，译.北京，商务印书馆，1965：134.

❸ 布热津斯基.大棋局——美国的首要地位及其地缘战略（第一版）［M］.中国国际问题研究所，译.上海：上海人民出版社，1998：123.

形成经济全球化条件下参与国际经济合作和竞争新优势。"❶2013 年，中共十八届三中全会也提道，"必须推动对内对外开放相互促进、引进来和走出去更好结合。"❷经济全球化和区域化的双重背景下，中国势必要发展与周边国家的经贸往来，实现区域经济共同发展。中国与中亚地区在地缘上相邻，是中国经济"走出去"的发展前沿。而且中亚国家加工制造业相对不发达，基础设施相对落后，"中亚五国为减少本国经济对国际原材料市场、外援的依赖性，开始逐步实施产业结构的调整，将交通、水利、通信、公共设施等基础设施建设领域列为优先发展方向，吸引外资投入"❸。中国在基础设施建设方面有着丰富的经验和技术，尤其是近年来中国的高铁项目，在世界范围内得到了普遍推广。例如，整个 2015 年中国铁路技术"走出去"的成果颇丰。5 月，中国中铁发布公告，旗下的中铁二院集团工程有限责任公司与俄罗斯企业组成的联合体已中标俄罗斯莫斯科—喀山高铁项目的勘察设计部分；9 月，中国高铁开进了美国，由中国铁路总公司牵头的中方联合体与美国西部快线公司将合资建设美国西部快线高速铁路，全程 370 千米，连通拉斯维加斯到洛杉矶，这也是中国在美国建设的第一个高铁项目；10 月，中国企业联合体与印度尼西亚国企联合体正式签署了组建合资公司协议，拿下总投资额达 60 亿美元的印度尼西亚雅加达至万隆高速铁路项目的建设和运营订单。❹中国经济具备走向中亚的客观条件和主观条件，中亚也需要借助中国的技术、资本实现基础设施建设的发展，这就为"丝绸之路经济带"的出台提供了客观需求。

从区域层面上看，中国在亚太地区面临的区域安全压力是"丝绸之路经济带"提出的外部原因。奥巴马政府时期，美国在全球范围内进行战略调整，在亚太地区推进"亚太再平衡"战略。前国务卿希拉里在《美国的太平洋世纪》一文中提道，今后 10 年美国外交战略最重要的使命之一将是把大幅增加的投入锁定于亚太地区。❺美国利用在亚太地区构建的轴辐同盟体系对中国进行围堵，在东海及钓鱼岛问题上凭借美日同盟、在南海问题上凭借美菲同盟牵制中国。除了借助盟友之手外，美国也多次展现自身的前沿军事存在。2013 年 11 月 26 日，美军两架 B-52

---

❶ 胡锦涛在党的十七大上的报告［EB/OL］.（2007-10-24）［2010-11-12］. http：//news. xinhuanet. com/newscenter/2007-10/24/content_6938568_4.htm.

❷ 中国共产党第十八届中央委员会第三次全体会议公报［EB/OL］.（2013-11-12）［2016-11-18］. http：//news. xinhuanet. com/politics/2013-11/12/c_118113455.htm.

❸ 苏祖梅. 中国企业在中亚五国经营环境的比较研究［J］. 国际观察，2013（2）.

❹ 中国"走出去"［N］. 经济参考，2015-12-25.

❺ Hillary Clinton. America's Pacific Century［J］. Foreign Policy，2011（11）.

轰炸机闯入中国东海防空识别区。2015 年 12 月 10 日，美军战略轰炸机再次进入我国南海。2016 年以来，随着朝核危机的不断演化，美国派出"斯坦尼斯号"航母进入我国南海执行巡航任务。与此同时，为了配合"亚太再平衡"战略的实施，美国又抛出"印太战略"，将亚太轴幅安全体系扩大到印度洋区域，形成一个环绕东亚大陆的大月牙形同盟与伙伴国战略网络。❶"亚太再平衡"战略的推行及美国的前沿军事行动导致中国在亚太地区面临的安全问题陡然上升，在亚太地区继续发展也将困难重重。

从国际层面上看，世界经济中心和权力中心逐渐向亚洲地区转移，为"丝绸之路经济带"的提出提供了历史机遇。这一地区包含了中国、印度等新兴经济体，尤其是中国，更是拉动亚洲地区经济发展的支柱力量。伴随着经济中心的转移，世界权力中心也大有向东亚转移的趋势。阎学通教授就认为，随着中国政治和社会改革不断持续，中国崛起将带来 21 世纪世界权力中心的转移。❷世界经济中心和权力中心的转移需要中国以更加积极、更具建设性的姿态在国际政治的舞台上发挥作用。以往的大国崛起后，要么通过开拓海外殖民地实行劫掠式发展，如英、法；要么仅仅帮助和自身政治制度、意识形态相似的国家，如美国。中国不同于这些国家，作为一个负责任的国家，中国不仅关注自身的发展，同时还关注其他国家的发展，不论其是否和中国在政治制度或价值观念上相似。正是因为存在这样的历史机遇，中国才得以提出"丝绸之路经济带"倡议，实现中国和中亚国家的共同发展、合作共赢，打造"利益共同体"和"命运共同体"。

第二节 "丝绸之路经济带"在中亚地区的机遇

"丝绸之路经济带"对中亚的作用具有一定影响，其辐射效应也逐渐凸显出来。

一、在政治和安全维度上，"丝绸之路经济带"有着相对稳定的地区政治环境、合理的理念和组织架构支持

首先，中亚国家总体而言政治较为稳定。自苏联解体以来，中亚五国获得政

---

❶ 夏立平. 地缘政治与地缘经济双重视角下的美国"印太战略"［J］. 美国研究，2015（2）.

❷ 阎学通. 世界权力的转移——政治领导与战略竞争［M］. 北京：北京大学出版社，2015：86.

治上的独立地位，开始主权国家的建设进程，经历了一段相对平稳的发展时期。2014 年是中亚国家重要的政治改革年，中国社科院发布的《中亚黄皮书：中亚国家发展报告》指出，稳定是其基调，中亚国家通过了一系列改革措施，总统、议会和政府之间的权力更加均衡，例如，哈萨克斯坦和吉尔吉斯斯坦都对政府高层人士进行了重新任命，以平衡国内各方政治力量。❶中亚国家的经济发展平稳，政治体制相对稳定，因此形势近期内总体上仍会保持基本稳定，出现大规模冲突的可能性不大。❷

其次，"丝绸之路经济带"有普遍认可的安全理念支持。2014 年习近平主席在出席第四次亚信峰会时明确提出"亚洲新安全观"，积极倡导共同、综合、合作、可持续的安全观。❸习近平主席提出的新安全观符合时代潮流和地区安全需求，得到了很多亚洲国家的认可。一直以来，国际关系学者都强调国家安全的排他性，将集体安全斥为理想主义。但随着冷战的结束，传统安全威胁的逐渐减弱，恐怖主义等非传统安全问题威胁着每个国家的安全，成为各个国家共同关注的问题。近年来，愈发猖獗的恐怖势力和极端势力威胁着中亚地区的安全与稳定，仅仅依靠单一国家无法解决问题。中国要保证"丝绸之路经济带"具有良好前景，就需要和中亚国家携手共进，共同维护"丝绸之路经济带"沿线的安全。共同行动需要共同理念，"亚洲新安全观"就成为中国和中亚国家安全合作的助推器，随着"亚洲新安全观"更加深入人心，中国和中亚国家才真正可能在安全上实现命运相通，中亚国家才真正愿意保障"丝绸之路经济带"的安全。

最后，"丝绸之路经济带"有上合组织的支持。上合组织作为区域安全合作机制，为中国和中亚国家加强边防安全合作提供了平台。上合组织成立的初衷就是应对暴力恐怖主义、民族分裂主义、宗教极端主义"三股势力"，并从 2005 年开始每年举行"和平使命"联合军演，以应对非传统安全问题。此外，中亚五国中除了土库曼斯坦外，都是上合组织成员国，常态化的会议互动有助于中国和中亚国家及时沟通与交流信息，减少双方可能出现的不信任。在"丝绸之路经济带"提出后，其和上合组织的联系更加密切，将上合组织打造成"一带一路"支

---

❶ 中亚黄皮书：中亚国家发展报告发布（2015）［EB/OL］.（2015—09—14）［2017—06—15］. http：//www.cssn. cn/dybg/gqdy_gqcj/201509/t20150914_2254085.shtml.

❷ 孙壮志.当前中亚五国政治形势及未来走向［J］.新疆师范大学学报（哲学社会科学版），2012：27.

❸ 中国首办亚信峰会，倡导亚洲新安全观［EB/OL］.（2014—05—21）［2016—08—17］. http：//news. xinhuanet. com/2014—05/21/c_1110797825.htm.

撑平台的愿望也更为强烈。❶ 上合组织的功能有助于为"丝绸之路经济带"沿线提供安全保障，助其顺利推进。上合组织的架构可以为中国和中亚国家提供较为完备的合作机制，从而有利于减少"丝绸之路经济带"的运作成本，提高其运作效率。而且上合组织近年来还有意吸纳更多的成员国和观察员加入，如2015年7月的乌法峰会通过了启动接收印度、巴基斯坦加入上合组织程序，正式开始"扩员"程序。❷ 更多成员加入就更有助于建设多边合作机制，减少"丝绸之路经济带"的阻力。

二、在经济维度上，"丝绸之路经济带"立足于中亚地区丰富的资源，并有相关经济走廊为依托

首先，中国和中亚国家在能源方面的合作逐渐深入。其中中亚地区石油储量约为42.8亿吨，占世界总量的2.1%，天然气储量约为11.8万亿立方米，占世界总量的6.2%。铁、锰、铬、铜、钼、锌、钨、锑、铝土矿等金属资源储量也位居世界前列，资源潜力巨大。❸ 中亚丰富的资源和能源可以为中国的经济发展提供动力，尤其是随着南海形势日益严峻，中国从地理上更为邻近的中亚获得资源能显著减少成本。近年来，哈萨克斯坦和土库曼斯坦在中国石油与天然气的进口比例中占据越来越重要的位置（详见表4-1）。中亚国家虽然拥有丰富的能源，但加工制造业相对不发达，基础设施相对落后，要想整合区域资源，为国家带来经济效益，中亚国家就需要响应"丝绸之路经济带"倡议，实现合作共赢。

表4-1 2000—2013年中国从哈萨克斯坦进口的原油

单位：万吨

年份	进口总量	从哈萨克斯坦进口量	比例（%）
2000	7026.53	72.42	1.03
2005	12708.32	129.00	1.01
2006	14518.08	268.28	1.84
2007	16317.55	599.84	3.67
2008	17889.30	567.09	3.16

---

❶ 把上合组织打造成"一带一路"支撑平台［EB/OL］.（2015-12-18）［2017-01-15］. http：//news. xinhuanet. com/globe/2015-12/18/c_134930775.htm.

❷ 乌法峰会展示上合组织发展前景［EB/OL］.（2015-07-13）［2017-03-18］. http：//world. huanqiu. com/hot/2015-07/6986857.html.

❸ 中亚五国优势矿产资源分布及开发现状［EB/OL］.（2012-07-14）［2016-11-08］. http：//www. gtzyb. com/dizhikuangchan/20120714_12827.shtml.

年份	进口总量	从哈萨克斯坦进口量	比例（%）
2009	20378.89	600.61	2.94
2010	23931.14	1005.38	4.20
2011	25254.92	1121.10	4.43
2012	27109.12	1070.37	3.94
2013	28214.40	1198.06	4.24

数据来源：中国海关和中国驻哈萨克斯坦共和国大使馆经济商务参赞处，表格由笔者自制。

其次，中国已经构建了一系列经济机制和制度安排，成为"丝绸之路经济带"的重要依托。2013 年 5 月，李克强总理在访问巴基斯坦和印度期间分别提出中巴经济走廊和孟中印缅经济走廊的倡议。"中巴经济走廊"立足于中巴全天候合作伙伴关系，是"丝绸之路经济带"的旗舰项目和样板工程。中国可以将中巴"命运共同体"打造成为中国同周边国家构建"命运共同体"的典范❶，从而更令人信服地推广"丝绸之路经济带"中合作共赢、命运与共的理念。孟中印缅经济走廊也是"丝绸之路经济带"的重要组成部分，四国政府已于 2013 年 12 月在昆明召开了首次联合工作组会议，并确定互联互通、投融资与贸易、环境可持续发展以及人文交流等为走廊合作的重点项目，这些重点项目同"一带一路"的主要内容高度契合。❷ 有了这两个经济走廊为依托，"丝绸之路经济带"就可以和部分南亚国家，以及"21 世纪海上丝绸之路"实现对接，体现两条丝绸之路的联动效应，从而实现中亚和南亚的区域有机整合。

最后，俄罗斯主导的欧亚经济联盟与"丝绸之路经济带"之间有很高的契合度。欧亚经济联盟是俄罗斯主导的、白俄罗斯和哈萨克斯坦参与的经济一体化项目，2014 年 5 月，俄、哈、白三国签署《欧亚经济联盟条约》，2015 年 1 月 1 日正式启动。不同于美日等国对中国的排斥，俄罗斯对中国的"一带一路"倡议持支持态度。2015 年 5 月 8 日，中俄两国签署《关于丝绸之路经济带建设和欧亚经济联盟建设对接合作的联合声明》，根据联合声明，俄罗斯支持"丝绸之路经济带"建设，"双方将共同协商，努力将丝绸之路经济带建设和欧亚经济联盟

---

❶ 中巴经济走廊，"一带一路"的样板工程［EB/OL］.（2015-04-21）［2017-08-11］. http：//news. xinhuanet. com/mrdx/2015-04/21/c_134168606.htm.

❷ 驻孟大使：孟中印缅经济走廊可做"一带一路"建设先行部分［EB/OL］.（2014-05-28）［2016-12-12］. http：//www. chinanews. com/gn/2014-05-28/6222722.shtml.

建设相对接，确保地区经济持续稳定增长，加强区域经济一体化，维护地区和平与发展"。❶ "丝绸之路经济带"与欧亚经济联盟在理念上有共同点，二者都是开放的，欢迎其他国家参与。二者还在地理上相连接，更有利于有效协同，降低跨境物流的成本。此外，二者在产业上也可以更好地衔接和配合。"一带一路"的制造业和欧亚经济联盟的能源资源产业、重工业可以实现有效的互补。❷ 这有助于双方更好地沟通和交流，及时有效地解决分歧。同时集中俄两个国家之力，在产业上会更加多元化，有助于获得经济领域的相对优势，从而具备强大的内外驱动力和国际声望。

三、在文化维度上，"丝绸之路经济带"有古代丝绸之路的文化积淀

历史上，"丝绸之路"将中西方文明联系起来，周边国家对中华文化产生了认同感。虽然近代中华文化由于遭受列强入侵一度式微，但中华文化仍有着极高的历史声望。随着近年来实现中华民族伟大复兴目标的提出，中华文化再一次焕发生机，在世界范围的影响力不断提高。中亚国家也出现了"汉语热"，2005年第一所孔子学院落户乌兹别克斯坦，2006—2012年有四所孔子学院在哈萨克斯坦成立，吉尔吉斯斯坦也有三所孔子学院，并正在筹划第四所，即使是不与中国接壤的土库曼斯坦，也有三所大学开设了汉语课。❸ 孔子学院和汉语的传播有助于提升中国国际地位，塑造良好的国际形象。美国《纽约时报》认为："中国正用汉语文化来创建一个更加积极的中国形象。"❹ 孔子学院的建立有助于中亚国家更多地了解中华文化，在一定程度上产生对中华文化的亲切感和认同感。在"一带一路"规划的早期，由于邻国在社会、文化、习俗等方面与中国具有相似性，或是边境区间在历史上就有长期交往互动的传统，这些类似点与亲近感是"一带一路"倡议的推动力量。❺ 可以预见，有了"丝绸之路"的历史文化积淀和中华文化的强大影响力，"丝绸之路经济带"在中亚国家中将会享有更高的声望和认

---

❶ 中华人民共和国与俄罗斯联邦关于丝绸之路经济带建设和欧亚经济联盟建设对接合作的联合声明，[EB/OL].（2015-05-09）[2017-04-16].http：//news. xinhuanet. com/world/2015-05/09/c_127780866. htm.

❷ 周密. 欧亚经济联盟，"一带一路"的重要节点[J]. 世界知识，2015（4）.

❸ 中亚多国兴起"汉语热"，孔子学院遍地开花[EB/OL].（2013-09-18）[2016-05-12].http：//www. chinanews. com/hwjy/2013/09-18/5298370.shtml.

❹ Howard French. Another Chinese Export Is All the Rage：China's Language[M]. New York ：2006.

❺ 柳思思."一带一路"：跨境次区域合作理论研究的新进展[J].南亚研究，2014（2）.

同感，源远流长、博大精深的中华文化必将推动"丝绸之路经济带"向着文明交流的平台迈进。

第三节 "丝绸之路经济带"在中亚地区的挑战

随着中国"一带一路"倡议不断推进，"丝绸之路经济带"在中亚地区面临着诸多挑战。

一、"丝绸之路经济带"在中亚地区面临的挑战

在政治和安全上，中亚地区遭受俄、美地缘政治博弈的冲击和"三股势力"的袭扰。

首先，俄罗斯和美国在中亚地区的博弈会加剧地区局势的不稳定。美国和俄罗斯作为在军事上有全球影响力的政治大国，他们在中亚地区争夺领导权的态势需要引起中国的关注。冷战结束后，美国加大了对中亚地区的争夺力度。美国通过北约的"和平伙伴关系计划"加强了与中亚国家的军事联系。"和平伙伴关系计划"于1994年1月10日北约布鲁塞尔首脑会议上通过，旨在加强北约和中亚国家的防务合作，使美国可以在北约的框架下将势力延伸到中亚，例如，美国和中亚国家进行了多次双边与多边军事演习。"9·11"事件后，美国借助"反恐问题"实现了在中亚地区的驻军。阿富汗战争爆发之后，美国和北约以反恐的名义在中亚共租用了六个机场，包括乌兹别克斯坦二个（汉纳巴德和铁尔梅兹），塔吉克斯坦三个（库利亚布、杜尚别、艾尼）和吉尔吉斯斯坦一个（玛纳斯），其中在玛纳斯建立的空军基地是美国在中亚最大的军事基地。❶虽然在2014年由于吉尔吉斯斯坦终止租借合同，美国被迫关闭玛纳斯空军基地，但是美国的影响力不会马上从中亚地区消失。为了应对玛纳斯空军基地关闭的问题，美国准备扩大在乌兹别克斯坦的军事存在，在中亚地区新建军事基地，计划在土库曼斯坦、乌兹别克斯坦和吉尔吉斯斯坦建边防检查站和训练中心，由美军负责培训当地安全部队。❷除了进行军演和建立军事基地加强前沿军事存在外，美国还通过"大中亚计划"压缩俄罗斯的战略空间，抵消俄罗斯在中亚的影响力。"大中亚计划"

---

❶ 张宁.北约与中亚国家的"和平伙伴关系计划"［J］.国际资料信息，2009（3）.

❷ 美国拟在乌兹别克斯坦等中亚国家扩大军事存在［EB/OL］.（2010-07-12）［2015-11-18］. http：//news. xinhuanet. com/mil/2010-07/12/content_13851901.htm.

是美国中亚问题专家弗雷德里克·斯塔尔（Frederick Starr）于 2005 年提出的地缘政治构想，认为应以阿富汗为枢纽，在军事上充分利用北约，推动中亚五国和南亚的合并。❶ 这些措施都是美国为了防止俄罗斯再度崛起、压缩俄罗斯战略空间而做出的努力，正如布热津斯基所言："美国必须反对俄罗斯为垄断进入该地区的途径而作努力。"❷ 与美国的战略形成对冲的是，俄罗斯也强化在中亚的军事存在，并加强与中亚国家的军事合作与军事演习。1992 年 5 月 15 日，俄罗斯与除土库曼斯坦以外的中亚国家签署了集体安全条约。2001 年在集体安全条约组织框架下批准建立集体快速反应部队，俄罗斯因此获得了中亚的军事基地，包括吉尔吉斯斯坦的坎特空军基地和塔吉克斯坦的第 201 军事基地。俄罗斯与中亚国家在集体安全条约组织下举行过 2004 年的"防线 2004"军事演习和 2013 年的"牢不可破的兄弟情 2013"联合维和演习等。美俄地缘政治博弈会影响中国西北边疆的安全。美俄不断加强在中亚的前沿军事存在，直接对中国的安全构成了严重威胁，使中国西北地区处于空军的有效打击范围内，也增加了发生误伤和军事摩擦的风险。潜在的军事摩擦不利于为"丝绸之路经济带"构建稳定的外部环境。而且在美俄博弈的影响下，中亚国家被迫"选边站"，不利于"丝绸之路经济带"所提倡的相互合作、共同发展的理念。

其次，"三股势力"严重威胁中亚国家和中国的安全与稳定。"三股势力"发端于中亚地区复杂的民族、宗教和经济问题。苏联解体后，中亚地区产生巨大的权力和思想真空，"三股势力"借机兴风作浪。这些恐怖组织和极端势力包括乌兹别克斯坦伊斯兰运动（Islamic Movement of Uzbekistan）、伊斯兰解放党（Hizb–ut–Tahrir al–Islami）、"东突厥斯坦伊斯兰运动"（The Eastern Turkistan Islamic Movement）等。

近年来，随着"伊斯兰国"组织的发展壮大，越来越多的中亚圣战分子加入"伊斯兰国"。他们对中亚国家的安全与稳定构成了严重威胁。例如，2010 年 4 月在吉尔吉斯斯坦南部发生的骚乱事件中，就有极端势力参与，他们挑拨吉南部奥什地区的乌孜别克族和吉尔吉斯族的矛盾，制造了大规模骚乱以浑水摸鱼，并扩大他们的活动范围。吉尔吉斯斯坦国家安全局负责人说，"乌兹别克斯坦伊斯兰运动"和"伊斯兰圣战联盟"恐怖组织直接参与策划了吉尔吉斯斯坦南部的骚

❶　Frederick Starr. A Partnership for Central Asia［J］. Foreign Affairs，2005（4）.
❷　布热津斯基.大棋局：美国的首要地位及其地缘战略［M］中国国际问题研究所，译.上海：上海世纪出版集团，2007：198.

乱。❶"三股势力"还对中国西部边疆地区构成了威胁，尤其是"东突"组织妄图通过暴力手段将新疆从中国分裂出去，建立所谓的"东突厥斯坦国"。"进入21世纪以来，境外'三股势力'打着民族、宗教的旗号，以民族利益的维护者和伊斯兰教的保卫者自居，妄图把新疆从祖国大家庭中分裂出去。"❷"三股势力"对"丝绸之路经济带"建设带来了人员和财产方面的威胁，不利于创造一个稳定的发展环境。国际恐怖势力在中国周边的再聚集、反恐局势的复杂化、东突分子的活跃，是"一带一路"倡议面临的重大威胁。❸2014年的上海亚信峰会上，习近平主席提道："对'三股势力'必须采取零容忍态度，加强国际和地区合作，加大打击力度。"❹2014年9月的上合组织成员国元首理事会第十四次会议上，习近平主席提出要"建立应对安全挑战和威胁中心，标本兼治、多措并举、协调一致地打击'三股势力'"❺。这些表述体现了中国非常重视"三股势力"构成的威胁，并积极采取行动以保证"丝绸之路经济带"的顺利推进。

第一，在经济上，美国的"新丝绸之路计划"与"丝绸之路经济带"在能源资源领域产生了竞争。2011年7月，时任美国国务卿的希拉里在第二次美、印战略对话会上提出了"新丝绸之路计划"。"新丝绸之路计划"主要分为两个阶段：第一阶段是从2011年至2013年，以"硬投资"为主，侧重于阿富汗与中亚五国的资源的整合，主要是打通中亚五国与阿富汗之间的油气运输管道。第二阶段是从2013年至今，强调"软投资"与"硬投资"相结合，依靠世界贸易组织，推动阿富汗—巴基斯坦、巴基斯坦—印度、中亚—阿富汗—巴基斯坦的多边贸易协定和边界合作，推进中亚南亚资源、贸易、边界和人员的整合与开发。该计划主要着眼于兴建基础设施，连接中亚、南亚的资源和市场，促进地区经济一体化。主要项目是TAPI（土库曼斯坦—阿富汗—巴基斯坦—印度）天然气管道项目和CASA—1000输变电项目。"新丝绸之路计划"对"丝绸之路经济带"的影响主要表现为两个方面。一方面，"新丝绸之路计划"刻意排斥中国，抢占中亚的资源和市场，压缩了中国"丝绸之路经济带"的经济活动空间。"丝绸之路经

❶ 中亚面临"三股势力"的严峻挑战［EB/OL］.［2010-11-18］（2015-10-19）. http：//news. xinhuanet. com/world/2010-11/18/c_12789113.htm.

❷ 马凤强. 境外"三股势力"对新疆安全的影响［J］.新疆师范大学学报（哲学社会科学版），2013（3）.

❸ 国际恐怖势力"东向"对"一带一路"的威胁［EB/OL］.［2016-02-17］（2017-01-18）. http://www. globalview. cn/html/global/info_9089.html.

❹ 习近平. 对"三股势力"必须采取零容忍的态度［EB/OL］.［2014-05-21］（2016-01-15）. http：//news. xinhuanet. com/world/2014-05/21/c_126528573.htm.

❺ 习近平. 建立应对安全挑战和威胁中心，打击"三股势力"［EB/OL］.［2014-09-13］（2017-06-24）. http：//www. chinanews. com/gn/2014/09-13/6587547.shtml.

济带"的重要目标就是构建中国与中亚国家的区域经济合作机制,如果中亚国家加入美国的项目,其对于中国的倡议兴趣将大为减少,区域经济合作机制也将遭遇重大阻碍。"新丝绸之路计划"企图将中亚与中国、俄罗斯"切割"开来,阻断俄罗斯或中国加强与中亚联系,最终将中亚、南亚纳入美国的战略怀抱,构建一个美国主导、排斥中俄的中–南亚地缘经济板块。❶另一方面,"新丝绸之路计划"所倡导的地区经济一体化可能会在中亚地区催生经济小集团,加大中国与中亚国家贸易谈判的成本。"新丝绸之路计划"虽提倡区域经济一体化,但是出于国家利益和意识形态考量,有些国家会选择加入而有些国家会持怀疑态度。例如,巴基斯坦基于之前若干次美、巴合作的不愉快经历,对"新丝绸之路计划"缺乏足够的信任。由此导致的结果就是美国和中国可能都会获得一部分中亚国家支持,形成数个相互区别的经济小集团。"丝绸之路经济带"的目标在于打造中国和中亚的利益共同体,是要使中国和整个中亚地区国家相互合作。如果形成对立的经济小集团,势必会加大中国和支持美国的中亚国家进行贸易谈判的难度,不利于实现区域经济的良性发展。

第二,在文化上,中亚国家对伊斯兰文化的认同可能会对"丝绸之路经济带"构建的文化圈带来潜在的挑战。中亚国家以伊斯兰文化为主,但是美国等西方国家长期使用二元对立的思维模式来看待西方和伊斯兰的关系。他们认为西方文化是普世的、先进的、现代化的,而伊斯兰文化是好战的、落后的,因此在冷战期间和后冷战时期极力向伊斯兰国家输出西方民主价值观,引发了伊斯兰国家的抵制和仇视。一些西方学者也刻意突出伊斯兰文化与其他文化的冲突,损害了伊斯兰文化的国际形象。例如,"文明冲突论"的代表人物亨廷顿就宣称:"伊斯兰教和基督教的关系经常充满风暴,彼此将对方视为外人。有时,和平共处占上风;但在更多情况下,它们的关系是一种激烈竞争的、发生不同程度热战的关系。"❷在西方国家"敌我分明"的对立思维下,伊斯兰国家人民反而更坚定了对伊斯兰教和穆斯林身份的认同感。一些伊斯兰主义者还建立了极端组织甚至恐怖势力来维护伊斯兰教的纯洁性。例如,阿富汗塔利班抵制现代化和西方化,在其管辖区域内明令禁止使用磁带、光盘、电视等"有悖教义"的物品。而"伊斯兰国"组织更是站到了全人类的对立面,通过恐怖活动宣扬伊斯兰教义和教法。对伊斯兰文化的过度认同不利于"丝绸之路经济带"构建包容的文化圈。一方面,

❶ 陈宇,贾春阳.美国"新丝绸之路计划"现在怎么样了 [J].世界知识,2015(6).
❷ 塞缪尔·亨廷顿.文明的冲突与世界秩序的重建 [M].周琪,等,译.北京:新华出版社,2010:186.

过度认同会产生自我与他者的区分。"丝绸之路经济带"所提倡的是中华文化和伊斯兰文化和谐相处，多元文化相互尊重与融合，共同打造丝绸之路文化圈。这要求抛开西方的二元思维模式，更多地关注不同文化之间的共性。如果中亚国家过度认同伊斯兰文化，就会将自身身份确定为伊斯兰教徒，而不是更广泛意义上具备共同文化的身份，那么伊斯兰文化仍将难以和其他文化融合，丝绸之路文化圈也将无法构建。另一方面，一些极端的伊斯兰势力可能会根据与西方国家互动的历史经验而拒绝一切外来事物。"历史类比可以使人从以往的事件中获取洞察力，所以是理性思维的有用捷径。但是，这样的类比也可以遮蔽现实事件中一些不同于历史事件的侧面。"❶ 由于西方国家向伊斯兰国家强制进行意识形态输出，因此这些极端组织在和西方国家的互动中产生了消极的历史经验。虽然中国的"丝绸之路经济带"是在尊重所有国家主权和文化的基础上提出的，是在平等互利的基础上进行文化交流，因而完全不同于西方国家的意识形态输出，但是一些极端组织仍可能将其进行历史类比，从而排斥"丝绸之路经济带"倡议甚至对其产生敌意。

二、"丝绸之路经济带"府际关系整体性治理

整体性治理理论为"丝绸之路经济带"府际关系研究提供了思路。府际合作生成因素的复杂性，使这种"集体行动"面临现实困境：整体性治理理论认知差异、利益和权力结构差异、政策制定与执行碎片化。基于培育府际"合作共赢"意识、构建利益平衡引导机制和网络化府际治理结构、建立多层次信息交流共享机制，成为探求"丝绸之路经济带"府际关系治理的路径选择。

20世纪90年代以来，在全球化、网络化和区域经济一体化总体背景下，中国国家主席习近平2013年在哈萨克斯坦演讲时提出丝绸之路经济带的发展构想。2013年11月召开的中共十八届三中全会通过了《中共中央关于全面深化改革若干重大问题的决定》，进一步将推进丝绸之路经济带建设放在国家战略的重要地位。在我国现有体制下，区域经济发展过程中往往伴随着各自为政、地方市场分割和地方保护主义等，阻碍了经济资源的自由流动和跨地区的经济合作。同时，区域性公共事务治理问题日益增加，亟须地方政府合作解决。本书从政治学和公共管理学整体性治理的视角切入，针对"丝绸之路经济带"府际关系的现状，分

---

❶ 罗伯特·杰维斯.国际政治中的知觉与错误知觉［M］.秦亚青，译.北京：世界知识出版社，2003：225.

析整体性治理作为横向府际关系协调治理逻辑的合理性，在地方政府治理范式转型的层面上，探讨其治理路径。

（一）"丝绸之路经济带"府际关系整体性治理的理论分析框架

1. "丝绸之路经济带"府际关系协调的必要性

推进"丝绸之路经济带"建设，具有鲜明的地缘政治特征。"丝绸之路经济带"将中国内陆区、中亚、西亚、非洲东部和东中欧等不同地缘空间相连接，使地区间关联和互动紧密。其一，府际关系协调是"丝绸之路经济带"发展的客观需要。推进"丝绸之路经济带"建设，有利于提升中国在国际区域合作中的主导地位，在地缘政治方面将成为中国面向欧洲和太平洋的重要战略支点。区域经济一体化要求建立统一市场，有效整合资源要素；区域性公共事务和危机事件管理要求突破传统行政区划的刚性约束，超越地方政府行政区域的范畴限制，以问题和资源为导向，通过地方政府间合理分工，依据自身禀赋实现区域整体资源的优化配置和协调治理。从博弈论"囚徒困境"理论来看，选择协调合作对于单一地方政府，能够避免损失最大，对区域整体而言，可以促进收益最大，进而保障共同利益的实现。其二，有利于促进当代中国区域板块联动和区域间协调发展。改革开放以来，我国区域发展的主要问题是东西差距问题，建立"丝绸之路经济带"就是通过制度设计和安排，将陇海兰新地区打造成为拉动"丝绸之路经济带"发展的核心区域，成为新一轮西部发展和中部崛起的战略支撑，提升这一区域在国民经济发展中的竞争能力和协调性。

在理论上，提出跨行政区治理中地方政府协作的整体性治理模式，完善整体性治理策略在中国应用的理论模型，提出普遍性意义上的"指向中国实践"的跨区域治理的整体性策略，以充实地方政府在跨区域公共事务中的治理逻辑理论。此外，区域公共管理研究领域的开拓，是对区域公共管理理论的进一步拓充。

2. 府际关系整体性治理的理论分析框架

20 世纪 30 年代，美国学者基于联邦制度下的府际运作实践提出了"府际关系"的概念。初始主要研究中央与地方之间的关系，即纵向府际关系。20 世纪 80 年代后，西方学者们从关注宪政规范转而关注动态运作，运用诸如行政权威、组织理论的权力依赖、理性选择分析、委托代理等模式来分析府际关系运作过程。在公共治理理念与实践形成中，跨域治理理论对原有府际关系模式做出回应，不同于以往一元化治理模式，西方公共选择理论提出跨域治理多中心体制，以奥斯特罗姆"多中心体制"为代表；新区域主义主要从地方政府间横向关系的竞争与合作两个关键维度，对区域经济的发展影响展开研究，具有代表性的布坎南"竞争性联邦主义"和布雷顿"竞争性政府"，主要从公共物品提供的角度来分析府际间竞争和合作关系。

国内学界对于府际关系的研究，主要从静态的"结构/制度"与动态的"行为/过程"两个层面展开。静态层面从国家结构、政府权力配置等方面对府际关系进行阐释，在20世纪90年代以前主要运用于研究中央和地方纵向关系；动态层面从府际互动、公共政策制定等方面进行解读，在20世纪90年代以后关注于地方政府间横向关系分析。长期以来，中央集权的国家结构、政府条块结构、职责同构问题等致使当代中国府际关系严重失序。依据新制度主义"路径依赖"理论，渐进式改革中协调府际关系需要借助国家权力。在纵向府际关系的调整中，需要减少行政层级，发挥省级地方政府作为中央与地方中介的功能与作用；在横向府际关系协调中，除了顶层设计以外，还应给予地方政府和社会更多探索空间，建立横向府际关系协调机制，规范地方政府间的合作与竞争，提供给中央可以上升为普遍性的制度和经验。

在跨域治理方面，目前国内学者提出了促进地方政府间合作和规范地方政府间竞争的相关路径，其一，通过建立健全地方政府间的横向关系协调机制来促进地方政府间合作，这有赖于四种机制的建立，即平等互信的政治对话机制、互惠互利的利益调节机制、及时高效的问题磋商机制，以及科学合理的权力调控机制。张敦富、覃成林从区域经济协调发展的角度研究了地方政府间的经济合作问题；王健提出"复合行政"的概念，即在跨行政区划、跨行政层级的不同政府之间，吸纳非政府组织参与，经交叠、嵌套而形成的多中心、自主治理的合作机制等。其二，规范地方政府间的竞争，当代中国在分权改革的同时维持了一个相对有效的地方政府间竞争市场，研究者提出必须对地方政府间竞争进行规范。诸如重塑地方政府间竞争模式、治理不良竞争等。樊纲、张曙光系统地分析了各地方政府之间的竞争情况；冯兴元描述了政府间关系的一般框架，以及竞争背景下的区域内经济过程和政治过程的联系；周叶安等设定一些指标用来测度地方政府间的竞争行为。总体来看，府际关系研究呈现出理论构建系统化、研究角度多学科化、分析工具创新化的趋势。

虽然近年来府际关系领域取得了不少研究成果，但学界的研究仍存在较大的局限性。第一，在研究领域上，总体偏重纵向府际关系研究，横向府际关系研究比较薄弱，交叉府际关系的研究几乎空白。对城市型地方政府在府际关系结构演进中的特殊地位缺乏重视。第二，在研究的方法和角度上，以政府为单一行动者为中心的研究存在着难以克服的局限性，习惯于"一元主体"的思维方式，对各层级政府内在的彼此互动和相互依赖因素缺乏研究，对政府之间彼此互动关系也缺乏系统的理论分析框架。第三，在地方政府间横向关系研究中，忽视了对地方政府的职能重塑，区域合作与竞争主要是选择性地围绕区域内各地方政府的短期政绩目标而展开，无法涵盖区域内全部的公共事务。

那么，如何建立"丝绸之路经济带"府际关系协调的理论分析框架？"丝绸之路经济带"不同于传统的区域合作模式，是一种复合的、共赢的、开放的合作与交流方式。整体性治理理论对于构建"丝绸之路经济带"府际关系研究的理论分析框架具有启发意义。通过横向府际合作，一方面缩小"丝绸之路经济带"地区发展差距，实现均等化的基本公共服务；另一方面通过"丝绸之路经济带"府际合作，规避地方政府间的恶性竞争，对区域公共事务和问题实现合作治理。一个国家的府际关系，规定并制约着该国整体利益与局部利益的基本格局。在学界对"整体性治理"多方论证中，强调制度化的跨界合作作为其总体性特征，综合研究成果，我们试图构建四个维度的理论分析框架：第一，以责任和公共利益为导向的整体性治理理念。整体性治理理念把有效性或项目责任提升到最高地位，以公众的需要为基础，以此来界定需要有效完成的是什么。在政府过程中，整体性治理以公共服务为导向，通过强调制度化、经常化和有效的跨界合作以增进公共价值，为社会提供更低的成本、更好的社会效果及更有效的服务。第二，以全面整合的整体性政府为组织结构。传统官僚制范式下，强调组织功能性分工，依据命令和控制运作，不能适应公共事务复杂化的需求。整体性政府一方面包括政府内部层级整合，即政府纵向关系和横向关系的整合与协调；另一方面公私部门之间的整合与治理功能的整合，构建由政府主导，多元社会主体参与的合作治理模式，协调政府与社会、市场的治理网络，借用矩阵式组织结构推进跨职能部门的项目。第三，以区域协调机制为整体性治理的运行机制。为了达成整体性政府组织运行状态，使整合能力在实际运作中充分实现，需要加入统合性的协调机制。应结合中国特色，注重纵向关系作用，以行政机构作为协调主体，在多元主体间建立区域协调机制，并不断加强协调机制的制度化和法律化。第四，以网络信息为整体性治理的技术支撑。伴随着网络信息技术的发展，电子化政府可以提高政府的决策理性和公共政策质量，借助公私部门之间的信息沟通网络，促进信息流通共享，提升治理的透明性和回应性，进而扩大公民参与，节约行政成本，提高政府效率。

（二）"丝绸之路经济带"府际关系整体性治理的现实困境

"丝绸之路经济带"府际合作涉及国内地方政府的治理理念、利益结构、资源权力分配和制度机制等多方面状况，通过"集体行动"生成因素的复杂性对府际合作现状进行呈现，并试图对表象背后府际协作现实困境的产生机理进行剖析。

1. 府际治理理念认知差异

目前，学界对府际合作的分析主要集中在制度与技术层面。从逻辑维度来看，西方国家普遍经历的工业化过度扩张与唯理性论之间存在一定因果关系，由此引发的生态危机促使西方国家向生态政治模式转型，这又外化为西方国家经济结构的转变、环保文化的发展和环保行为的塑造。价值观念与公共政策生成具有内在关联性，即价值观系统地内构于公共政策输入、转换、输出与反馈等基本环节，而整体性治理的理念认知差异是府际合作困境的重要成因之一。地方政府对于整体性治理的预期收益和成本认知存在差异，出于自身利益考虑，地方政府表现出不同的行动策略。虽然信息技术已经应用于政府管理过程，但在府际间缺乏以公共服务有效供给为核心的资源共享，地方政府对信息数据库的采建标准不尽相同，这导致地方政府间的信息不对称，影响了府际整体性治理网络的生成和效能。

2. 府际治理利益和权力结构差异

自 20 世纪 80 年代以来，地方政府逐渐成为一级独立的利益主体，集资源主体、行动主体、代表机构、决策中心等地位于一体，地方政府兼具（经济）经营与（公共）政权角色的混合。面对多方压力，地方政府更多采取一种理性机会主义行为：即根据公共事务的特点、范围和性质采取不同的策略。区域整体利益与个体地方利益存在差异，由于缺乏合理沟通协商机制与利益补偿机制，每个地方政府的理性机会主义行为策略导致整体利益的非理性结果，即区域整体性治理中的"囚徒困境"。

长期以来，我国实行以行政区域为主的管理体制，在行政区划设置上出于政治考虑，而不是为了更好地解决区域公共问题，过于强调分权化的属地模式使府际间缺乏协调一致和直接联动。"职责同构"下条块结构政府特征使府际关系在纵向和横向的资源、权力分配上存在权利和义务不对等、权责不一致等问题。现有政府管理体制下府际关系横向协调受到层级化隶属关系阻碍，政府部门间职能边界不够清晰，政府具有自身部门利益，相关利益者具有潜在目的意图，治理系统中行动者的自利角色促生着资源与权力的利益争夺战。应该说，当代中国区域治理是在中国特色的政治结构下，由政府主导的强制性制度变迁，在公共权力运作的中心基础上强调政府、市场和社会互动，而目前在政府与社会的权力结构、协作关系上也尚未形成有效对接。

3. 府际治理政策制定与执行碎片化

整体性治理可以分为协调和整合两个阶段。协调倾向于政策制定过程，整合注重政策执行过程。在传统科层制和新公共管理方法运用下，造成了政府在组织功能和结构关系方面的碎片化，这包括政府组织结构分割、功能重复与服务不足等。西方概念在中国语境下的拓展赋予碎片化概念更加丰富的内涵，碎片化的历史性和国别性在于传统科层体制尚未完善、特有的制度与文化惯性影响及转型期的复杂现实，因而科层体制具有存在的必要性，更好的策略是适度渐进改革下政府组织结构的完善和发展。在政策制定层面，尚未建立系统的跨地区、跨部门协调治理的制度安排。政府在横向之间以行政区划为最大边界，每个政府都无权干涉其他相邻单元的决策和政策。在政策执行层面，由于缺乏信息有效共享，府际合作的组织资源费用与利益分配难以厘清，地方官员出于晋升博弈考虑等因素抑制了地方政府联合执行政策的冲动。地方政府各部门之间各自独立行使政策执行权，当某一具体职能部门执行综合协调政策时，其他部门参与较少。另外，社会力量参与政策执行程度较低，政府和社会之间整合不足，降低了目标群体对政策的认同和接受程度，影响执行效力。

（三）"丝绸之路经济带"府际关系整体性治理的路径选择

基于整体性治理，不仅可以为府际关系的现实困境提供分析框架，还可以为提升治理提供策略和路径选择。

1. 以公众需求为导向，培育"合作共赢"意识

"丝绸之路经济带"是在理念和规则认同前提下的一种创新区域合作模式。整体性治理理念有别于传统政府治理理念和私人部门理念，强调以公众需求为导向，在理念整合基础上达成行动上的一致与合作，提高政府组织绩效。整体性治理注重文化理念整合，认为有必要塑造一种"共同的伦理观"和"内聚性文化"。"合作共赢"理念突出多方参与，强调组织互动，以对话和协商作为解决冲突手段，有助于打破既有政府管理的属地观念，促使各利益主体向开放和区域合作的新地方主义转变。在"丝绸之路经济带"地方或城市定位模糊发生冲突时，这一理念更强调区域功能整合，以合作共赢方式互惠互利，将发展水平、宗教信仰、资源禀赋、文化背景不同的国家和地区紧密相连，共享发展成果。此外，府际社会资本在整体性治理中具有重要影响，社会资本强调信任、合作互惠、互动网络等非制度化因素，能够降低交易成本，有效限制地方机会主义行为。

2. 构建利益平衡引导机制和网络化府际治理结构

利益关系是府际合作关系的关键。寻求府际间共同利益是整体性治理和政府间合作的起点，在共同利益基础上促进利益相关者围绕特定的目标确立程序理性。在府际合作中，总有处于劣势的组织成员，需要健全府际利益分享和利益补偿机制，以实现地区间的差异定位和功能互补。制度性集体行动（ICA）理论为理解府际合作提供解释。在分散化权威影响下，单一地方政府在自身短期利益基础上，所分别采取的决策无法达到区域整体最优的结果，地方政府具有府际合作的动力倾向。府际合作的困境和风险促使地方政府寻求构建网络化府际治理结构，通过上级政府等纵向和横向关系的支持、社会组织的支持，来降低合作成本，获取最大合作净收益。因而，纵向政府关系不应成为横向府际合作的完全主宰或"旁观者"，应选取适当时机、方式，合理发挥纵向政府作用。即在府际关系整体性治理中，需要将不同组织、资源，以及目标任务进行整合，依据公共物品的性质，采用多种治理形式和实践，经由多样、混合和局部的制度安排，构建高效多元主体参与的网络化府际治理结构。基于整体性治理结构，整合扁平化政府组织结构，整合治理功能，实施大部门体制，优化政府运行机制。加强公私部门之间的整合，发展合作伙伴关系和协同业务。中央政府在府际协作中发挥沟通与利益冲突调节作用，改变以GDP为核心的压力型绩效考核体系，尝试建立新型综合绩效考核体系。强化中央政府在全国性公共物品供给方面的制度化权威，破除地方利益障碍。在中央政府层面，可以采用跨部门协调和部际委员会方式协调府际关系。在地方层面，以地方政府为府际治理的主导，构建多元主体参与的网络化治理结构，采用策略性伙伴关系协调多元主体间关系，强化主体间认可和信任。

3. 建立多层次信息交流共享机制

政治学家赫克斯认为："现代信息技术的应用有可能打造一个全新的灵敏反应政府，而这恰恰是扁平化的另一种形态。"信息资源整合是构建整体政府的重要基础，在"职责同构"模式下，信息资源长期存在条块分割局面，不利于府际合作。建立多层次信息交流共享机制是实现信息资源整合和府际合作的重要支撑。借助先进的信息技术和交流共享机制，降低府际合作的交易费用，实现区域资源整合与流动，通过发展电子化政府，实现不同层级政府机构的无缝对接，以向民众提供整合性的公共服务。这一机制也是对纵向关系协调的有益补充，从自上而下单向信息流动向网络化共享机制转变，实现府际间信息的一体化管理。建构和树立一个整体性的电子化政府进行线上治理，需要具备统一的用户端口、信息人员的整合和数据库的分类整合。

第四节　中哈区域合作面临的安全风险及应对

促进区域合作的导向与根本是政策实施，实现共赢的主线是经济发展与合作，互利合作的必要支撑是科技、人文的交流。哈萨克斯坦是中国的友好邻邦和全面战略伙伴，是中方建设"丝绸之路经济带"的重要合作对象。中哈建交27年来，双边关系发展顺利，两国高层交往会晤日益密切，睦邻友好持续巩固，政治互信不断深化。哈萨克斯坦是中国在中亚地区最大的贸易伙伴，中哈贸易额在哈萨克斯坦对外贸易当中占20%的比例。多年来，双方在重大核心利益问题上坚定相互支持，共同应对各种威胁和挑战；在经贸、投资、产能、能源、金融等领域的互利合作蓬勃开展，两国贸易额逐年增长，贸易结构日益改善，成果丰硕。据中国海关统计数据显示，2015年，中哈双方贸易额达143亿美元。中国还是哈萨克斯坦最大的投资国，中国对哈萨克斯坦的投资达到200亿美元，其中50亿美元是直接投资，最近两年双方签署项目投资额已经超过700亿美元。而对于交通领域合作，哈萨克斯坦决定对所有交通工具启动现代化，计划到2020年启动总投资400亿美元的项目。❶在两国领导人的直接推动下，中哈全面战略伙伴关系不断深化。中哈合作委员会作为两国政府间全方位、高层次、机制化的合作平台，对推动双边关系发展和各领域务实合作发挥了重要作用。特别是中国"一带一路"倡议与哈萨克斯坦"光明之路"策略的对接，将进一步推动两国的经济发展。当然我们也应该清醒地认识到，中哈合作也面临着诸多挑战："一带一路"倡议与美俄中亚战略的竞争，哈萨克斯坦也是欧亚联盟的重要倡导者，并促成了俄、白、哈之间的关税同盟，不同发展战略的优先级排序对于中哈关系的发展有着极为重要的影响。哈萨克斯坦是中国"丝绸之路经济带"通向欧洲的第一站，中哈两国间的双边安全对我国新疆地区战略安全尤为重要，关乎国家的发展与稳定。

---

❶ 哈萨克斯坦大使谈中哈经贸合作［EB/OL］.（2016-06-03）［2017-05-18］. http：//news. sina. com. cn/w/2016-06-03/doc-ifxsvenv6460925.shtml.

一、中哈区域安全合作现状与考察

自 1992 年 1 月 3 日中国与哈萨克斯坦建交以来，两国关系发展顺利，各领域合作不断扩大，在地区和国际事务中的协作日趋密切。两国相互视对方为"和睦的邻居、真诚的朋友、良好的伙伴"，并在政治、经贸、能源、人文、安全和国际事务等领域全面拓展合作，并取得了实质性成果。建交以来，中哈两国奠定了互利合作的基础，双方的合作已提升到全面战略伙伴关系的水平。

（一）政治互信水平不断提高

中哈作为邻国，拥有广泛的共同利益和巨大的合作潜力。建交以来，中哈两国政治对话不断加强，高层会晤日趋频繁，在两国领导人的关心和指导下，两国政治互信水平不断提高，双方在涉及主权、领土完整等核心利益问题上的相互支持力度不断加大，为两国关系顺利发展提供了有力的保障。中哈两国一贯从战略全局和两国友好大局出发看待和处理两国关系，在涉及对方核心利益的重大问题上相互理解和支持。两国元首建立了良好的合作关系和深厚的个人友谊，这些都为两国在安全领域的合作奠定了坚实的基础。1994 年两国解决边界争议后，中哈先后五次签署《发展全面战略伙伴关系宣言》，无论从地理位置、资源优势互补，还是国际战略地位看，两国在联合维稳的历史传统源远流长。

（二）两国关系在国际和地区协作不断密切，并积极参与地区热点问题解决

作为联合国、上合组织的重要成员国，两国在国际和地区组织中密切协调与配合，共同致力于确保联合国在国际社会打击恐怖主义和应对其他新挑战与新威胁方面的核心作用。为进一步巩固和推动上合组织发展，双方不断加强成员国间的团结协作，在双边和上合组织框架内进一步密切打击"三股势力"、维护地区稳定方面的协调和配合，在上合组织框架下建立了定期的反恐联合军事演习制度、定期的国防部长磋商和会晤制度、定期的国家安全事务高层官员对话制度等。而上合组织年度的首脑会晤机制，更是为各国间高层协调和促进中国、俄罗斯与中亚四国的政治、外交与经济合作，提供了重要的战略性平台。

在解决地区热点问题上两国相互呼应，有效地维护了地区和平和两国的根本利益，如关于阿富汗重建问题。阿富汗问题直接关乎中哈两国的利益和地区安全，随着北约和美国撤军，阿富汗国内局势日趋不稳，安全形势不断恶化，已经

严重影响地区安全。为解决阿富汗问题，不仅中国积极参与阿富汗战后重建工作，哈萨克斯坦也正在寻求各种方式参与阿富汗的经济建设项目，这为该地区创造稳定、和平、安全的环境、维护地区安全起到积极的作用。

（三）不断完善和巩固两国友好关系的法律基础

1993 年 10 月，哈萨克斯坦总统纳扎尔巴耶夫正式访华，双方签署了关于两国友好关系基础的联合声明。2002 年，两国签署了《中哈睦邻友好合作条约》；同年，两国签署了边境问题的议定书，完全解决了历史遗留的长达 1780 多千米的边界问题，签署了《中哈睦邻友好合作条约》《中哈 21 世纪合作战略》《中哈关于发展全面战略伙伴关系的联合声明》等 200 多个合作文件，为中哈睦邻友好关系的发展奠定了法律基础。

（四）坚决拥护核不扩散制度

中哈均是无核武器世界坚定的支持者，都主张核武器国家尽快签署《中亚无核武器区条约》相关议定书，并支持在中亚建立无核武器区。中哈双方决定为加强以《不扩散核武器条约》为基石的核不扩散制度要做出不懈努力。

（五）坚决打击"三股势力"、跨国有组织犯罪和毒品犯罪，完善执法安全合作机制

多年来，双方高层领导就加强两国反恐合作等问题密集会晤，中哈两国国防、公安、安全部门团组也往来密切，双方在人员培训、情报交流、技术物资援助等方面的合作不断扩大。在打击"三股势力"、有组织犯罪、毒品走私和贩卖人口等方面，中哈签署了一系列的法律文件：如《中华人民共和国和哈萨克斯坦共和国关于打击恐怖主义、分裂主义和极端主义的合作协定》《中哈关于预防危险军事活动的协定》等四个文本，《中哈引渡条约》《中哈刑事司法协助条约》等双边条约，以及《关于反洗钱和反恐怖融资金融情报交流合作谅解备忘录》等。《上海公约》签署后，两国陆续签订六个涉及打击"三股势力"双边条约。2013年 4 月、2014 年 8 月中国公安部与哈国安委签署了两部门新的合作协议；2015年 8 月《中华人民共和国和哈萨克斯坦共和国关于全面战略伙伴关系新阶段的联合宣言》第四条重申双方要在打击恐怖主义、极端主义、分裂主义等破坏两国区域稳定的现实威胁方面加强合作，强化防务部门和执法部门间信息交换打击"三股势力"犯罪、打击涉恐人员越境串联。截至 2015 年 12 月，两国联合签订 88部涉及稳定的双边与多边协定，从签署文件数量及内容看，中国与哈萨克斯坦在

维稳方面的合作已从最初的框架性规定，具体化为经济安全、流动人员安全、边境安全信息安全方面的制度建设，有力地推动了两国反恐和执法安全的合作。

1994 年，哈萨克斯坦总统纳扎尔巴耶夫就明确表示："哈萨克斯坦绝不允许'东突'组织从事分裂中国的活动！"为共同打击恐怖主义势力、分裂主义势力、极端主义势力这"三股势力"及跨国毒品犯罪，两国司法机构领导人多次举行会谈，签署了一系列协议并展开实际的合作，共同致力于打击包括"东突"势力在内的"三股势力"和相关活动，1995 年，哈萨克斯坦总检察院重拳出击，迅速取缔了"'东突厥斯坦'联合民族革命阵线"和"维吾尔斯坦解放组织"，并查封了他们的非法刊物——《"东突"之声》和《维吾尔斯坦》。2006 年以来，哈萨克斯坦已向中国引渡、遣返了多名"东突"恐怖分子。同年 8 月，中哈两国首次举行了上合组织框架下的"天山—1"反恐演习；2010 年，中方积极参加了在哈萨克斯坦举行的"和平使命—2010"上合组织联合反恐军事演习，并同哈方共同加强上海世博会、广州亚运会、阿拉木图亚冬会等大型活动安保合作。2014 年 8 月，中国与哈萨克斯坦在内蒙古朱日和训练基地举行"2014 和平使命"军演，2015 年中国与哈萨克斯坦特种部队举行了"猎狐—2015"反恐联合演习。截至 2015 年 12 月，两国参与完成上合组织军演 7 次。目前，中国与哈萨克斯坦在控制边境流动人口、防范宗教极端主义、司法处置涉恐犯罪方面已经形成良性互动。在上合组织倡导的反恐维稳框架下推进两国维稳合作，推动地区稳定。这些都标志着在打击"三股势力"、维护地区安全方面，中国与哈萨克斯坦的合作日益深化。

二、当前中哈区域合作面临的安全风险

（一）政治风险

基于中亚特殊的地理位置，中亚一向是大国战略博弈的敏感区域。而哈萨克斯坦作为中亚最大的国家，处于亚欧的"中心地带"，其地缘政治环境长期缺乏稳定。"欧亚经济联盟"是俄罗斯寻求亚欧地区事务主导权的战略之一，美国的"新丝绸之路"战略和主导跨太平洋伙伴关系协定是其企图在阿富汗战后重建和亚欧新一轮发展中继续保持主导地位并牵制中国的重要政治策略，同时也凸显中美在中亚地区的竞争关系。俄罗斯、美国在中亚地区的战略判断及其政策立场会对中哈合作关系的进一步推进有着重大影响。俄、美在中亚地区的博弈，不仅可能影响哈国的对外政策，还会对国内政局的稳定和政策法规的变化带来重要的影

响，并可能给投资者带来经济损失。特别是"一带一路"倡议与"光明之路"策略的对接，可能对亚欧地区产生巨大的经济及地缘政治影响。如可能导致俄罗斯西伯利亚大铁路失去其在亚欧铁路中的垄断地位，俄罗斯可能因此对哈萨克斯坦施压，难以预测哈萨克斯坦是否会因此调整其政策法规。

同时，哈萨克斯坦仍然面临"颜色革命"的危险。尽管哈萨克斯坦凭借总统纳扎尔巴耶夫的铁腕统治与高超的外交技巧，挺过了美国的民主化改造，但美国始终未放弃对中亚地区进行民主化改造的战略。目前，纳扎尔巴耶夫年事已高，一旦其身体出现问题，哈萨克斯坦政权如果不能平稳过渡，将面临政局动荡，并可能出现类似乌克兰的广场运动，并可能受到俄罗斯的干涉。

（二）安全风险

一是恐怖主义和极端主义的威胁。近年来，宗教极端思想的渗透在中亚地区加剧，且受阿富汗、伊拉克及西亚北非动荡局势的影响，中亚地区"三股势力"的活动日益活跃，恐怖主义和极端主义犯罪呈明显上升趋势，对中哈区域合作的安全挑战日益凸显。2016 年，哈萨克斯坦在短短不到两个月的时间内连续发生两起连环暴力恐怖袭击事件：6 月 5 日，阿克托别市发生恐怖袭击事件，极端分子先后袭击了武器商店和军营，造成数十人死伤；❶7 月 18 日，阿拉木图一警察局及哈国委在阿拉木图的办公室分别遭两名身份不明武装人员袭击，两次袭击共造成 5 人死亡、7 人受伤。❷两次恐怖袭击的目标的一个共同点就是国家军警，而赴叙利亚参战人员的回流也对哈萨克斯坦安全构成新的威胁。由两次袭击事件可以看出，恐怖分子活动策略的调整，哈萨克斯坦安全局势面临新的挑战。由于哈萨克斯坦是中国重要的能源通道，中国在哈萨克斯坦也有许多投资项目和大型基础设施建设，中哈油气管道及上述项目可能会成为恐怖分子的袭击目标。同时，中亚的"三股势力"为筹集活动经费，近年来加强了与跨国有组织犯罪、毒品走私犯罪团伙的联系，共同实施跨国犯罪。而随着中哈经贸往来的增多，经济犯罪和跨国刑事犯罪明显增多。如随着中国与中亚铁路货物联运的发展增多，2016年以来，已经发生多起中方货物在哈萨克斯坦换装时集装箱货物被盗事件。犯罪人换装时，撕毁中方海关封签，将整个集装箱货物盗出后，用以假乱真的中方海

---

❶ 哈萨克斯坦恐袭 13 名暴徒被击毙 仍有 7 人持枪在逃 [EB/OL].（2016-06-07）[2017-05-11]. http://finance.ifeng.com/a/20160607/14469926_0.shtml.

❷ 哈萨克斯坦一警局遭遇恐怖袭击 [EB/OL].（2016-07-19）[2017-12-08]. http://news.hexun.com/2016-07-19/185033060.html.

关封签重新封箱。因此，共同打击跨国犯罪成为中哈两国亟待解决的问题。

二是区域安全合作协调机制不健全，缺乏有效的落实平台和信息沟通渠道。目前因俄罗斯经济危机及全球石油价格的下跌，导致哈萨克斯坦国内社会、民族和宗教层面的矛盾众多，就业形势不乐观，社会不稳定因素较多，社会领域会衍生出更多的社会问题，而社会矛盾更加剧了宗教极端行为的激烈性，形成恶性循环。作为上合组织的成员国，中哈两国虽然签订了引渡条约和刑事司法协助条约，并在上合组织框架内形成了区域安全合作协调机制，但两国间的安全合作协调机制尚不健全。如迄今两国对于中哈霍尔果斯国际边境经济合作中心内出现的违法犯罪，或者准备实施犯罪问题（尤其涉恐案件）如何快速、有效地处置，并未形成有效的法律文件，这给中心的安全、有序运行带来了一定的困扰（两国都实行严格的属地管辖，在中心发生犯罪事件根据双方协定，双方都有司法管辖权，易引起管辖冲突）。中哈两国还有众多同宗同族的跨界民族，由于社会建设与经济发展不协调、安全风险治理与经济发展不同步、资源机会的区域性配置不合理所造成的区域内安全风险，体现出风险跨界性、影响集群性、原因复杂性、后果严重性、治理多元性或事件突发性等特点，其治理需要区域性协同合作与治理。

三是海外利益安全风险。近年来，随着中国国际地位和影响力的提升、海外投资不断加大、人员往来日益频繁，海外涉华人员和机构的安全形势日益严峻。排除当地政局和自然灾害等因素，近年来海外涉华人员受侵害案件增多主要有以下两方面原因：一方面，涉华人员法律维权意识淡，中国公民在海外受侵害后，通过法律维权或寻求领事保护的人并不多；另一方面，社会文化有差异，一些中国公民的"露富"心态，导致当地民众产生妒忌。

四是生态安全风险。"一带一路"倡议与"光明之路"策略的协调，基础设施建设是核心，但产能合作也是重要内容，包括钢铁、玻璃、电厂等。但这些生产企业都是污染企业，工业与交通的大量污染排放可能导致严重的环境问题，生态风险也随之而来。因此，创新中国技术标准、确保由中国转移过来的生产设施符合最高的环保标准，保护当地的生态环境和生态平衡，是规避生态风险、树立中国在哈萨克斯坦形象的重要环节。

（三）经济风险

近几年，全球石油价格暴跌、俄罗斯的经济低迷以及卢布的后续崩溃严重影响了哈萨克斯坦国民经济。2015 年，哈萨克斯坦坚戈严重贬值，加大了中国海外投资者的投资风险。虽然"一带一路"倡议与"光明之路"策略的基础设施建设框架为许多中国企业提供了潜在利益，但随着越来越多的中国企业参与，为求得企业的生存与发展，中国公司有可能成为一个基础设施项目的唯一运营商，这意味着建设项目将雇用中国工人、购买中国商品，忽略哈萨克斯坦当地的劳动力和基础设施公司的利益，有可能引起当地居民和企业的不满。这也是近年哈萨克斯坦不断收紧对外国务工人员政策的重要原因。同时，法律规范与监管，以及文化差异等诸多方面的问题，极易引发中哈两国企业员工间的矛盾和纠纷，处理不及时或不当可能引发群体性事件，影响社会稳定和两国关系。

三、对中哈合作安全保障机制的思考

第一，继续巩固两国执法安全合作的法律基础，加强对口部门交流，加强两国大型合作项目安保合作，深化在上合组织、亚信等多边框架内的安全合作，增强抵御现实威胁的能力，毫不懈怠地打击"三股势力"、贩毒和跨国有组织犯罪，阻断贩毒通道，遏制毒品蔓延。面对异常严峻的反恐形势，中哈两国可根据《中华人民共和国反恐怖主义法》第71条之规定：从国家层面，签署相关的打击恐怖主义的法律文件，在哈萨克斯坦境内出现突发恐怖事件时，可派员出境前往哈国执行反恐任务。双方可成立中国与哈萨克斯坦警务合作联合委员会，由中国与哈萨克斯坦两国警察司法职能部门行政长官构成。其基本任务应当是：定期开会讨论解决方案，制定相关规章和条例，在警务合作中做出具体安排，预防和调查犯罪。在非传统安全领域，可探索双方警察合作的方式和内容，同时根据区域组织的联合声明的宗旨和原则，制订长期合作计划，并在警务合作领域指导合作措施的落实。对于涉恐案件的司法协助，可建立司法文书异地委托送达以及执行机制，制定送达执行示范条款，由各双方做因地制宜的变通。加强边境技防体系建设，进一步推进边境管理安全保障机制建设（包括边境管理制度、口岸检查制度、检疫制度等），构建中国与哈萨克斯坦边境安全管理制度，针对霍尔果斯经济合作中心涉恐犯罪多重管辖问题，可以考虑借鉴国际上已形成的管辖规则，如意思自治原则、密切联系原则等。

第二，倡导新常态下的中哈区域安全合作倡议，建立安全预警和防范机制，制定中哈非传统安全情报合作机制，实施国家"整体政府"反恐情报战略，多部门协调建立应急管理机制，局部骚乱管控、跨国公民与往来人员等安全保障机制，在跨国、跨境民族宗教问题战略对策上加强沟通交流、达成共识。在情报信息共享制度建设方面，两国政府可考虑建立中哈犯罪情报信息中心，以及时互通情报信息，共享犯罪信息资源，严防跨国犯罪，确保中哈两国间能够无障碍地全天候进行传递。

第三，加强网络舆情管控，掌握网络虚拟空间斗争的主动权。加强打击网络涉恐犯罪的合作，发现含有极端主义思想或涉恐涉暴的信息及时封堵。可借鉴国际立法制定中哈网络反恐双边协定，通过立法规范对网络运营商的管理，积极打击虚拟空间的新型网络犯罪，遏制敌对势力和恐怖势力利用网络空间进行渗透破坏活动。

第四，推动实现中哈区域经济一体化，推动贸易和投资便利化，加快构建中哈能源安全、金融安全、粮食安全合作机制，加强非资源和民生领域合作，加强对中哈经贸合作中重要经济指标的动态监测和研判，制定重要经济领域风险应对预案，重视合作中对安全公共产品的提供，特别要注重企业的区域安全合作，建立经济发展保障机制。包括经贸往来安全、能源通道安全、交通与物流畅通保障机制、农业合作、贸易和投资管控风险、打击经济犯罪等；加大两国研究机构的合作，通过信息共享，完成数据分析，降低投资风险。

第五，加强区域内的人文交流，发挥文化在维系地区安全合作中的黏合剂作用，打造中哈命运共同体，实现合作共赢。在相当长的一段时间，西方话语已经渗透到中国乃至亚洲地区的各个行业，无论是在经济发展还是文化融合过程中都会明显感觉到西方话语权给中国和中亚各国带来的压力。因此，中哈两国应加强人文领域的合作，合作领域包括高等职业教育交流、专家互访、中小企业交流和民间往来等，搭建更多交流与合作的平台，实现沟通协调机制的立体化，建立良好的群众基础，获得各方面的支持，这样才能夯实区域安全合作的基础。

第六，建立政治上的互信关系和交流，避免由于政治动荡造成的政策"朝令夕改"现象，摒弃"冷战思维"、地区主义和集团主义。构建跨地区安全合作框架，明确安全合作的原则、规范、决策程序等内容。

第七，引导企业服务国家战略目标，充分发挥企业获取经济利润和在维护领域安全与地区安全中的作用，实现中哈在经济与安全合作上的成功对接，拓宽安全合作的外层空间。

第八，积极与哈萨克斯坦寻求利益契合点，建立分歧管控机制，建立完善的劳工权益保障、关税、贸易等经济合作机制，避免经济摩擦或纠纷导致安全合作形势的恶化。整顿劳务境外输出市场，加大中介机构的法律责任，限制劳务人员出境非法务工，共同促进两国及本地区的和平、稳定与共同发展，推动共赢合作的安全格局出现。

第五节　本章小结

"丝绸之路经济带"是党和政府立足于时代背景提出的符合中国国情的发展倡议。中国作为最大的陆海复合型国家和世界第二大经济体，有必要也有能力向亚欧大陆中部发展。来自亚太地区的安全压力为"丝绸之路经济带"的提出带来了现实必要性。世界经济中心和权力中心向亚洲地区转移反映了时代趋势，为中国推行"丝绸之路经济带"提供了战略机遇期。"丝绸之路经济带"提出以来，得到了很多中亚国家的积极响应。为此，需要对其在中亚地区推行的机遇和挑战予以评估。

"丝绸之路经济带"在中亚地区面临着众多机遇。在政治和安全上，中亚地区整体政治环境较为稳定，而且中国和中亚国家之间有着共同的安全理念与安全组织支持。在经济上，中亚地区能源资源丰富，中国推动建立的"中巴经济走廊"和"孟中印缅经济走廊"为"丝绸之路经济带"提供了倡议依托，俄罗斯的欧亚经济联盟也高度契合"丝绸之路经济带"倡议。在文化上，古代丝绸之路文化和中华文化的影响力有助于减少推进的阻力。

但是"丝绸之路经济带"在中亚也面临着诸多挑战。在政治和安全上，俄、美在中亚的地缘政治博弈和"三股势力"会威胁中国边疆安全。在经济上，美国的"新丝绸之路"计划也会挑战"丝绸之路经济带"在中亚的地位。

针对这些挑战，中国需要在政治、经济、文化方面都做好应对措施，从而更好地推进"丝绸之路经济带"建设。"风物长宜放眼量"，中国的"丝绸之路经济带"倡议虽然会遭遇挑战，但是只要克服这些挑战，中国就能增强硬实力和软实力，更好地展现形象，在国际事务中发挥更积极的作用，最终实现中华民族伟大复兴的历史使命。具体而言：

在政治和安全上，中国需要处理好与美国和俄罗斯的关系。

第一，应加强中俄的协作。中国的中亚地缘政治利益会与俄罗斯的中亚地缘政治利益存在冲突，但目前中国和俄罗斯在中亚地缘政治中的一致性大于矛盾性。一致性首先表现为中俄在中亚地区都有打击恐怖主义的诉求，并在实践中建立了以上合组织为代表的区域合作机制。此外，美国在中亚的势力扩张有遏制俄罗斯和中国的双重企图，中俄目前的战略协作关系在一定程度上是为了共同应对美国对两国构成的战略遏制。矛盾性主要表现为中国与中亚国家关系的深入发展可能会被视为挑战俄罗斯在中亚地区的主导地位，不利于俄罗斯实现由其主导的地区一体化。对此，中国需要增进与俄罗斯的利益协调，打消俄罗斯的顾虑，承认俄罗斯在中亚地区具有特殊利益，加强上合组织机制的灵活性，充分发挥其在新安全观指导下的政治协调作用。

第二，有效化解美国在中亚地区势力存在的消极作用，变挑战为机遇。美国在中亚的军事存在对中国西北边疆构成包围之势，与其对中国东部沿海构建的岛链防线遥相呼应，影响了中国的地缘环境。针对美国对中国的遏制战略，中国应联俄抵美，稳定中亚的政治局势，平衡中亚地区的军事力量格局。然而美国在中亚的利益诉求也使俄罗斯无法垄断中亚事务，这有利于中俄协作关系的维持。对此，中国在中亚地区应加强在非传统安全领域与美国的对话合作。

除了协调与美俄的关系外，中国还需要维护边疆安全，打击"三股势力"。稳定的地区秩序是建设"丝绸之路经济带"的根本保证，中国在中亚地区边疆安全战略的目标是维护西北边疆地区秩序的安全与稳定。就目前形势来看，恐怖主义势力、民族分裂势力和极端主义势力这"三股势力"的相互勾结是对中国西北边疆最大的威胁。第一，中国要与中亚国家建立和完善条约合作关系。"三股势力"在中亚地区的活动较为猖獗。中国与中亚国家在合作打击"三股势力"时，需要与相关国家建立以双边和多边条约为框架的条约体系。目前，中国与中亚国家在打击"三股势力"方面已签署了若干条约，例如，2001 年，"上海五国"加乌兹别克斯坦签署了《打击恐怖主义、分裂主义和极端主义上海公约》；2003年，中国和塔吉克斯坦签署了打击"三股势力"的协定；2007 年，中国和哈萨克斯坦签署了共同打击犯罪行为的联合公报等。未来双方的合作应加强关于打击"三股势力"的具体法律措施。只有具备可操作性强、有约束力的法规，各方才能进一步深化地区安全合作机制，实现有效打击"三股势力"的目标。

第三，完善上海合作机制。打击"三股势力"是上合组织的首要任务，也是成员国进行军事政治合作的现实目标。上合组织作为区域安全合作机制，能够弥补双边或多边条约关系的缺陷，建立有形的制度化保障，为成员国维护区域安全提供合作平台，降低合作成本。自上合组织成立以来，已为地区安全合作做出了重要贡献。2004 年，上合组织的常设机构——秘书处和地区反恐机构分别启动，这推动了成员国为打击"三股势力"构建实体架构的进程。然而我国新疆地区近年来的恐怖活动表明，上合组织秘书处和地区反恐机构仍需进一步加强权力整合和功能效力。上合组织需要大力构建多重多边合作机制，推进多部门跨国合作，加强边境控制的机制建设。

在经济上，中国需要在进行能源合作时处理好与相关国家的关系。

第一，开展对中亚国家的能源外交。能源作为重要的资源，已经成为能源进口国和出口国进行国际交往的重要手段。中亚国家在加大油气资源开采力度的同时，也在利用油气出口国的身份积极开展能源外交。中亚国家在能源问题上有自主借助外部势力的意愿与能力，他们以小国姿态平衡各种地缘力量，构建多重安全保障机制和市场竞争机制，吸引他国资金和技术，使本地区能源经济最大化。❶ 能源外交的基础是良好的双边关系和多边关系。1997 年 9 月，中国与哈萨克斯坦签署关于油田开发和管道建设项目总协议，之后中国政府和中亚各国政府陆续签署了类似的合作协议，为能源合作奠定了条约基础。中国与中亚国家进行能源合作的时候要继续深化相互信任，平衡与中亚各国的关系，避免产生误解和不信任。

第二，鼓励本国能源企业参与中亚地区的能源竞争。中国政府应鼓励本国企业"走出去"，寻找海外能源基地。中国企业在充分利用市场机制为本国争取利益份额的时候，要遵循当地政策法规，处理好与当地政府和民众的关系，减少利益争夺带来的负面效应。中国与中亚国家在进行经济交往时，要认识到双方在贸易结构上的不平衡性。中国向中亚国家出口制成品，从中亚国家进口自然资源，这不利于中亚国家经济的均衡发展，容易引起经济民族主义和不满。中国可以给予中亚国家在消除贸易壁垒、降低贸易和投资成本、提高区域经济循环速度等方面的相关优惠政策，使其感受到双方合作带来的互利共赢。特别是要警惕当地的经济民族主义，防止在特殊时期经济民族主义以没收外国财产的名义，威胁中国的能源安全。另外，外交部门和商务部门应通过政府渠道，参与油气开采和管线铺设的谈判，为中国企业的海外竞争创造条件。

第三，加强上合组织的经济促进作用。一方面，应利用好上合组织的政治安全功能，打击"三股势力"和贩运毒品、走私武器等跨国犯罪活动，为中国与中亚的能源合作及中亚的能源生产创造良好的环境。另一方面，应加强上合组织框架内的经贸合作，进一步落实《上海合作组织多边经贸合作纲要》的相关内容，明确区域内多边经贸合作的目标和任务，为打造"丝绸之路经济带"框架做好准备。特别是在能源合作方面，应在上合组织内建立常设性能源合作协调机构和制度化的能源合作论坛，在长期固定化框架内处理能源合作事宜，制定多边能源安

---

❶ 许勤华. 大国中亚能源博弈的新地缘政治学分析［J］. 亚非纵横，2007（3）.

全保障的长期方案。❶

第四，协调与美国、俄罗斯等中亚能源参与者的关系。当前，美俄都试图加强对中亚地区的能源控制。美国利用资金和技术优势抢占中亚油气开采权和管线建设权。俄罗斯则试图垄断中亚油气资源，将中亚能源贸易纳入由其主导的欧亚经济产业链。针对这种情况，中国应对本国企业予以政策支持，加大研发力度，通过企业载体和市场机制参与竞争。与此同时，应加强与美俄的能源合作，使美俄认识到中国作为能源消费大国，在维持中亚能源安全方面与之有共同利益。

在文化上，中国同样需要加大与中亚国家的交流力度，以提高文化认同感。

第一，中国需要与中亚国家建立文化交流机制。中亚是伊斯兰文明、斯拉夫文明和中华文明的交界地带，中亚文化认同主要表现为同源跨民族认同和伊斯兰教认同，这一特殊情况导致该地区存在错综复杂的民族关系和社会矛盾。中国境内的"三股势力"与中亚的民族、宗教矛盾有密切联系。因此，中国必须重视跨国界的民族交往和宗教联系，这些都是历经时间流逝和空间转移而形成的、具有政治影响力的文化权力因素。从维护边疆安全的效果来看，政治认同比军事认同更为有效，而文化认同又比政治认同更为长久。❷在信息流通潜能全面爆发的全球化时代，文化交流、宗教传播和跨国交往更为频繁灵活。由于历史和地缘原因，中国西北边疆的少数民族对中华文化的认同感较低，不断增加的跨国民间交往进一步加剧了这一趋势。逆向的文化认同显然是民族分裂势力和极端主义的民间土壤，不利于边疆地区的稳定。因此，在文化交流中，中国政府要顾及西北边疆少数民族文化认同的构建及跨国文化交流的影响，应加强与中亚国家的文化交流机制，加强对跨界交流的指导。在促进文化交流和人员往来的同时，构建有利于边疆稳定的政治文化认同。

第二，中国应摒弃西方国家的二元对立思维，以尊重和包容的态度对待伊斯兰文化。中华文化一直以兼容并蓄的形象展现于世界，因此在推进"丝绸之路经济带"倡议的进程中，中国要在认真了解伊斯兰文化的基础上与中亚国家进行交流合作，将伊斯兰文化纳入丝绸之路文化圈，打造区域文化平台。中国要用一种平等和包容的态度，跟"一带一路"沿线国家进行近似或共性文化圈的探索，挖掘和讲述中国与文化圈内国家在文化、宗教上的密切交往和相互学习的故事，让中华文化与沿线国家近似的、共生的或共性的文化，创造性地进行大融通，共同

---

❶ 李琪."丝绸之路"的新使命：能源战略通道——中国西北与中亚国家的能源合作与安全 [J].西安交通大学学报（社会科学版），2007（2）.

❷ 李世勇.影响中国西北边疆安全的国际因素分析 [J].兰州大学学报（社会科学版），2012（3）.

营造"一带一路"文明圈。❶相反，不尊重其他国家的文化就会招致当地人民的不满和敌意，甚至可能引发冲突。例如，2012 年，驻阿富汗美军焚烧了伊斯兰教经典《古兰经》，同年一部涉嫌诋毁伊斯兰教先知穆罕默德的美国电影《穆斯林的无知》上映，这两起事件极大地激起了穆斯林的愤怒，引发了大规模的反美示威游行并招致了塔利班自杀式炸弹袭击的报复。

第三，要发挥孔子学院的文化沟通作用。孔子学院作为对外推广中华文化的载体，应在中国的对外战略中得到更多重视。目前，有多所孔子学院已经在中亚国家建立或正在筹建，例如，乌兹别克斯坦、哈萨克斯坦、吉尔吉斯斯坦都建立了孔子学院。更好地完善了孔子学院的建制规划，有助于更好地推广中华文化。在孔子学院建立的理念方面，中国需要贯彻平等交流、相互学习的理念。孔子学院并不是文化殖民主义，而是为了促进多元文化之间的了解和学习，以达到取长补短、共同进步的目标，这样才能够增强认同伊斯兰文化的人民对中华文化的亲切感。在孔子学院的人员选拔方面，中国要保证中方院长的选拔和汉语教师的培训有高层次的指导思想。❷使孔子学院的师资力量实现优化配置，更好地达到本国和所在国要求，促进两国友好的文化交流。

❶ 建设"一带一路"上的文化强国 [EB/OL].（2015-11-04）[2016-07-15]. http：//theory. rmlt. com. cn/2015/1104/407528_4.shtml.

❷ 叶隽. 作为理念的文化外交及其柔力强势——以德国孔子学院为例 [J]. 国际观察，2010（6）.

第五章 "一带一路"与阿富汗重建进程

中国提出的"一带一路"倡议有助于阿富汗的和平重建，中国积极支持阿富汗各方和平进程，并积极与巴基斯坦、美国联合举办阿富汗问题四方国际会议，积极促成阿富汗各派政治和解。正在建设中的"中巴经济走廊"以及瓜达尔港开港，有利于阿富汗经济复苏，为阿富汗转口贸易提供了新的出海通道。

作为阿富汗的重要援助国和南亚首要大国，印度对阿富汗国内局势走向具有相当大的影响。2001年以来，基于自身利益诉求和美国的支持，其对阿富汗采取的是"软"政策，即主要通过政治和经济手段维护其在阿富汗的利益，扩大其在阿富汗影响力，但对双边军事合作保持谨慎。该政策使印度在阿富汗战后重建过程中发挥了积极作用。由于美国已于2014年年底从阿富汗撤出了大部分作战部队，后者的国内局势也产生了诸多新变化，特别是未来可能会出现某种不稳定状态，因此印度既有的对阿富汗"软"政策面临挑战。而从决定该项政策的两个关键变量来看，印度将保持"软"政策的方向和目标，但也会根据新的形势对某些具体内容做出调整。后美军时代印度相关政策的调整，一定程度上会加剧其同巴基斯坦和中国在阿富汗的竞争。构建高效且具包容性的国际合作机制，是解决阿富汗问题的合理选项。

第一节 阿富汗重建对地区安全影响

阿富汗的国家重建与和平进程面临严峻挑战，并有引发周边地区安全形势恶化的威胁。美国作为影响阿富汗问题最重要的外部力量，仍试图继续引导阿富汗局势未来走向。但客观上，阿富汗地区国家的作用在上升，阿富汗未来命运将更加紧密地与地区国家联系在一起。包括印度、巴基斯坦、伊朗、俄罗斯、中亚各国在内的地区国家围绕阿富汗问题展开利益博弈，都将成为影响阿富汗未来局势走向的重要因素。中国无论从自身安全还是地区发展考虑，将一如既往地坚定支持与推动阿富汗和平重建。

一、美国仍将主导阿富汗事务

奥巴马执政时期，既需要应对棘手的国内问题，又着力推进"亚太再平衡"战略，致使反恐在美国国家安全战略中的地位下降。奥巴马承诺收缩海外反恐战场，"负责任"地结束伊拉克、阿富汗两场战争。但相较于伊拉克战场的草草收尾，美国在阿富汗的撤军是精心设计、按部就班推进的。

2009 年，奥巴马执政伊始便推出阿富汗—巴基斯坦新战略，旨在缩小作战目标，锁定"基地"组织；增兵的同时公布撤军时间表；并施压巴基斯坦配合美国反恐。2010 年，美国在阿富汗驻军一度达到 10 万人，多次发动大规模清剿阿塔的军事行动，但成效不彰。阿富汗安全形势未发生根本好转。2011 年，美国特种部队越境在巴基斯坦的阿伯塔巴德击毙了"基地"组织头目本·拉登。奥巴马随即宣布"三步走"撤军方案，至 2014 年年底完成撤军。

由于阿富汗对于美国的地缘作用并未减弱，美国通过阿富汗战争在亚洲的中心地带——俄罗斯的后院、伊朗等家门口——拥有了军事基地；并且随着全球反恐形势愈加严峻，阿富汗的反恐重要性不降反升。为此，奥巴马在放缓撤军步伐的同时，积极筹谋以后在阿富汗的战略部署，拟以最少成本获取最高收益。

在政治上，"塑造"亲美政权，并试图主导和解进程。阿富汗战争之初，美军借助"北方联盟"的力量迅速击垮阿塔政权。在新成立的阿富汗政府中，得益于美国的支持，"北方联盟"领导层把持了军政关键部门，成为实权派。迄今，阿富汗共举行了三次总统大选，美国均施加了"特殊影响"。尤其是 2014 年大选，美国在两位总统候选人加尼与阿卜杜拉之间倾力斡旋，终使大选结果免予流产。而相互制衡的"民族团结政府"在一定程度上也有利于美国继续对阿富汗新政权施加的影响。

为巩固美阿关系，美国于 2012 年与阿富汗签署《持久战略伙伴关系协议》，将阿富汗定位为"非北约重要盟国"，承诺将于 2024 年前在社会经济、国防安全、制度建设等方面为其提供长期协助。美国还多次推动召开涉阿国际与地区会议，如波恩会议、伦敦会议、东京会议等，促使国际社会加大对阿富汗问题的关注与投入。

阿富汗战争后期，美国对阿塔和"基地"组织采取分而治之策略，并积极寻求同阿塔对话。美国推动联合国安理会解除对阿塔高层的制裁，并划拨专款用于招募底层阿塔成员回归社会。2013 年，美国允许阿塔在卡塔尔设立办事处，双方近乎要展开直接对话，但由于卡尔扎伊政府的强烈反对而作罢。此后，美国一直设法与阿塔保持接触。2016年年初，美国作为重要一方参与阿、巴、中、美四方协调组会议。美国在阿富汗战场上的收缩，必然会加强对阿富汗国内政治进程的干预；而美国保持在阿富汗军事存在，客观上也使其成为阿富汗未来政治和解中不可或缺的参与方。

在经济上，续推美版"丝绸之路"。奥巴马上台后，强调运用"巧实力"策略，大幅增加对阿富汗的非军事援助。美国增加对阿富汗农业和基础设施项目的投入，利用省级重建小组，扩充专家队伍，提供公共服务，帮助地方政府重建经济机构。

2011年，美国在经济低迷、反战情绪高涨的背景下，为体面退出阿富汗而提出此计划，旨在以阿富汗为中心联通中亚与南亚，同时弱化中国与俄罗斯在该地区的作用。但囿于财力有限，美国对此计划的投入并不慷慨，打包归入此计划内的大型项目如 CASA—1000 输电项目和 TAPI 天然气管道项目❶ 均进展缓慢。然而，近年来美国再度发力，连续通过在国会作证、发表媒体文章、四处演讲等方式，阐述"新丝绸之路"计划的重要性及取得的积极进展，并将区域性能源市场、贸易和交通便利化、提高通关和过境效率、促进人文交流四个领域作为重点推进方向，有意推进该计划加速实施。总投资达 10 亿美元的 CASA—1000 输电项目，先后得到世界银行、欧洲投资银行、欧洲复兴开发银行及美国援助机构等提供融资支持。自 2015 年以来，该项目推进加速，各方就输电线路和电价等事项加紧谈判达成协议，于 5 月在塔吉克斯坦启动。TAPI 天然气管道项目也已签署前期工程投资协议，初期预算超过 2 亿美元。土库曼斯坦境内段已于 2015 年 12 月开工，目前正在评估从阿富汗边境至印度之间管道建设所需的资金问题。亚洲开发银行承诺给予支持，伊斯兰开发银行表示对项目感兴趣。❷

在安全上，获得长期驻军许可，为阿富汗军事行动提供支援。美国在阿富汗战后布局最重要的一步棋是与阿富汗政府签署了《双边防务与安全合作协定》，由联合国安理会授权驻军，转变为美阿双边驻军协定，从而使美国获得在阿富汗长期驻军的法律保障。这一协议对美方极为有利，但签订过程并不顺利。美阿两

---

❶ CASA—1000 输电项目是指贯穿中亚和南亚 1000 千米高压输电线路，将连接吉尔吉斯斯坦、塔吉克斯坦、阿富汗和巴基斯坦四国的电力系统，旨在把塔吉克斯坦和吉尔吉斯斯坦多余的电能输送至电力短缺的阿富汗和巴基斯坦。TAPI 天然气管道项目是指连接土库曼斯坦、阿富汗、巴基斯坦和印度四国的天然气管道项目。"TAPI"是这四个国家英文首字母缩写。

❷ TAPI 线天然气管道建设正在按计划进行［EB/OL］.（2016-05-13）［2017-10-13］. http://www.mofcom.gov.cn/article/i/jyjl/e/201605/20160501314823.shtml.

国就此协议的谈判始于 2012 年 11 月。由于事关阿富汗的主权与独立及美国未来对阿富汗战略，双方分歧较大，谈判时常陷入僵局。驻军豁免权与搜查民宅权是双方斗争焦点。在 2013 年双方达成初步协议，并通过大支尔格会议（国民会议）批准后，阿富汗前总统卡尔扎伊又提出新要求，坚决拒绝签署该协议。随后，阿富汗陷入选举危机，新总统迟迟未能产生，而时间已临近美国的撤军期限——2014 年年底。最终阿富汗大选尘埃落定，加尼出任总统，并在就职的第二天就签署了该协议，为美国在阿富汗继续驻军打开了绿灯。据此协议，美军除了在阿富汗享有治外法权外，还可无偿使用喀布尔、巴格拉姆等九个军事基地，并允许美国根据需要自行增减驻军数量，单方面提升了驻军安排自由度。

早在撤军之初，奥巴马就签署"密令"，允许驻阿富汗美军在必要时可参与战斗。近来，随着"伊斯兰国"与"基地"组织在阿富汗活动频繁，美国总统国家安全事务助理赖斯表示，奥巴马总统已授权国防部对"伊斯兰国呼罗珊省"进行打击，而且美国仍在密切关注"基地"组织在阿富汗的动向。

二、阿富汗重建对中国的影响

中国与阿富汗山水相连，是彼此利益攸关的命运共同体。阿富汗能否保持稳定与发展，直接关系到中国，尤其是中国西部的稳定与发展。

第一，阿富汗战以来，阿巴地区动荡不安，其"恐怖外溢"效果已对中国西部地区的安全稳定造成影响。

第二，与恐怖主义威胁相伴生的毒品走私和跨国犯罪，对中国民众带来的危害日益加深。阿富汗毒品种植面积逐年上升，已占领了全球 90% 的毒品市场，是全球最大的毒品生产与输出国。阿富汗毒贩正设法利用中巴喀喇昆仑公路取道我国新疆，打通从中国南下印度尼西亚的贩毒新通道。在毒贩眼里，中国本身就是巨大的毒品吸纳市场，阿富汗海洛因的"高品质"使其比金三角的毒品更受欢迎，也更容易成瘾。我国新疆地区的吸毒人数近年来大幅增加，阿富汗毒品还在向中国其他地区蔓延。

第三，除了反恐与禁毒外，阿富汗"亚洲中心"的地缘位置，也使其国家发展与中国提出的"丝绸之路经济带"倡议联系在一起。阿富汗近年出台的《十年转型发展报告（2015—2024）》中，确定安全、基础设施建设、发展私营经济、农业和农村发展、实行良政，以及人力资源建设为六大优先发展领域。阿富汗希望在未来 5—10 年内，全力推动区域通道网络建设，使其成为连接东亚和西亚、中亚和南亚，构建亚欧大陆经济带的重要枢纽。阿富汗的国家发展规划与中国"丝绸之路经济带"的地区发展倡议不谋而合。阿富汗各界积极响应中国"丝绸之路经济带"倡议，期待搭上中国全面深化改革开放的"顺风车"，分享中国经济发展红利，助推本国经济实现可持续发展。然而，加强地区互联互通与经济融合，离不开安全稳定的周边环境。阿富汗地区动荡不安有可能成为中国向西推进"丝绸之路经济带"建设，尤其是合作开发能源、铺设油气管道、设立工业园区的潜在威胁。

中国周边外交的基本方针是坚持与邻为善、以邻为伴，坚持睦邻、安邻、富邻，突出"亲、诚、惠、容"的理念。阿富汗地区是中国重要的西部周边，中国希望并愿意帮助阿富汗实现和平、稳定与发展。中国倡导并践行"解决热点问题三原则"，即坚持不干涉别国内政，反对强加于人；坚持客观公道，反对谋取私利；坚持政治解决，反对使用武力。❶因而中国在阿富汗问题上是"有所为，有所不为"。

中国将继续坚持"不派兵"原则。在美国从阿富汗大幅撤军之际，国际社会不乏鼓动中国军事介入阿富汗地区的舆论。对此，中国保持了冷静态度和清醒认识。其一，阿富汗素来被称为"帝国的坟墓"，从大英帝国到沙皇俄国，直到当今称霸世界的美国，纷纷折戟在这里，并拖累了本国的发展进程，切不可重蹈覆辙陷入阿战泥潭。其二，无军事介入的空间。美国虽大幅减少在阿富汗驻军，但仍保持军事存在，并有意放缓撤军步调。从美国的战后布局来看，未来一段时期，美国仍试图主导阿富汗地区事务，并未给非盟友国家军事介入的客观条件。

第二节　"丝绸之路经济带"视野的中国与阿富汗合作关系

自古以来，中国与阿富汗一衣带水、渊源情深。古丝绸之路是两国友好关系的历史见证。中国提出"丝绸之路经济带"的倡议构想，赋予中阿合作新机遇。2014年10月，中阿两国签署《关于深化战略合作伙伴关系的联合声明》，赋予世界格局新变化下中阿合作关系的丰富时代内涵。

---

❶ 王毅：中国倡导并践行"解决热点问题三原则"［EB/OL］.（2015–03–23）［2016–10–23］. http：// world. people. com. cn/n/2015/0323/c1002—26737563.html.

一、中阿合作关系的意义

作为陆权与海权地缘再平衡倡议的重要一环，共建"丝绸之路经济带"是中国新一届政府向西开放倡议的重要布局形式。阿富汗作为共建丝绸之路经济带的天然驿站，地缘优势突出。假以时日，"阿富汗政治能形成一种平衡，并可随着时间的流逝而逐渐巩固"❶，动荡局势转向民族和解，发展中阿合作关系的意义自不待言。

（一）地缘政治上，阿富汗与中国西部边疆的长治久安息息相关

作为古丝绸之路的重要节点国家，阿富汗因其地处中亚、西亚和南亚三个区域的交汇点与结合部，被称为"亚洲十字路口"。向西开放战略纵深推进下的中国，欲借力"丝绸之路经济带"打造中国一路向西，直达欧洲的共赢之旅。动荡渊薮之地阿富汗的现实影响不容忽视。

中阿边境线虽然仅约 92 千米，但却是维系中国未来西部边疆安全的天然屏障。众所周知，阿富汗是国际恐怖主义、极端宗教主义的策源地与中转站。中国的基本目标是力求阿富汗不对中国安全构成威胁，不成为反华势力遏制中国的棋子。阿富汗"后 2014"时代，阿富汗安全局势的稳定性在很大程度上直接关乎中阿合作关系的好坏，进而影响到中国的边疆稳定、民族和睦、能源供应，以及"丝绸之路经济带"建设等一系列问题。

（二）地缘经济上，阿富汗与中国经济可持续发展的未来情势紧密相连

当今世界正在为中国和平崛起提供难得的历史机遇，一方面，全球经济形势持续低迷，确保经济增长成为各国共同面临的困境之一；另一方面，中国经济发展相对坚挺，不过"仅靠本国的资源肯定不足以支撑中国未来的持续发展，我们要有分享世界资源的权利，并以此来支持中国的发展"❷。

"9·11"事件以来，经过十余年苦心经营，阿富汗民族国家的经济重建工作初见端倪，中阿经济合作关系初步形成。不过，囿于局势内外交困，阿富汗拥有丰富的铁、铜、石油和天然气等矿藏资源，基本上尚未开发。因此，应当增强中阿经济利益共鸣点，凸显两国经济合作的互补性、可能性与必要性。

---

❶ 里亚兹·穆罕默德·汗祝.阿富汗和巴基斯坦冲突·极端主义·抵制现代性［M］.曾祥裕，等，译.北京：时事出版社，2014：318.

❷ 张文木.世界地缘政治中的中国国家安全利益分析［M］.北京：中国社会科学出版社，2012：286.

（三）地缘战略上，阿富汗是中俄关系的重要考量因子

自东欧剧变、苏联解体以来，中国西部边疆的战略安全与发展机遇风云突变，中俄博弈进入全新阶段。中俄两国聚焦阿富汗的交互关注频次与日俱增。历来奉行独立、中立与不结盟政策的阿富汗，与中国的交往总体友好，与俄罗斯却有着纠结的历史情感和务实的现实交往。视中亚为"自家后院"的俄罗斯，非常注重阿富汗"后2014"时代的自我角色定位。其实质在于尽最大可能维护自身在中亚的既得战略利益，延续其历史上形成的地缘政治优势惯性。

目前，俄罗斯是唯一与中国建立全面战略协作伙伴关系的近邻国家，双方并非战略对手，然而俄罗斯对中国的倡议取向在短时间内不会改变。因此，尽管中俄"双方关注阿富汗局势发展，主张阿富汗尽快成为和平、稳定、经济繁荣、没有恐怖主义和毒品犯罪的国家"❶，但是，充分顾全俄罗斯对阿富汗的战略定位，当是深化中阿合作伙伴关系的首要考量因素之一。

（四）地缘博弈上，阿富汗是中美关系的重要影响因子

自"9·11"事件以来，阿富汗逐渐上升为美国面临的最主要外交安全议题之一。及至2014年12月美军在阿富汗战斗任务结束的声明，也不过是将"并未给阿富汗人带去自由的'持久和平'行动将更名为'坚决支持'继续下去"❷。世界大国，尤其是美俄围绕阿富汗所衍射出的国家利益博弈仍将继续。而阿富汗安全局势的嬗变，与中国西部边疆安全息息相关。

毫无疑问，目前中美双方互视对方为拓展自身亚太地区影响力的战略对手。在阿富汗问题上，中美立场宜存"异"求"同"。"异"即分歧：在阿富汗重建进程中，美国希望中国分担部分经济重建责任的同时，不希望中国参与阿富汗政治重建事宜；"同"即共识：两国都希望维护阿富汗局势稳定。因此，以如何促进阿富汗稳定为中美合作契机，对于推动构建中美新型关系大有裨益。

（五）地缘文化上，阿富汗是沟通中国文化与中亚文化的重要纽带

古代丝绸之路联通欧洲文化圈、东方文化圈与汉文化圈，实现人类三大文化圈的理解包容、和谐共生。文化无界，信仰无疆。共建"丝绸之路经济带"旨在

---

❶ 《中俄关于全面战略协作伙伴关系新阶段的联合声明》［EB/OL］.（2014-05-20）［2015-12-12］. http://www.gov.cn/xinwen/2014-05/20/content_2683144.htm.

❷ 美军在阿富汗：更名"坚决支持"自以为是赖着不走［EB/OL］.（2015-01-06）［2016-01-15］. http://mil.cankaoxiaoxi.com/2015/0106/619164.shtml.

"重现"古丝绸之路经济交流与人文互鉴相得益彰胜境。地处三大文化圈互通交汇"十字路口"的阿富汗，是天然的文明交流使者。

在倡导多元文明平等对话、和谐交流的人文互鉴时代，中阿合作关系的发展，文化交流先行意义重大。"让中阿两国文化交流活跃起来，形成你中有我、我中有你、利益与共、合作互赢的区域一体化发展空间"❶。"让中亚国家人民理解中华文化的内涵，增强中华文化在中亚的影响力"❷，促进周边命运共同体的区域身份认同意识在沿线国家生根发芽。

二、中阿合作关系的发展空间

近年来，中阿两国友好合作关系呈纵深化发展趋势。从 2006 年签署《中阿睦邻友好条约》到 2012 年发表《中阿建立战略合作伙伴的联合宣言》，两国战略合作不断深化。2014 年阿富汗总统加尼上任后首次外访选择中国，进一步密切了两国的友好往来关系。厘析中阿合作关系的可能发展空间，对于推动中阿合作关系的可持续性发展大有裨益。

（一）政治互信空间趋高，发展中阿合作关系的基础动力

中阿两国都坚持不干涉内政原则，奉行独立、不结盟政策。政治互信度高，成为中阿合作关系发展的基础动力。21 世纪的国际交往，增加政治互信是推动务实合作之基，边界异议常常是影响政治互信走高的"囚徒困境"。而中阿边界问题，两国早已通过 1965 年 3 月 24 日的《边界议定书》彻底解决。

国际地区形势变动不居，中阿两国日益感受到加强双边战略合作的重要性。近几年来，中阿两国高层往来密切。2013 年 9 月，阿富汗总统卡尔扎伊访华；2014 年 10 月，阿富汗总统加尼访华。中国"希望看到一个团结、稳定、发展、友善的阿富汗，这符合阿富汗人民根本利益，也是地区国家和国际社会的共同期待"❸。积极关注阿富汗局势，并乐于在阿富汗问题等国际事务中发挥积极作用，是中国的责任与担当。

❶　张建成．"丝绸之路经济带"视野的中阿文化交流先行战略［J］．重庆社会科学，2014（12）．
❷　郭琼．中国向西开放视角下的中哈关系［J］．现代国际关系，2014（4）．
❸　习近平同阿富汗总统加尼举行会谈［EB/OL］．（2014–10–28）［2015–09–26］．http：//www.chinanews. com/gn/2014/10–28/6726251.shtml.

（二）安全互助空间求同，发展中、阿合作关系的直接动力

当前全球与地区安全形势变幻莫测。各类非传统安全问题给世界各国人民带来了日益严重的威胁。阿富汗"三股势力"是阿富汗政局动荡、中亚地区安全外溢效应的重要因子丛，其与新疆"三股势力"的同流合污是威胁中国西部边疆安全的致命数泽。

阿富汗"后2014"时代的中亚地区安全前景愈加变幻莫测。国际社会已经整合经济援助与政治调解功能，为阿富汗的持久稳定奠定基础。接下来关键看阿富汗如何按照自己的方式去发展。不过，国际舆论对阿富汗本国安全力量的维稳能力持谨慎乐观态度，并担忧阿富汗战乱与中亚地区安全产生联动效应。一旦中东乱局握手阿富汗乱局，中国西部边疆安全必定首当其冲。加强中阿安全互助，共同防范和打击"三股势力"，关乎两国国家根本利益，对话空间广阔。

（三）经济互利空间巨大，发展中阿合作关系的核心动力

目前，中国是阿富汗的主要贸易伙伴和投资国，中国企业是阿富汗矿业等能源部门最主要投资者。两国在诸如经济结构、资源禀赋等方面有很强的互补性。经济互利空间巨大，是推动两国合作关系不断前进的核心动力。作为世界上不发达的国家之一，阿富汗经济结构以农牧业为主，工业发展落后，经济援助型特征明显。丰富的能源资源，因安全问题而开发迟缓。

（四）人文互鉴空间广阔，发展中阿合作关系的提升动力

中阿两国各自拥有优秀的传统文化，文明之光在两国的历史长河中熠熠生辉。加强文化交流与合作，是推动中阿合作关系不断发展的提升动力。在诸如文化、传统、风俗、习惯、经济等社会生活的各个领域，增进中阿两国人民的相互了解，是一项任务艰巨而又意义深远的系统工程。2008年1月，阿富汗第一所孔子学院在喀布尔大学落成，标志着中阿文化交流开启新的篇章。

身处崇尚人文互学互鉴的新时代，"我们不仅要了解中国的历史文化，还要睁眼看世界，了解世界上不同民族的历史文化，去其糟粕，取其精华，从中获得启发，为我所用"❶。我们需要秉持开放、包容、互鉴的文化交流理念，高度重视中阿文化交流的双向性。加强人文交流与民间交往，能为中阿合作关系的发展夯

---

❶ 习近平论中国传统文化——十八大以来重要论述选编［EB/OL］.（2014-02-28）［2015-11-12］. http://news.xinhuanet.com/politics/2014-02/28/c_126206419.htm.

实民意基础与社会基础。民意是否相通,是进一步推动中阿合作关系全面发展的重要促进因子。

(五)区域互通空间多元,发展中阿合作关系的维持动力

全球化时代背景下,"中国需要经略和平发展的周边,周边同样需要和平繁荣的中国"[1]。中阿发展的契合性与多元区域组织合作的互通性,共同构成两国合作关系不断发展的维持动力。中国新一届政府实施"中国梦",积极布局"大周边"外交,努力打造中国与周边国家命运共同体。阿富汗政府奉行积极外交方略,在重视与美国等西方大国的交往同时,积极拓展与周边国家的关系,以合作求安全、谋发展。

阿富汗会有一个美好的未来,但是国际援助对于达到这个未来非常重要。[2]因此,阿富汗与中国一样,除了继续推进自身机制建设以外,还离不开与其所处区域国家乃至区域外大国博弈互动。目前,阿富汗加入的区域合作组织主要有CAREC(中亚区域经济合作组织)、SAARC(南亚区域合作联盟)、OIC(伊斯兰会议组织)与ECO(经济合作组织)等,同时还是SCO(上合组织)观察员国。应发挥上述区域组织,乃至联合国等全球组织竞合的功能,形成多元化国际支持格局,助力阿富汗民族国家重建。

三、中阿合作关系的发展瓶颈

推动中阿合作关系发展固然存在上文所述诸多积极动力因子丛,但是也存在着一些不利因素。两国应处理好这些不利因素,使其不至于影响中阿合作关系发展大局。

(一)中阿失衡型贸易的持续

作为世界上最贫穷的国家之一,阿富汗经济发展水平不高。中阿经济合作基础羸弱,双边经贸往来单向失衡性特征突出。从阿富汗近年宏观经济指标来看,由于自身"造血能力"严重不足,阿富汗经济重建虽然取得一定成果,但是国民经济发展缓慢,其中阿富汗与中国的贸易出口额远远低于进口额。巨额逆差事实说明,基于地缘优势与经济互补性,所呈现出的双边经贸往来较为密切现象,是一种"失衡性"虚假繁荣。中阿经贸往来本质上是一种单向失衡性经贸往来。

---

[1] 阮宗泽.中国需要构建怎样的周边 [J].国际问题研究,2014(2).

[2] Nick B. Mills,Karzai: The Failing American Intervention and the Struggle for Afghanistan. New Jersey: John Wiley & Sons, Inc., 2007, p.220.

与中阿政府高层交流持续升温相比，两国经济贸易仍处于"低温"交流状态的主要原因有三。一是阿富汗安全问题，阻扼经济交流；二是阿富汗经济结构失衡，农业生产停滞不前，工业发展水平较低，与中国经济合作属于较低层次上的经济互补运转；三是中阿之间陆路联合、互联互通的基础设施与配套设施建设相对滞后，边贸口岸的管理制度有待进一步健全与完善，边贸经济效能不高。目前，中国对阿富汗出口产品主要为日用电器、五金机电、纺织服装、运输设备等，自阿富汗进口商品主要是牛羊皮、农产品等。中阿双边贸易质量明显滞后于两国关于深化战略合作关系的经济合作预期。中阿贸易结构相对单一，亟须多元化转向，夯实两国合作关系的经济基础。进而实现经热与政热双轮驱动，推动中阿合作关系的良性发展。

（二）美国外交立场对中阿合作关系的影响

美国借"9·11"事件，以反恐的名义布棋阿富汗，已经使得中国西部安全情势日趋复杂化。这其中既包括中国西部边疆"东突"恐怖因子弥散，也包括中国西部边境"军事"压力因子骤增，还包括中巴传统友好关系空间被挤压。美国于2011年提出以阿富汗为核心国家的"新丝绸之路"计划，本质上是其"亚洲再平衡"战略的实践应用版，其战略目的旨在隔山打牛。借力阿富汗邻国出物、出力，投资阿富汗，继续保持美国在亚欧大陆腹地的主导话语权，进而间接实现对中国的潜在遏制。为此，中国新一届政府深刻洞察到，中国需要一种新的西向开放倡议，"丝绸之路经济带"倡议构想应运而生，阿富汗恰巧成为共建"丝绸之路经济带"的重要一极。

（三）俄罗斯外交政策对中阿合作关系的影响

在中阿合作关系的发展进程中，俄罗斯的犹豫徘徊不容忽视。尽管中、俄、阿分别是上合组织的成员国与观察员国，彼此在上合组织框架内就安全、政治、经济等方面建立了良好的合作关系；但是在中、俄、阿三角关系中，俄罗斯始终是影响中阿关系发展的重要潜在因子。俄阿之间历史关系复杂而现实关系诡秘，俄罗斯在阿富汗的影响力将会广泛而深远地存在。由于"中国不谋求地区事务主导权，不经营势力范围"❶，因此，中俄两国在阿富汗问题上并不存在根本性的利

---

❶ 习近平：中国不谋求地区事务主导权［EB/OL］.（2013-09-08）［2015-10-17］. http://news.china. com. cn/2013-09/08/content_29963130.htm.

益冲突。

但是，俄罗斯对中国的日益强大是否会挤压其中亚的生存空间，始终保持警惕之心。俄罗斯在非常重视阿富汗的地缘意义之余，积极着手构建欧亚经济联盟。2015 年 1 月，由俄罗斯主导的独联体内经济一体化项目"欧亚经济联盟"于俄罗斯外焦内困之际"千呼万唤始出来"。国际舆论认为，"欧亚经济联盟在逆境中如期诞生并顺利实现扩员，显示了成员国对推进一体化机制的共同意愿"❶。毫无疑问，"欧亚经济联盟"启动与"丝绸之路经济带"建设会产生一系列反应。为此，中国需要特别兼顾俄罗斯在阿富汗的切身利益，充分利用阿富汗的战略缓冲作用，把握好与俄罗斯的交往火候，积极开创"丝绸之路经济带"与"欧亚经济联盟"等地缘体和谐竞合、多元共赢局面。

（四）中阿失位型沟通的存在

中阿合作关系的"失衡"情势除了前文已论及的政热经冷的失衡型贸易外，还包括双边官热民冷的失位型沟通。目前，中阿合作关系主要运作于官方层面。与政府高层的密切往来程度及其获得的成果相比，两国民间交流的质量明显薄弱。国之交在于民相亲，民相亲在于心相通。只有真正建立起中阿民众之间自觉的沟通与交流，才能够进一步增进两国人民之间的了解与友谊，从而推动中阿合作关系的稳定、可持续发展。

阿富汗动荡多年的社会环境中，不同族群派别、地方军阀、利益集团为了斗争需要而危害外来投资者的情况时有发生。这在一定程度上源于沟通愿景不对称、信息相易不对称。为此，加强中阿人文交流与合作，是增进两国民众彼此沟通的不二选择。对中国而言，要展示中华文化的博大精深，需要不断提高国家文化软实力建设水平，"把跨越时空、超越国度、富有永恒魅力、具有当代价值的文化精神弘扬起来，把继承优秀传统文化又弘扬时代精神、立足本国又面向世界的当代中国文化创新成果传播出去"❷。多说历史求共鸣，多说互利求共赢，积极营造一个能够争取阿富汗民众理解和支持的舆论氛围，坚持多做少说，低调而务实推进中阿合作关系，尽量避免招致不必要的阿富汗民众的"误读"式解读中国。

---

❶ 逆境而生的欧亚经济联盟［EB/OL］.（2015-01-13）［2015-11-18］. http：//news. xinhuanet. com/world/2015-01/13/c_127377063.htm.

❷ 习近平论中国传统文化：十八大以来重要论述选［EB/OL］.（2014-02-28）［2016-07-11］. http：//news. xinhuanet. com/politics/2014-02/28/c_126206419.htm.

四、中阿合作关系的发展路径

（一）政治合作，构建更加互信的中阿利益共同体与命运共同体

作为权力博弈的产物，一个国家政府的政治决策会受到诸多不确定影响因素的左右，阿富汗尤其如此。阿富汗民族众多、派别林立，彼此很难走到一起，因为一方利益的任何扩大便会对另一方的社会存在造成威胁。然而他们又不能分道扬镳，因为他们的社会存在相互依赖。❶ 阿富汗部族利益持续博弈恶果之一，便是导致中央政府权力相对脆弱。这一脆弱性现实提醒我们，在坚持不干涉阿富汗内政的情况下，中国应该践行亲诚惠容的周边外交理念，积极承担打造周边命运共同体的大国责任。

第一，两国需要拥有足够的政治勇气，来超越各自国内的民族主义情绪。坚持共同发展的原则，构建合作性管理机制，结成紧密的中阿利益共同体。在政府外交层面，加强彼此国内各部门与各地区的政策协调，理顺条块关系，形成积极有序的外事协调机制；通力合作，共同推进落实，努力排除中阿政治合作的政府制度藩篱。

第二，要循序渐进，将利益共同体意识升华为中阿间更加紧密的命运共同体意识，并逐步上升为两国的区域身份认同意识。"为构建、维持和修正中亚地区的政治、经济、安全等相关秩序，实现本地区的持续和平、和谐发展和共同繁荣提供另一种动力机制"❷，为共建"丝绸之路经济带"提供互信互赖的社会心理认同。

（二）经济合作，构建更加互利的中阿经济合作机制

中阿经济合作持续深化的根本动力，源于两国对共同利益诉求的不断协同、追求与满足。"通过把阿富汗转变成区域贸易和交通的轴心，连接丝绸之路日益活跃的东西和南北走廊，整个区域完全可以实现复兴丝绸之路。"❸ 不过，阿富汗的持续政局动荡，已经造成中阿经济合作"重贸易，轻投资"格局的出现。这一格局明显背离长期可持续性发展理念，中阿经济合作机制需要与时俱进地健全、完善。

---

❶ 诺贝特·埃利亚斯.文明的进程：文明的社会发生和心理发生的研究［M］.王佩莉，等，译.上海：上海译文出版社，2013：105.

❷ 杨成.构建中国—中亚"命运和利益共同体"［N］.东方早报，2013-09-12.

❸ 阿富汗学者呼吁整合全球五大丝路计划［EB/OL］.（2014-06-28）［2015-10-12］.http: //finance.people. com. cn/n/2014/0628/c1004—25212643.html.

第一，经贸合作机制先行。中阿经济合作，经贸先导。两国政府一致"同意充分发挥中阿经贸合作联委会机制的作用，尽早在华召开经贸联委会第二次会议，探讨扩大和深化两国经贸投资合作"❶。

第二，能源合作机制跟进。加强能源领域的全方位务实合作，是深化中阿经济合作的关键布局。要秉持平等互信、包容互鉴的合作共赢理念，大力支持中国企业与阿富汗相关部门在传统能源领域的合作；积极推动双边可再生能源领域合作，引领中阿能源合作迈上新台阶。

第三，对外投资引导机制导航。增强顶层设计意识，建立国家战略层面的对外投资引导机制。着眼阿富汗的需求空间，鼓励、规范中国企业"走出去"投资阿富汗行为。适时推进中阿共建自由贸易（园）区，推动服务贸易自由化，形成规模化、集群化、本土化对外投资格局。

第四，对外投资风险控制体系护航。中国与阿富汗的经济合作，机遇与风险并存。必须建立、健全对外投资风险控制体系，充分考虑阿富汗内部风险外溢，做好风险评估与控制工作，实现对外投资收益最大化。

（三）安全合作，构建更加互助的中阿安全协调机制

尽管在政治体制、经济水平、社会制度、文化传统等方面，中阿两国差别迥异，但是双方基于国家核心利益的安全诉求有交叉点。双方都致力于促进经济发展，维护社会稳定，实现国泰民安。没有更加互助的安全协同机制，面对层出不穷的各类传统安全或非传统安全威胁因子，中阿合作很难达到预期效能最大化。习近平主席"倡导共同、综合、合作、可持续的亚洲安全观，创新安全理念，搭建地区安全和合作新架构，努力走出一条共建、共享、共赢的亚洲安全之路"❷。这无疑为中、阿开展安全合作提供了行动指南。

第一，转变理念，强化事前防范意识。中国出口信用保险公司在2014年版《国家风险分析报告》中，把阿富汗界定为"国家风险水平上升、评级调降的国家"❸。发展中阿合作关系，未焚徙薪地增强安全合作的事前防范意识非常重要。

第二，风险预判，形成安全预案机制。中国对双边合作要做好充分的风险预

❶ 中阿关于深化战略合作伙伴关系的联合声明［EB/OL］.（2014-10-28）［2015-10-22］. http：//news. xinhuanet. com/world/2014-10/28/c_1113016324.htm.

❷ 习近平. 应积极倡导共同、综合、合作、可持续的亚洲安全观［EB/OL］.（2014-05-21）［2016-08-26］http://news. xinhuanet. com/world/2014-05/21/c_1110792359.htm.

❸ 井华. 中国信保发布2014年《国家风险分析报告》［J］.国际融资，2014（9）.

判，制定切实可行的安全预案。要坚持给予而后取、多予而少取原则，不干涉阿富汗内政，不卷入阿富汗部族利益纠纷，减少因为中方自身问题而引发外界的不良反应。要积极开展预防外交，妥善处理两国间不同观点与看法。

第三，务实执法，构建联合执法机制。在禁毒、反恐、边境管理等重点安全执法领域，加大两国务实合作力度，努力营造良好的中阿合作环境。譬如，在禁毒领域，要在农业发展、替代种植等领域加强双边交流；在反恐领域，继续加强两国反恐合作，并增加中方对阿方国防、警务执法人员的培训。

第四，国际合作，构建安全联动机制。面对诸如恐怖主义、经济安全、走私贩毒、跨国犯罪等非传统安全因子国际流动性强的严峻情势，要进一步加强两国非传统安全领域协同合作，努力化解非传统安全问题给中阿合作带来的各种风险。同时，要积极与周边国家展开合作，共同探索有助于周边命运共同体建设的长效安全机制。

（四）人文合作，构建更加互鉴的中阿人文交流机制

第一，政府外交为主导，增强官方人文交流水平。中国政府要与阿富汗政府加强文化、教育等领域的交流与合作，增强对阿文化亲和力，增进中阿互信关系。一方面，通过在阿富汗设立孔子学院、孔子课堂等形式，为当地民众学习汉语提供优质的教学资源与学习环境；另一方面，积极布局"留学外交"，采取各种措施鼓励和支持阿富汗留学生来华学习。"不管从中国现实还是国际经验看，以政治利益、经济利益为驱动的留华教育是中国提升软实力的很好切入点"❶。

第二，公众外交为主体，提升民间人文交流质量。要重视公共外交，加强民间交流，扩大人文合作领域。积极构建智库、新闻传媒、学术机构、社会团体等非政府组织多方联动机制，形成更全面、更细致、更灵活的民间文化交流机制。

第三，政府外交与公众外交协同互动，健全人文交流机制。实现政府外交与公众外交的良性沟通无缝对接，协同构建全方位交流合作机制。实现本土文明与异质文明的和谐对话、互鉴共荣，助力更加紧密的中阿命运共同体建设。

（五）区域合作，构建更加互通的中阿区域协同机制

区域合作分类标准不一。根据合作场域的空间大小，区域合作可分为地区次区域合作、国际大区域合作、全球合作等多元合作态势。阿富汗总统加尼说：

---

❶ 雷墨.中国布局"留学外交"［J］.南风窗，2014（10）.

"中国坚持睦邻惠邻，使阿富汗与中国合作及地区合作多样化成为可能。"❶ 中阿区域合作应该坚持"为民、务实、有效、创新"的原则，构建通达性良好的区域协同机制。

第一，以上合组织为纽带，强化中阿区域合作，优化区域资源配置。中阿分别是上合组织的成员国与观察员国，两国对话平台良好。中阿合作关系的深入推进，要在进一步定位阿富汗与上合组织的关系基础上，提高中国在多边环境下参与阿富汗民族国家重建的能力。

第二，以"丝绸之路经济带"为平台，深化中阿区域合作，凝聚区域组织力量。"丝绸之路经济带"建设是中国向西开放的重要实践场域，旨在共建公平、合理、开放、有效、安全的多边合作共赢平台。其建设成效如何，与沿线国家参与力度息息相关。要着眼区域多边合作，充分发挥中阿双边合作的示范与引导作用，激励更多沿线国家参与"丝绸之路经济带"建设。

第三，以联合国为纽带，拓展中阿区域合作，整合区域组织多元协同机制。要在联合国框架内切实推进诸如中国—阿富汗—巴基斯坦三方对话、阿富汗问题"6+1"对话、伊斯坦布尔进程对话等阿富汗问题对话渠道，有效整合诸如 SCO、CAREC、SAARC、ECO、OIC 及 CICA（亚信会议）等区域性对话与合作机制，助力阿富汗和平重建进程。

第三节　后美军时代印度对阿富汗政策调整评估

印度作为南亚地区首要大国，在阿富汗问题上长期扮演着重要角色。历史上，印阿曾互为重要邻国，数千年来，两国在政府和民众两个层面始终保持着紧密的联系。2001 年年底塔利班政权倒台之后，出于自身利益诉求及美国小布什政府的支持，印度对阿富汗重建表现出很高的热情，采取了具有丰富内容的"软"政策。❷ 不仅率先同卡尔扎伊政府建立战略伙伴关系，各种资源的投入也逐年增加，尤其突出的是，印度目前已成为阿富汗的第五大国际援助国。2009 年美国"阿巴战略"制定之后，特别是 2011 年撤军计划实施以来，奥巴马政府着

---

❶　访阿富汗总统阿什拉夫·加尼·艾哈迈德扎伊［EB/OL］.（2014–10–28）［2016–07–08］http：//news. xinhuanet. com/world/2014–10/28/c_1113014223.htm.

❷　"'软'政策"这一概念多由印度学者采用，具体表述有"Soft Measures"及"Soft Policy"。

意提升印度在阿富汗问题上的作用，印度的影响力进一步凸显。❶

一、印度对阿富汗政策调整背景

2014 年年底，随着北约作战部队大规模撤出，美阿《双边安全协议》最终签署，阿富汗正式步入后美军时代。相应地，近年来，阿富汗重建过程出现诸多新特点和新问题。

其一，美军大规模撤离尘埃落定，美国后续反恐政策仍在调整之中。

其二，加尼政府组建，阿富汗国内政治进程前景仍不明朗。

其三，后美军时代围绕涉阿问题的相关国际合作机制建设仍处于初步阶段。而由此引发的阿富汗安全局势的变化，尤其是愈演愈烈的国内冲突问题，引发国际社会高度关注。2014 年恰逢接替辛格的莫迪任职新总理，印度国内外政策也面临改弦更张的趋势。鉴于印度在阿富汗问题上的独特作用及上述阿富汗形势的新变化，后美军时代印度对阿富汗策略的调整、其日后走势和所产生的影响，成为值得研究的问题。

有关对阿富汗政策走向，当前印度国内存在诸多争论。出于对阿富汗国内安全形势的担忧，有军方人士要求军事介入。诚如汉斯·摩根索所言，"想了解一项外交政策的性质，只有通过检验所采取的政治行动和这些行动可以预见的后果才能得到确定"，从而以此为依据"推测出政治家的目标可能是什么"。❷ 因此，判断印度未来将在阿富汗采取何种政策，首先需要恰当地评估 2001 年以来印度的相关政策，并在此基础上全面把握美国大规模撤军后阿富汗内外形势的变化。

二、印度对阿富汗"软"政策评估

在阿富汗问题上，印度有三项重大而长远的利益：在政治上，维护阿富汗局势稳定，防止出现由塔利班等敌对势力掌控的新政权，同时确保阿富汗政府不会完全倒向宿敌巴基斯坦；在经济上，维持并扩展在阿富汗各项具体利益存在；在地缘战略上，保障阿富汗作为其连接中亚地区通道的顺畅。为实现上述目标，印度政府逐年加大在阿富汗投入。回顾 2001 年以来印度对阿富汗各项事务的参与过程，印度的阿富汗政策可被视为一种"软"政策。其主要特点是，强调双边政

---

❶ 美国2015年2月发布的《国家安全战略》报告明确提出，"强化美印间的战略和经济伙伴关系"，"支持印度成为地区安全提供者，及在关键的区域性机制中提高参与度"。

❷ 汉斯·摩根索.国家间政治——权力斗争与和平［M］.(第七版).徐昕，等，译.北京：北京大学出版社，2006：28.

治、经济、文化联系，同时有意将两国军事合作维持在较低水平。显然，这里的"软"不是约瑟夫·奈所谓"软实力"——"通过吸引力而非靠强硬手段或利益引诱的方法去影响别人，来达到你所想要达到目的之能力"❶。印度的"软"政策在本质上仍然是一种带有经济诱导色彩的"硬实力"表现，只是因为刻意淡化军事手段的意义，使得这种政策展示出"软"的特征。具体而言，其包括以下两方面内容。

（一）以政治合作和经济开发援助为主要手段，巧妙施展影响力

在政治上，印度全力支持卡尔扎伊政府，促进双边合作不断走向深入。

一是逐步提升两国政治关系。2002年，印度政府将其在阿富汗联络处升级为全权大使。2005年，时任印度总理辛格成功访问阿富汗，成为自20世纪70年代以来首位访问阿富汗的印度首脑。奥巴马宣布美国撤军时间表后，印度旋即主动提升了印阿关系，两国于2011年10月正式签署双边战略伙伴关系协议，使印度成为第一个同阿富汗建立此种关系的国家。

二是高层会晤不断，双方领导人私交甚密。2002年以来，印阿两国元首互访已达十余次，仅2012—2013年，阿富汗总统卡尔扎伊就连续三次访问印度。不仅如此，辛格还与卡尔扎伊建立了良好的私人关系。而卡尔扎伊早年间在印度求学经历及其对塔利班的敌视立场，也给双方领导人的亲近增添了砝码。

三是积极参与涉阿多边合作。无论是波恩、伊斯坦布尔进程，还是在东京、莫斯科等地举行的重建问题国际会议，印度都表现出极大的热忱。❷另外，印度还倡导并加入了阿富汗、印度、伊朗三方对话、阿富汗、印度、美国三边对话等多边机制。

在经济上，印度采取多种措施帮助阿富汗国内重建、促进阿富汗经济发展，提升印阿两国的依存度。

一是扩大对阿富汗援助规模。截至2012年年底，印度在阿富汗的各项援助

---

❶ 约瑟夫·奈.软实力［M］.马娟娟，译.北京：中信出版社，2013：8-11.需要指出的是，本书关注点在印度对阿富汗的整体外交政策，指涉宏观层面的原则、战略和行动方针，而非其中某些具体措施，比如，印度对阿富汗的"软"政策或者"援助"政策等。相关研究可参见：赵国军.印度对阿富汗的软实力战略［J］.现代国际关系，2011（1）.韩召颖，田光强.塔利班倒台后印度对阿富汗援助评析［J］.现代国际关系，2014（4）.

❷ 除与塔利班媾和外，涉阿重建的国际会议印度都积极参与，并在2014年1月17日，承办了阿富汗问题伊斯坦布尔进程高官会和国际联络组会议。"India–Afghanistan Relations," Embassy of India in Kabul, February 2016，http：//www.eoi.gov.in/kabul/.

累计折合 20 亿美元，成为该国周边最大捐赠国，所援建项目覆盖基础设施建设、政府开支、食品、医疗和教育等多个领域。

二是加强双边贸易往来。近年来，印阿双边贸易额稳定在 5 亿美元左右。印度方面认为，这一数字"显然不能体现印、阿经济合作的巨大潜力"，为此印度实施了优惠的关税政策刺激两国贸易发展。目前，印度是阿富汗主要商品出口国之一。❶

三是增加在阿富汗境内投资。2011 年印度取得阿富汗境内最大铁矿的开采权，同时对阿富汗铜矿和煤炭开发展开攻势，印度公司已成为在阿富汗矿产开发的最大投资者之一。2012 年，印度还专门举行对阿富汗"德里投资峰会"，推动私人部门和企业对阿富汗投资。

四是拓展多边合作，印度支持阿富汗加入南盟，强调通过南亚区域合作带动阿富汗经济发展；斥巨资帮助阿富汗修建连通伊朗恰赫巴哈尔港口的新交通运输线，扩大阿富汗对外商贸渠道以减少其对巴基斯坦的依赖；积极参与 TAPI 跨境管道项目筹措和落实工作，加强印阿同中亚国家的经济联系。

（二）尽可能降低军事参与的可能性，减少双边合作的外在阻力

尽管国内外都存在要求印度采取更加积极的阿富汗政策的呼声，但印度官方一直对此小心翼翼，尤其是在涉及扩大印阿军事合作问题上表现极为谨慎。

长期以来，印度坚持奉行阿富汗"零军事存在"政策。直到 2005 年塔利班在阿富汗绑架并杀害印度官员，印度才决定向阿富汗派驻 200 人的小规模警察队伍以维护自身安全，而这是迄今印度在阿富汗境内唯一的军事力量。签署战略伙伴关系之后，印度同意每年为阿富汗培训 1500 名国家安全部队士兵和 200 名军官，但将培训地限制在印度境内。2011 年始，卡尔扎伊数次到访印度，期待后者能在军事合作上给予阿富汗更多的支持，但所获非常有限，印度只同意提供不具攻击性的部分后勤装备。❷ 而后随着阿富汗国内反恐形势的变化，以及出于对北约撤军后阿富汗局势的担忧，印阿适度扩大双边军事合作。2013 年承诺将向阿富汗提供用以训练的国产轻型观测直升机，总数仅两架。据简氏防务的消

---

❶ 2003 年，印、阿签署《特惠贸易协定》，给予阿富汗 38 种干果进口关税 50%~100% 的优惠。至 2011 年，已实现对阿富汗进口商品零关税（酒类和烟草除外）。"India–Afghanistan Relations," Embassy of India in Kabul, February 2016, http://www.eoi.gov.in/kabul/.

❷ 2013 年卡尔扎伊两次访问印度，其安全合作"愿望清单"上所列举的坦克、火炮及武装直升机等武器装备要求，一直未能得到印度的允诺。

息，2014年4月印度与俄罗斯达成协议，印度将为阿富汗购买俄式装备，并支持重启阿富汗喀布尔附近的一个武器工厂用以改装阿富汗装备的苏联武器，但印度仍拒绝直接提供武器装备。在阿富汗零驻军的追求、己方境内小规模的军事人员培训、最低水平的武器出口，凡此种种表现出2001年以来印度政府对扩展印阿双边军事合作的重重顾虑。

就事实而言，"软"政策在促进印阿关系、维护印度战略利益等方面，产生了积极效果。

其一，体现在双边关系层面。在政治领域，印阿高层频繁会晤，有效地增进了双边的战略互信；印阿战略伙伴关系的确立，以制度形式确保对阿富汗政策的长期性和稳定性，夯实了双边关系的政治基础。在经济领域，印阿经济合作的深化及援助规模持续扩大，直接促进了阿富汗国内经济的恢复和发展，为印度赢得了良好声誉；参与矿产资源的开发也给印度带来了丰厚的物质回报。

其二，战略层面。这些涉及阿富汗举措有效地维持了印度的广泛影响力，加强了印阿与中亚地区的联系；同时，在很大程度上弱化了巴基斯坦的控制能力，使其无法在阿富汗一家独大。

第四节 本章小结

阿富汗在中国推进"丝绸之路经济带"建设中可发挥独特作用，且"丝绸之路经济带"战略与阿富汗国家发展利益对接的领域广、基础好、契合度高，但在推进过程中的潜在风险也不可忽视。

一、阿富汗参与中国推进"丝绸之路经济带"建设的实现路径

在交通领域，阿富汗政府深知地缘优势是阿富汗未来经济实现自主发展的最大潜力。2001年以来，尽管不断遭受武装袭击的影响，阿富汗政府一直坚持进行公路建设，积极推进区域性"互联互通"建设计划，以求实现其成为连接东亚、南亚、西亚和中亚的"交通枢纽"的长远目标。这与中国"一带一路"倡议中着力打造域内及跨区域的"道路相通"十分契合。阿富汗计划建设总里程近3万千米的公路网。环阿富汗公路长2210千米，连接邻国的公路长1153千米，均已完成90%；连接各省省际公路4985千米、省内公路9600千米及乡村公路17000千米也在逐步修建中。阿富汗共有八条国际运输通道，分别连接塔吉克斯

坦、乌兹别克斯坦、土库曼斯坦、伊朗和巴基斯坦五个邻国。主要国际运输线有三条，分别是连接巴基斯坦、伊朗和乌兹别克斯坦。环阿富汗铁路干线总长度约2600千米。阿富汗铁路建设刚刚起步，境内仅有75千米自马扎里沙里夫至海拉顿的铁路。阿富汗正在大力推动建设中国—吉尔吉斯斯坦—塔吉克斯坦—阿富汗—伊朗的"五国铁路"和塔吉克斯坦—阿富汗—土库曼斯坦的"三国铁路"。❶

中国正在推进的"中巴经济走廊"建设，是从我国新疆喀什到巴基斯坦西南港口瓜达尔港的公路、铁路、油气管道、光缆覆盖"四位一体"通道，同时涵盖工业园、自贸区等贸易网络。阿富汗如果实现与"中巴经济走廊"对接，将获得交通与贸易发展契机，也使"中巴经济走廊"地区辐射作用增强，有利于整个"丝绸之路经济带"向西推进。

阿富汗海运主要依赖巴基斯坦卡拉奇港和伊朗阿巴斯港。瓜达尔港建成使用后，将成为距阿富汗最近的出海港口。印度正在帮助伊朗修建恰巴赫哈尔港口，建成后也将成为阿富汗另一个重要出海口。

在能源领域，阿富汗国内矿藏资源丰富，但目前只有小规模的"个体"式开发活动，尚未形成产业，对阿富汗GDP的贡献率很小。阿富汗被称为"躺在金矿上的穷人"。加尼政府将能源开发定为国家战略重点发展产业，视为推动经济发展，增加财政收入，扩大就业，实现经济自立的主要"财源"和"发动机"。

近几年，阿富汗政府不断推出大型矿产和石油天然气资源类项目，招标速度明显加快。截至目前，阿富汗已完成三个重大项目的招商引资工作。2008年，中冶—江铜联合体获得埃纳克铜项目开发权。2011年，中石油—阿富汗瓦坦公司联合体获得北部阿姆达利亚油田开发项目。印度和加拿大公司获得哈吉夹克铁矿项目开采权（尚未签约）。正在计划招标的大型项目包括西部阿—塔吉克盆地石油开发项目、赫拉特石油开发项目、四个金铜矿项目及北部天然气井修复工程项目等。

在工农业领域，阿富汗产业水平低且发展不平衡。农业生产停滞不前，工业发展落后，服务业迅速崛起，但多是"外军服务型"，难以持续。农业耕种技术和水平与中国20世纪六七十年代状况相似，缺少现代化、高科技农业设施。受自然地理条件限制，几乎没有大型农场。阿富汗藏红花比较有名，屡次在国际评比中获奖。阿富汗有意将其打造成为重点出口农产品之一，并取代青金石作为国

---

❶ 对外投资合作国别（地区）指南——阿富汗（2015年版），商务部国际贸易经济合作研究院等，http：//fec. mofcom. gov. cn/article/gbdqzn/upload/afuhan. pdf。

宾礼品。

中国是农业大国，丰富的生产经验可供阿富汗学习借鉴，并可帮助阿富汗抑制毒品种植。中国经济正面临深层改革，产业发展亟待优化升级，一方面，可为阿富汗发展提供适合其发展阶段及国家需要的资金、技术等援助；另一方面，中国的优质产能可向阿富汗转移，并为中企"走出去"开拓空间与市场。

在贸易领域，阿富汗积极参加区域经济合作组织，包括南亚区域合作联盟、中亚区域经济合作计划组织、中亚和南亚运输和贸易论坛、上合组织等，希望借此发挥其特殊地缘优势，拓展与成员国的经贸合作，特别是通过资源开发和互联互通等领域的合作，以促进阿富汗融入地区经济发展。

中国是阿富汗重要贸易伙伴，对阿富汗主要出口电器及电子产品、运输设备、机械设备和纺织服装等，进口商品主要为农产品。但随着阿富汗政局动荡、安全形势趋紧，中阿贸易也陷入低迷。中阿"贸易相通"主要是着眼于未来。阿富汗局势好转后，其过境运输贸易将迅速繁荣，以及向东亚、南亚、中亚、中东、欧洲等市场辐射能力也将得到充分展现，势必成为"丝绸之路经济带"上的重要枢纽。

作为阿富汗的友好邻邦与负责任大国，中国坚定支持阿富汗的和平重建。

第一，积极参与阿富汗国家重建。自2002年中国驻阿富汗使馆复馆以来，中阿双方高层互动频繁，政治互信不断加深。中国利用在基础设施建设和资金方面的优势，积极参与阿富汗和平重建进程。中国除了向阿富汗提供无偿援助外，积极通过双边、多边途径为阿富汗培训各领域专业技术人员近千人；并为阿富汗援建了共和国医院、喀布尔大学中文系教学楼和招待所、国家科教中心、总统府多功能中心等重要工程，对阿富汗的经济发展和民生改善起到了良好的促进作用。[1]2014年10月，加尼首访选择中国，中阿两国发表了深化战略合作伙伴关系联合声明。中国向阿富汗提供5亿元人民币无偿援助，未来几年，中国还将向阿富汗提供总额15亿元人民币的无偿援助。为支持阿富汗加强治理能力建设，未来5年中国将为阿富汗培训3000名各领域专业人员。[2]2014—2015年，中、阿双边贸易额达10.5亿美元，中国已成为阿富汗第三大贸易伙伴国。中阿两国还成功举办商业论坛，两国经贸合作联委会第二次会议于2015年6月召开，中

[1] 驻阿富汗大使邓锡军在阿主流媒体发表署名文章《互利共赢的中国对外援助》[EB/OL]．[2015-05-20]．http：//www. fmprc. gov. cn/mfa_chn/wjdt_611265/zwbd_611281/t1263368.shtml.
[2] 中阿关于深化战略合作伙伴关系的联合声明（全文）[EB/OL]．[2015-09-10]．http：//www. fmprc. gov. cn/mfa_chn/zyxw_602251/t1082206.shtml.

国派遣了工作组赴阿富汗开展援助规划和基础设施建设规划工作。

第二，支持阿富汗政治和解。中国一贯支持"阿人主导、阿人所有"的阿富汗全国和解进程，希望阿富汗全面实现国家和平与稳定。为此，中国积极参与涉阿国际与地区合作。除了中阿双边沟通渠道畅通外，中国还利用多边会议机制，推动周边国家与国际社会共同支持阿富汗实现政治和解。中国已与巴基斯坦、印度、美国、俄罗斯和伊朗分别就阿富汗问题召开双边磋商会；建立了中俄印、中俄巴和中阿巴三边对话机制；并与俄罗斯共同发起了阿富汗问题"6+1"（中、俄、巴、印、美、伊、阿）对话会。2014 年 10 月，中国成功举办了伊斯坦布尔进程第四次天津外长会。该进程主要由阿富汗的邻国主导，已发展成为推动解决阿富汗问题的重要机制。此次会议在美国即将从阿富汗撤军的背景下召开，充分体现了中国在阿富汗问题上的担当与建设性作用，促进了各利益攸关方凝聚共识，共同支持阿富汗包容性和平与和解进程。2016 年以来，中国积极参与阿、巴、中美四方协调组会议，愿与各方一起，在尊重阿富汗主权和各方意愿的前提下，为实现阿富汗政治和解创造条件，提供便利。

二、阿富汗对"一带一路"的态度与利益诉求

（一）阿富汗对"一带一路"的期待

阿富汗既是古丝绸之路沿线重要国家之一，也是首批积极回应"一带一路"倡议构想的地区国家之一。阿富汗政府及民间均对"一带一路"倡议给予高度评价和热情期待。

2014 年 10 月，加尼总统访华会见习近平主席时表示，"一带一路"建设对促进中阿合作和地区互联互通具有重要意义，阿富汗愿意积极参与，加强双方油气、矿产、基础设施建设、民生等领域合作。阿富汗欢迎中国公司投资，将尽力确保中国机构和人员的安全。在与李克强总理会谈时，加尼称"一带一路"建设有利于阿富汗等地区国家的长远发展。阿富汗愿同中国扩大互利合作，支持南亚国家与中国加强合作。2015 年 7 月，习近平主席在俄罗斯乌法会见加尼，加尼强调，中国的"一带一路"倡议对阿富汗至关重要，阿富汗愿积极参与其中，欢迎并期待中国加大对阿富汗基础设施投资。2015 年 11 月中国国家副主席李源潮访问阿富汗，加尼称阿富汗希望学习中国改革开放成功经验，把握"一带一路"为阿富汗提供的重要机遇，与中国深化、拓展合作，促进阿富汗经济社会发展。

阿富汗首席执行官阿卜杜拉于 2016 年 5 月访华，在接受新华社记者专访时

说，中国"一带一路"建设将使阿富汗获益，中国对阿富汗国内和该地区稳定与繁荣发挥着积极影响，也在阿富汗问题上扮演着重要角色。阿卜杜拉指出，中国一直是阿富汗的好邻居，两国自古以来和平相处。"一带一路"倡议旨在加强地区各国间互联互通与交流协调。阿富汗自古以来就是丝绸之路上的重要枢纽国家，时至今日依然为该地区国家间互联互通提供便利。"阿富汗支持中国'一带一路'建设，并愿意积极参与其中"，阿卜杜拉说，"同时，由于阿富汗地理位置优越，我相信阿富汗不仅可以从'一带一路'建设中获益，同时也能够为该项目建设做出积极贡献"。❶阿卜杜拉在外交学院发表演讲时也表示，期待以共建"一带一路"为契机，阿富汗能够走向振兴，成为连接东西、融汇南北的人文、商品和能源流通的桥梁——"正如我们在古丝绸之路时代发挥的作用一样"。❷

阿富汗总统特使艾哈迈德·马苏德在接受《日本经济新闻》采访时表示，阿富汗将积极参与"一带一路"倡议。马苏德称中国推进的"'一带一路'构想"蕴藏着让远东、南亚、中亚到波斯湾沿岸等广大地区的国家明显受益、实现政局稳定的可能性。在高速公路、铁路建设和新城市建设等各国项目推进的过程中，阿富汗"将成为连接相关地区的十字路口，有望因此受益"，显示出积极参与"一带一路"倡议的姿态。阿富汗外长萨拉胡丁·拉巴尼在2016年1月访华时表态愿意参与"一带一路"。阿富汗商会副会长汗·阿罗科扎伊认为"一带一路"是阿富汗复兴关键所在。

阿富汗民众也普遍认为，阿富汗应积极参与"丝绸之路经济带"建设，搭上中国全面深化改革开放的"顺风车"，分享中国经济发展红利，助推本国经济可持续发展。

（二）阿富汗与"一带一路"的利益对接

阿富汗出台的《十年转型发展报告（2015—2024）》中，确定安全、基础设施建设、发展私营经济、农业和农村发展、实行良政，以及人力资源建设为六大优先发展领域，具体项目包括构建地区能源通道、便利地区贸易往来、开发能矿资源、建设地区输电网络等。该报告突出强调，要充分发挥阿富汗地缘优势，推进区域整合，为地区交通、过境转运、能源运输和投资合作提供便利。在5~10

---

❶ 专访："一带一路"建设将惠及阿富汗——访阿首席执行官阿卜杜拉［EB/OL］．（2016-05-16）［2016-10-10］．http：//news. xinhuanet. com/ttgg/2016-05/11/c_1118849485.htm.

❷ 阿富汗首席执行官：让"一带一路"使两国人民共享繁荣［EB/OL］．（2016-05-16）［2016-10-10］．http：//news. xinhuanet. com/world/2016-05/16/c_1118876301.htm.

年内全力推动区域通道网络建设，使阿富汗成为连接东亚和西亚、中亚和南亚，构建亚欧大陆经济带的重要枢纽。阿富汗的国家发展规划与中国"丝绸之路经济带"的地区发展战略不谋而合。阿富汗热切期望与中国"一带一路"倡议尽快对接。为此，中国与阿富汗加强协商，共同探讨双方在"一带一路"建设中的利益融合与实现路径。中阿及中亚国家合作将集中于以下五大方面。

第一，深化安全合作。安全是发展的前提。各国应加强在反恐、禁毒等领域的合作，充分发挥上合组织等地区合作平台作用，联手打击"三股势力"，共同改善本地区安全形势，为未来发展提供保障。

第二，加快基础设施互联互通。互联互通是拓展本地区经贸合作的基础。中国欢迎各国加快推进本地区道路联通，并愿在"丝绸之路经济带"等合作框架下积极参与相关建设，促进本地区物畅其流。正在筹建的亚洲基础设施投资银行和已宣布设立的丝路基金可为此提供有力支持。

第三，促进贸易和投资便利化。各国应在通关、检验检疫等方面简化手续，降低关税，消除贸易壁垒，提高物流效率，扩大贸易往来，在本地区及亚欧贸易合作中发挥更大作用。

第四，推进能矿开发合作。本地区能源资源蕴藏丰富，市场需求广阔。各国应完善能源、资源合作机制，依托上合组织等地区合作平台，深化能源、资源领域生产、运输、加工等合作，变资源优势为发展优势。

第五，扩大人文交流。在尊重文化多样性基础上，加强人文交流，夯实地区合作民意基础。未来几年，中国将为包括阿富汗和中亚各国在内的周边国家提供两万个互联互通领域培训名额，帮助其培养自己的专家队伍。

中国"一带一路"建设将给阿富汗和中、阿关系带来新的重要机遇，并给阿富汗人民带来实实在在的利益。在政策沟通方面，中国愿就经济发展战略和政策与阿富汗充分交流，欢迎阿富汗发挥地缘和资源优势，将自身国家发展与"一带一路"倡议相对接，搭乘中国经济发展快车。在设施联通方面，目前，阿富汗正在努力推动五国铁路、中亚南亚 1000 千伏输变电项目（CASA—1000）、"青金石走廊"等地区互联互通项目，中国愿与阿富汗积极探讨完善交通基础设施，帮助阿富汗制定基础设施发展规划，加强同周边国家互联互通。在贸易畅通上，近年来，华为、中兴等一批实力强、信誉好的中国公司纷纷来阿富汗投资兴业，为当地经济社会发展做出了贡献，中国已成为阿富汗最大的投资来源国。数千名阿富汗商人在中国义乌、广州等地经商，成为、中阿经贸交流的重要纽带。在资金融通方面，中国愿同阿富汗加强双、多边金融合作，将积极考虑阿方加入亚洲基础设施投资银行的申请。在民心相通方面，近年来，中阿议会、文化、教育、智库、媒体等领域交流不断深入，进一步加深了两国人民之间的传统友谊。

阿富汗是古丝绸之路沿线的重要国家之一，拥有巨大的地缘优势和发展潜力。中方重视阿方在"一带一路"倡议上的特殊地位，愿与阿方一道，以共建"一带一路"为契机，推动两国各领域合作深入发展。阿富汗将参与"一带一路"建设作为对外政策优先方向，希吸引地区国家投资，完善自身交通基础设施建设，沟通地区国家贸易往来，进而实现自身持久和平、稳定与繁荣。

三、阿富汗参与中国推进"丝绸之路经济带"建设中面临的地区挑战

其一，安全形势恶化与"恐怖外溢"加剧。阿富汗安全形势恶化不仅威胁本国在建基础设施和大型项目的安全，其各支以不同国家或群体为袭击目标的恐怖组织不断向外扩散与渗透，给整个地区的稳定与安全蒙上阴影。阿富汗北部与土库曼斯坦、乌兹别克斯坦和塔吉克斯坦接壤，混乱局势令这三个中亚国家深感担忧。阿富汗、巴基斯坦边境地区的极端组织相互流窜，以对方国家为基地发动恐怖袭击后再返回，致使打恐行动效果大打折扣。阿巴两国为此还相互指责，不利于双方联手反恐，给恐怖分子更多可乘之机。

其二，阿富汗政局动荡与自主能力受约束。一方面，阿富汗政治过渡进程受阻，各派别相互角力，前景尚不明朗。在建项目恐受政府更迭和政治内斗拖累，大型投资面临的风险加大。而且阿富汗政府执政能力低下，腐败盛行，法律法规不健全，金融银行配套服务落后等，均使在阿富汗推进项目建设障碍重重。另一方面，阿富汗政权存续、经济正常运转及安全部队开支均依靠美国及其西方盟友的大量援助维持。而美国对阿富汗的援助尤其是民事援助往往附加诸多制约条件，以干预阿富汗的内政外交事务。阿富汗自身决策能力备受掣肘，许多重大优先项目，包括阿富汗将参与"丝绸之路经济带"的建设项目很难按时落地实施，很可能将受到美国等的牵制和干扰。

其三，阿富汗经济衰退与地区经济融合度低。阿富汗经济自 2013 年出现衰退，由于安全形势堪忧，水、电、气路等基础设施不健全，缺乏具有吸引力的优惠政策，外商对阿富汗投资积极性较低。2014—2015 年阿富汗投资出现较大幅度下降。根据阿富汗投资促进局统计，2014—2015 年阿富汗投资总额约 7.58 亿美元，比 2013—2014 年的 14.68 亿美元下降近一半。阿富汗国内税务、海关等经济行政部门效率低下，总体投资环境较差。据世界银行《2015 年营商环境报

告》，阿富汗在全球 189 个经济体中营商环境排名第 183 位。阿富汗对外贸易多年来也一直存在巨额逆差，并且这种局面难以在短期内扭转。同时，阿富汗虽然地理位置重要，但不仅其境内互联互通设施匮乏，其与周边地区国家如南亚、中亚、西亚和中东地区各国的联通也十分落后。跨区域交通设施及贸易流通渠道有限，远远不能满足地区发展需要。例如，南亚区域合作联盟就是全球区域经济一体化发展速度最慢、水平最低的区域一体化组织。而展开跨境通道建设又面临各国设施多样性的挑战。

其四，域内外国家在阿富汗地区博弈升温。各利益攸关方积极介入，在阿富汗的战略争夺趋于激烈。印巴、美伊、美俄、伊沙等多组利益冲突方将长期存在，对阿富汗地区未来走势产生深刻影响。同时，各国围绕阿富汗国家重建尤其是能矿开发、基础设施建设和互联互通等领域的竞争与角力也日益升温。美国加紧实施"新丝绸之路"计划，"能源南下、商品北上"，以阿富汗为中心在其东向画一个半弧，打造连接中亚与南亚的能源与交通通道，减轻中亚国家对俄罗斯的依赖，将亚洲最大经济体中国排斥在外，抗衡中俄在这一地区的影响力。日本的"亚欧新丝绸之路"计划，即以从中亚到巴基斯坦的南北通道和从中亚到日本的东西通道为主，与美国的"新丝绸之路"计划相似，带有强烈的政治性和排他性，意图牵制和制衡中国的发展。此外，俄罗斯于 2014 年与白俄罗斯和哈萨克斯坦签署了《欧亚经济联盟条约》；印度一直在推进"连通中亚"战略，近年来更提出具体的"香料之路计划"和"季风计划"等。

常年战乱与政局动荡，使得阿富汗民族国家重建工作举步维艰。但是作为亚欧大陆的地缘枢纽，阿富汗是中国向西开放战略的陆上交通要津。阿富汗安全情势与"丝绸之路经济带"建设存在内向性推拉关系，阿富汗对于中国的战略利益权重逐年上升。秉持共商、共建、共享、共赢原则，促进中阿合作关系的发展，打造中阿利益共同体和命运共同体，是既益于中国西部地区安全，又益于阿富汗民族国家重建的双赢选项。毫无疑问，安全问题是中阿合作的"阿喀琉斯之踵"。为此，中国的自我角色定位应当谨慎思、低调行、敢担当，支持探究、规划与践行"阿人主导""阿人所有"的"阿人治阿"方略，推动中阿合作关系的纵深化可持续发展。

第六章 "一带一路"与南亚安全

中国的"一带一路"主要由"21 世纪海上丝绸之路"、"中巴经济走廊"、"孟中印缅经济走廊"和"中尼印经济走廊"构成。中国希望与南亚和印度洋国家合作，完善道路、港口等基础设施，同时在道路沿线和港口附近建设工业园区，与南亚和印度洋国家结成产业合作伙伴，形成经济共同体。中国"一带一路"倡议是一个开放的倡议，中国希望与沿线国家的地区合作倡议和国内发展计划对接，希望与美国的"新丝绸之路"计划、印太经济走廊计划或印度的"恒河—湄公河合作倡议"对接，形成一个从太平洋到印度洋，从中亚到南亚的区域经济合作网络。如果"一带一路"倡议能够得到沿线国家的响应与配合，沿线各国实现政策对接，必将推动这些地区的经济繁荣，最终将不但是实现"亚洲世纪"，而且也能实现"印太世纪"。在"一带一路"倡议引领下，中巴经济走廊以及中国与印度、孟加拉国、斯里兰卡、马尔代夫等国的一批重大合作项目正在积极推进，有力促进了有关国家经济增长，并为深化南亚区域合作提供了新的强大动力。中国已经成为南亚国家主要的外资来源国，也是南亚一些国家的第一大外资来源国。截至 2015 年年底，中国在南亚国家直接投资存量累计 122.9 亿美元，南亚国家累计在华实际投资 8.9 亿美元。2015 年中国与南亚国家贸易额达到 1112 亿美元，创历史新高。❶

中国的发展将给周边国家包括印度带来更多机遇。南亚地区属于"一带一路"倡议辐射范围，而印度是南亚地区重要国家。印度对中国"一带一路"倡议的态度直接影响到中国"一带一路"倡议在南亚的实施效果。

印度是目前中国"一带一路"沿线大国中唯一未公开表态支持的国家。中印两国应通过优势互补，实现战略对接，不断构建中印更加紧密的发展伙伴关系。中印两国应抛弃零和思维，坚持互尊互信、聚同化异的原则，寻求共识、化解矛盾，实现互利共赢。

---

❶ 刘宗义．印度对"一带一路"的三种态度［N］．中印对话，2016–12–02．

2014 年 6 月，莫迪政府推出"季风计划"，以深化环印度洋地区的互利合作。通过"季风计划"的实施，印度谋求可持续的区域战略利益，保障更加牢固的地区领导权，进而实现印度的全球战略抱负。

实际上，莫迪政府试图以"季风计划"连接印度洋国家。在"季风计划"框架内建立跨文化联系并复兴历史上的海洋文化和经济纽带。但时至今日，"季风计划"仍是一个较为模糊的概念。❶

寻找"一带一路"倡议与"印度制造"政策的对接点需要突破既有思维定式，以市场理性为指导，规避冲突、凝聚共识、务实合作。中印两国应以非零和的方式建构非对抗性的新型战略合作模式。中印双方战略合作有助于深化中国与南亚地区其他国家的合作，也有利于提升南亚地区的经济一体化水平。

第一节　印度南亚政策的发展

南亚政策是印度实现外交目标的重要一环。纵向考察印度不同时期的外交思路和政策背景，可以将其南亚政策总体上划分为全方位强势、区别对待强势、强势中带缓和、缓和向友好过渡、主动改善、走出南亚等几个阶段。其中，主动改善阶段，即古吉拉尔主义的提出和实践，是一个明显转折点，也是印度周边外交重心转移的标志。

一、南亚政策在印度外交政策中处于相当重要的位置

印度是南亚地区实力最强的国家，从独立之日起，印度就将南亚视为"自家后院"，力求将其纳入自己的安全体系，并且有步骤地制定了一系列政策，以保证对南亚邻国的有效控制。因而南亚政策在印度外交政策中处于相当重要的位置，"印度在确定外交政策的时候不得不对邻国给予特殊的关注，因为对国家安全产生直接影响的往往是其邻近国家"。总体来说，印度的南亚政策以冷战结束为分界线，随着对自身定位的不断修正和调整。

从印度独立到冷战结束，印度的总体外交思路受尼赫鲁思想的影响，而其南亚政策也是如此。在冷战结束前尽管人民党曾经一度上台执政，但时间较短，并未对印度的外交政策尤其是南亚政策做出根本性调整。这期间印度周边外交政

---

❶　陈菲．"一带一路"与印度"季风计划"的战略对接研究［J］．国际展望，2015（6）．

策总体来说具有一定连续性，但是根据不同的国内外形势又有着一定的阶段性特征。

印度强势的南亚政策之所以能够推行，得益于印度的大国平衡战略和"不结盟"政策的结合。一方面，印度在美苏间的平衡战略使得双方均认为印度没有倒向对方，并能在新独立的印度找到认同点，如相似于苏联的国有化政策、土改和建立福利社会的目标，以及相似于美国的议会民主制，双方都将印度作为争取对象，因而默许印度对周边地区的强势政策。另一方面，印度的"不结盟"获得了广大第三世界国家的响应与拥戴，赢得了较高的国际声望。

但是，印度对于南亚分歧过于固执的立场最终还是让地区外大国进入了南亚。印度在克什米尔公民投票自决问题上的出尔反尔，导致印巴问题陷入僵局。

尼赫鲁后期及英·甘地时期印度的南亚政策并未发生根本性的转变，尽管英·甘地重新解释了不结盟政策的含义，但其强势的南亚政策并没有变化，而是将其推向高潮，以尽快获取地区优势。

印度通过强势作为坐稳了南亚霸主的位置。对巴基斯坦，印度于1971年利用巴基斯坦国内大选时东、西巴基斯坦分歧严重导致国家政治危机爆发的时机，发动第三次印巴战争并帮助东巴基斯坦独立，消除了被巴基斯坦两面夹击的地缘劣势，形成对巴基斯坦的绝对优势，彻底改变了南亚原本的均势格局，并依靠战胜优势与巴基斯坦签订了将印巴问题局限于两国内部解决的《西姆拉协定》（*Simla Agreement*），为控制南亚铺平了道路。

这一阶段印度的南亚政策放弃了巴基斯坦回归及建立印度联邦的设想，即所谓的尼赫鲁的"理想主义"，采取了更为现实和积极作为的手段，以军事力量为后盾，打破了印巴均势，严密控制各南亚邻国，一跃成为南亚实力最强大的国家。这一局面应该说是印度强势南亚政策的一个阶段性成果，为印度实施更加主动的周边政策奠定了基础。

人民党1977年上台后，印度的南亚政策有一些变化，强势南亚政策达到高潮后开始下行。这一时期印度南亚政策的明显特征，就是对各个南亚国家有区别的对待，并且开始出现一些相互协商的迹象。

在英·甘地第二次执政期间，印度政府提出了旨在排除地区外大国干涉南亚国家事务的"英迪拉主义"❶，力图将印度在南亚的支配性地位公开化与合法化。

---

❶ 又称"印度主义"，即印度不允许其他外部大国干涉南亚地区事务，如果南亚其他国家需要援助，只能由印度提供。

至此，印度在第一阶段采用强势政策取得对南亚的绝对优势后，开始了旨在谋求合法支配地位的协商与强势并重的第二轮攻势。

在河水问题的纠纷上，印度虽然做出协商的姿态，但是不肯做出较大让步，使得印、孟关系在河水问题上踯躅不前。对斯里兰卡，尽管在英·甘地第一次执政期间双方协商解决了无国籍印度移民问题，但后来英·甘地政府将斯里兰卡南部被逐泰米尔人送到斯里兰卡北部贾夫纳，并默许斯里兰卡武装分子在印度秘密设立训练营。这些举动引起斯里兰卡政府强烈不满，1983年斯里兰卡总统朱尼尔斯·理查德·贾亚瓦德那（Junius Richard Jayewardene）公开谴责印度支持恐怖分子。两国关系因泰米尔人问题陷入僵局。

尽管从英·甘地、拉·甘地时期印度的南亚政策出现了缓和迹象，但是总体来说仍是以强势为主。印度南亚政策的重大调整发生在冷战结束之后。

二、冷战后印度开始主动改善与南亚邻国的关系

随着苏联解体冷战结束，印度迅速调整了外交政策，经历了拉奥政府、戴夫·高达政府、联合阵线政府、印度人民党政府、国大党联合政府几届更迭，其中在联合阵线政府期间，其南亚政策发生了根本变化，此后总体保持了连续性，并且明显不同于冷战时期。

冷战结束，印度原有的外交战略失去依托，俄罗斯一改冷战时期对印度给予政治支持和大量经济援助的做法，迅速亲向美国。印俄关系大为疏远，印度在美、苏之间平衡局面不复存在，不结盟外交的战略意义下降。在这种形势下，印度必须迅速调整外交政策。

拉奥政府外交政策的一个重要特征是提出外交为经济服务，其总体目标是全面改善大国关系。根据这一政策，印度积极调整了对美外交政策，重建印俄关系，与"独联体国家"建立关系，还调整了对华政策，不再把解决边界问题作为中印关系正常化的前提。同时，印度还积极寻找新的外交战略支撑点，着力构建新身份，如积极推进东向政策、申请成为联合国常任理事国等。

基于这些因素的变化，印度对南亚政策也做出相应调整。印度开始主动改善与南亚邻国的关系，积极解决存在问题，以确保在主导南亚事务的同时树立良好形象。

印巴开始就一些问题进行磋商，双方高层会晤大为增加，就锡亚琴冰川安全、互换核设施清单、禁止化学武器等问题多次协商并达成协议。

在拉·甘地时期全面下滑的尼印关系也大大缓和，1991年拉奥政府与尼泊

尔政府签订贸易和过境协定，两国领导人互访，关系得到前所未有的改善。两国关系总结为"有起有落，但总体稳定"。印度与孟加拉国的关系有所恢复，印度和斯里兰卡关系也开始解冻，印度拉奥政府于 1990 年宣布不再干涉斯里兰卡内政并从斯里兰卡完全撤回维和部队，并明令禁止泰米尔猛虎组织利用印度南部领土从事针对斯里兰卡的反政府活动。1992 年斯里兰卡总统访问印度，印斯在经济、教育领域积极互动，双边经贸往来迅速增加。

总体来说，在拉奥政府时期，由于"外交为经济服务"思想的提出，印度开始倾向于积极改善与南亚邻国的关系。但因为冷战期间印度的强势姿态与各个邻国产生了或深或浅的芥蒂，并且其睦邻政策并没有上升到国家政策的高度，而只是表现在解决双边问题的具体措施上，因而这一阶段实质上是其政策发生质变前的量变积累阶段。

同时，这一阶段印度周边政策中较为重要的一个方面是，1992 年提出了"东向政策"，旨在大力发展与东南亚国家在政治、经济、安全等方面的合作，以争取更大的外交战略空间。这一政策的提出是以印度在南亚地区的外交目标基本实现作为前提的，意味着印度地区视野的扩大和未来外交重点的转移，也是印度走向亚太的关键一步。

在印度南亚政策发展史上，"古吉拉尔主义"占有重要的地位。"古吉拉尔主义"提出印度将主动改善与各邻国的关系，真正以平等友好的姿态对待南亚邻国，成为印度南亚政策乃至其周边政策进入新阶段的一个标志。

一直以来，印度的南亚政策中虽然不时会出现与邻国关系缓和的举措，但大多是暂时性的，往往都是因外在局势需要或是利益交换而采取的权宜之计，而真正从政策高度提出睦邻友好却始于"古吉拉尔主义"，即主张印度外交政策要适应国际形势的变化发展，提出在对待南亚邻国时采取睦邻政策，通过增进相互理解、适当让步来改善印度与邻国的关系，以平等的姿态对待南亚邻国，主张重新审视南亚区域合作联盟的意义，增进联盟组织成员的关系。

此后印度人民党上台，相对于国大党，印度人民党的外交思路总体上倾向于追求大国地位和奉行实力至上的原则。在外交政策上，印度人民党政府推行经济外交和大国外交，着重加强同美国的关系，印度也没有放弃与俄罗斯的地缘战略盟友关系。

瓦杰帕伊政府的南亚政策沿袭了"古吉拉尔主义"，以更加灵活务实的态度处理印巴关系。但是印巴关系仍龃龉不断，印巴关系几度紧张，又几度和解。

对南亚邻国的政策进行根本调整的背后，是印度周边外交关注点的转移。正是由于印度自身实力的增强，以及国家利益的拓展，导致了南亚政策的根本性变化，正所谓改善促变。这一阶段印度与东盟的经贸关系不断加强，同时，政治安全合作也日益加深。印度的外向型经济对东盟有着一定的吸引力，因此印度也成为东盟防止经济过于依赖中国的一个选项。出于双方需要，印度与东盟关系开始加速推进，双方的军事、安全合作更是日趋紧密。印度与马来西亚建立了防务合作委员会、与新加坡举行了首次联合军演、与越南签署一项防务合作协议。

曼莫汉·辛格政府的对外政策相较于人民党政府而言没有出现突然性转折，基本上保持了平稳延续，但是也做出了一些重要调整。

在外交思想上，虽然明确了要同美国保持密切关系，加深同俄罗斯的关系，但是更加强调世界的多极化格局和奉行独立的外交政策。对人民党政府时期明显偏向美国的政策有所调整，不再用"天然盟友"之类的词汇，而是将其定位为"战略伙伴"，在理论上表示出对"不结盟"的重申。

在外交政策上，除了秉承上届政府的大国优先政策和经济外交之外，最为显著的特征是重点着眼南亚的"大周边"外交战略，这一战略中包括运用"古吉拉尔主义"积极改善与"小周边"南亚邻国及中国的关系，进而构建稳定的周边安全、经贸环境；通过进一步发展与东盟、东亚的关系来谋求安全环境、快速发展经济、增强国力；通过积极发展与中亚、西亚等亚洲周边国家的关系进一步确保印度的能源安全环境；通过与亚太地区国家的积极合作来增加经济活力、引进先进技术与装备等；通过与欧盟、非洲、拉美和发展中国家的交往来广泛发展经贸友好合作、提升国家地位等。从印度辛格时期的外交政策中可以看到，能源外交、军购外交、反恐外交、入常外交等用语，在"大周边"外交战略中不同方向的外交有着各自的侧重点，同时也会出现一些重叠交汇。

经过十多年对南亚强势—协调—合作各种方法交替运用，印度对其"小周边"外交环境的战略谋划基本达到既定目标，为了进一步实现其大国目标，印度开始将目光放在亚洲甚至更远，因此不能将自身囿于南亚的纷扰、特别是印巴争端之中，只能尽快解决，以保证"大周边"外交战略的顺利实施。

"古吉拉尔主义"实施以来，在南亚邻国中关系尚未完全改善的就是印巴关系，因此辛格政府将改善印巴关系置于首先考虑的位置，国大党主席索尼亚·甘地和辛格都明确表示要改善与巴基斯坦的关系。两国于2004年就核信任安全措施会谈达成重要成果，并且两国外长于伊斯兰堡南盟部长理事会期间进行会谈，两国还就锡亚琴冰川问题进行磋商，并就克什米尔问题进行了一系列良性互动，2005年两国以板球推动印巴峰会，克什米尔问题也历史性地进入了和平进程，这些都表达出印度在改善两国关系上具有的诚意。2010年4月两国还就情报互换和水资源分配等问题进行了一些具有实质性意义的会谈。❶

对南亚"小邻国",印度除了"平等友好"之外,更以积极行动增进良性互动。印度在加强与南亚邻国关系的同时希望将"游戏"的对象扩大到东南亚、中亚、中东,以及印度洋沿岸国家。

在东向政策中,印度实施进度最为顺利、条件也最为成熟的就是与东盟关系的发展。在与南亚邻国的关系得到大力改善之后,印度这一阶段加快了发展与东盟国家以及东亚国家关系的步伐。这既是印度发展"大周边"的第一步,也是最稳健的一步,这也和东盟对印度的需要密切相关。印度需要东盟来提升自身地位、快速发展经济、与中国在各方面竞争;而东盟则需要印度制衡中国在东南亚的影响力,以阻止东南亚国家对中国的过度依赖,因此双方一拍即合,印度与东盟关系进入加速时期。

2001年,文莱第七届东盟峰会决定允许印度成为单独与东盟举行峰会的国家。2002年,印度与东盟在金边举行首次领导人会议,确立了双方的年度峰会机制,形成了继中日韩之后的第四个"10+1"合作机制。2003年,印度总理瓦杰帕伊出访东盟国家并受邀出席东盟峰会,双方签署了三方面的重要协议,一是双方开展全面经贸合作的框架协议;二是印度加入《东南亚友好合作协议》;三是共同发表东盟与印度合作打击国际恐怖主义联合宣言,并且双方开始就自由贸易区问题展开谈判。2004年,曼莫汉·辛格上台伊始就出席万象第三届印度—东盟峰会,双方签署了具有里程碑意义的《和平、进步与共同繁荣伙伴关系协定》。至2008年,印度与东盟双边贸易额达到400亿美元,并且同年在第41届东盟经济部长会议上双方签订了自由贸易协议;2010年,印度与东盟的自由贸易协议正式启动,双方均下调相关关税。

印度以经济、安全、反恐等合作为契机,进而更加深入地参与东亚乃至亚洲事务。辛格还提出建立亚洲经济共同体的概念,提议这个共同体应包括印度、东盟、中国、日本、韩国。印度越来越深入地参与东亚乃至亚洲事务。

由此可以看出,辛格政府的南亚政策是:印度既要继续改善与南亚各国尤其是巴基斯坦的关系,同南亚各国发展紧密的政治、经济联系,又要促进南亚区域合作联盟的发展。但此时南亚已经不再是其周边外交重点,通过几十年经营,印

---

❶ 田宝剑,晏忠华,聂云.印巴关系迎来"转暖"时刻[EB/OL].(2010-04-30)[2013-11-12]. http://news.xinhuanet.com/world/2010-04/30/c_1266683.htm.

度已经成功地实现了立足南亚并走出南亚的外交目标，其"东向政策"步步推进，力求将自身影响力从印度洋辐射到广阔的亚太地区。

印度的南亚政策较为明显的转变有两次，即英·甘地第一次执政时期和"古吉拉尔主义"时期。其中英·甘地时期是由强势转为更加强硬，属于量的提升；而古吉拉尔主义则是由强硬转为温和，是质的变化。但是，无论南亚政策是强势还是温和，印度实现大国地位的根本目标都未改变。在外交哲学中，实力、利益、观念是自变量，而行为是因变量。正是这几项因素的变化影响了印度的南亚政策行为。在冷战期间，南亚政策"理想主义"向"现实主义"的转变，是印度在国家实力不足而着力追求地区优势地位的结果；而冷战后从强势到友好平等的转变则是在优势确立、国内外格局发生深刻变化、原有外交战略失去依托及利益界定有所不同之后进行的调整。因此，可以说，"古吉拉尔主义"带来的这种质变是顺应印度的外交目标调整而产生的变化，同时也是国际新秩序建立过程中建构新的自身形象的一种努力。

印度南亚政策的实现对印度实现大国地位有着深远意义，印度步步为营，不断调整外交政策以尽快实现其既定目标。南亚目标的基本实现推动了印度加快外交重点转移、着眼于更广阔地缘利益以及深入参与亚太乃至国际事务的步伐。

第二节　印度在"一带一路"建设中的角色
与中印合作空间

在中国高层引领作用的带动下，"一带一路"倡议的内涵、目标、任务等内容逐渐得以充实和丰满，丝路基金、亚洲基础设施投资银行等政策措施陆续出台，与沿线国家的项目建设积极跟进，收获了一系列早期成果。中央还专门成立了高规格的"一带一路"建设工作领导小组，并于 2015 年 3 月底的博鳌亚洲论坛上发布了《共建"一带一路"的愿景与行动》文件。全面推进"一带一路"成为 2015 年中国外交的重点❶，2016 年继续以推进"一带一路"建设为主线。❷ 因

---

❶　中华人民共和国外交部.王毅谈 2015 年中国外交：重点是全面推进"一带一路"，主线是做好和平与发展两篇大文章［EB/OL］.（2015-12-31）［2016-03-11］. http://www. fmprc. gov. cn/web/ziliao_674904/zt_674979/dnzt_674981/qtzt/ydyl_675049/zyxw_675051/t1243587.shtml.

❷　中华人民共和国外交部.王毅：2016 年中国外交将全力为国内建设服务［EB/OL］.（2015-12-30）［2016-06-11］. http://www. fmprc. gov. cn/web/wjbzhd/t1323786.shtml.

此，在未来一个时期，推进"一带一路"将在中国外交布局中占据极为重要的地位。

发展"一带一路"，南亚是重要的合作区域。中国政府高度重视印度作为南亚和印度洋地区最为重要国家的地位和其在"一带一路"建设中的重要作用。"双方可以就'一带一路'、亚洲基础设施投资银行等合作倡议以及莫迪总理提出的'向东行动'政策加强沟通，找准利益契合点，实现对接，探讨互利共赢的合作模式，促进共同发展。"❶ 但从印度近年来对"一带一路"的态度可以发现，尽管印度是亚洲基础设施投资银行的创始国，但对"一带一路"倡议还存在很大的怀疑、误解甚至抵触，至今未对中方的倡议做出正面回应。在 2014 年 9 月习近平主席访问印度期间，莫迪认同将自身经济发展战略同中方的"一带一路"深入对接，将中国优势和印度的发展需求紧密结合，承诺将积极研究推进孟中印缅经济走廊。但是在双方的联合公报中，却并没有写入"一带一路"。那么，应该如何理解印度对"一带一路"的担忧？从印度的视角看是否有可能在"一带一路"建设中扮演积极角色，并助益其在邻国外交和地区融合上发挥更大作用呢？应如何在有限的战略互信基础上拓展双方的合作空间呢？这些问题都是当前需要重点关注和研究的。

一、印度在"一带一路"中扮演的角色

印度的担忧主要源于大国意识和地缘战略竞争思维，因此得出的结论也是相对消极负面的。那么，跳出现实主义框架，是否存在印度可从中获益的积极方面呢？本节从印度的视角，考察近年来中国推进"一带一路"对印度的现实和潜在影响，进而分析印度在"一带一路"中可扮演的角色。

第一，促进"一带一路"倡议与"周边优先"战略的良性互动。作为南亚地区大国，印度外交布局的首要是周边，也就是南亚和印度洋国家。为此，印度提出"周边优先"战略，致力于发展与南亚和印度洋国家紧密而特殊的友好合作关系，确保印度作为地区大国的传统影响力，并以此为根基在国际社会发挥大国作用。印度实施"周边优先"战略的基础主要来自与南亚和印度洋国家的历史和传统联系，以及印度对这些国家政治经济体制的影响力。然而，这种"特殊关系"也是一把双刃剑，既给印度保持地区影响力提供了支持，但同时也使印度常常忽

---

❶ 中华人民共和国外交部．习近平会见印度总理莫迪［EB/OL］．（2016-01-20）［2016-07-18］．http：//www.fmprc.gov.cn/web/gjhdq_676201/gj_676203/yz_676205/1206_677220/xgxw_677226/t1263918.shtml.

略这些国家的需求，导致作为弱势一方的周边小国长期处于心理失衡的状态，对印度的政策颇有微词，矛盾和摩擦也随之而来。加之随着中国、美国、日本等国加强与南亚和印度洋国家的关系，这些国家的对外选择变得更多，外交回旋余地更大，在与印度的关系上也显得不那么"特殊"了。中国提出"一带一路"倡议，大力发展与南亚和印度洋国家的政经合作，使原来就对中国信任不足的印度更加担忧，担心其传统的地区影响力被削弱。但从另一个角度来看，中国发展与南亚国家的"一带一路"合作之后，印度也紧锣密鼓地加强了与周边国家的多领域多层次互动与合作。比如，中国积极开展与"一带一路"沿线国家斯里兰卡、马尔代夫等的合作之后，印度也加强了与他们的联系，从客观上来说增强了印度与其周边国家的黏合度，推动了地区合作和共同发展。另外，对于孟中印缅经济走廊的建设，印度一直以来不够积极，但在"一带一路"的合作氛围和各国的积极参与下，印度也逐渐认识到建设经济走廊事实上为印度发展更为紧密的邻国关系以及更加有效地推行"周边优先"战略创造了多边合作平台。从这个意义上来说，"一带一路"倡议给印度带来了危机意识，但同时也是动力。印度可在"一带一路"与"周边优先"战略的良性互动中获益，并发挥积极作用，而不是扮演破坏地区合作文化和合作进程的角色。

第二，寻找"一带一路"倡议与"季风计划"等倡议的对接。2014 年 5 月，印度人民党夺取全国大选的胜利，组建了以莫迪为总理的新政府。自莫迪执政以来，印度提出了"季风计划""香料之路"等倡议。尽管"季风计划"等倡议是在中国提出"一带一路"倡议之前就已经开始酝酿，但从近期印度政府将之提上政府议事日程，作为国家战略推进的力度可见，这些倡议确实承载了反制"一带一路"的功能。"季风计划"原本是个文化项目，莫迪上台后将其扩展为经济、外交战略，主要指以环印度洋区域深远的印度文化影响力，以及环印度洋国家和地区间悠久的贸易往来史为依托，以印度为主力，推进环印度洋地区各国加强合作，共同开发海洋资源，促进经贸往来等。❶ 从文化项目拓展为经济外交战略，表明莫迪政府打造以印度为主导的地区合作新理念和新平台的雄心抱负。如果从战略竞争的角度来看，"一带一路"与"季风计划"是相互制约的，但从战略合作的角度来看，两者并非没有相互融合的可能。决定两个倡议相互对接的重要因素是中印两国的政治选择，积极寻求两个地区合作理念和平台的利益契合点，在项目规划和落实上加强沟通与协调，优化资源配置，将助益中印两国及其地区整

---

❶ 林民旺 . 印度对"一带一路"的认知及中国的政策选择［J］. 世界经济与政治，2015（5）.

体的发展。从这个意义上来说，印度可通过转变思路，在"一带一路"与"季风计划"之间寻求协调与合作，发挥印度的大国作用。

第三，推进海上基础设施建设与合作。众所周知，印度是印度洋上的传统海洋强国，但在海洋基础设施、近海资源开发、深海采矿等领域的发展相对滞后。"一带一路"中建设"21世纪海上丝绸之路"的主要内容就是发展海上互联互通，加强海上基础设施建设和相互联通，促进海洋经济一体化，并为海上安全提供硬件保障。显然，要实现这一目标，仅靠中国一家很难实现，离不开印度洋关键大国印度的参与。"一带一路"倡议的提出为印度发展海洋基础设施提供了难得的机遇，也为中印开展海上合作、共同维护印度洋海上安全创造了平台。另外，从中国与南亚和印度洋国家加强海上合作的角度来看，印度也应改变现有的政策，重视建设海上基础设施，与中国一道在打击海盗、减灾等领域加强非传统安全领域的海上合作。因此，在海上合作，尤其是海上基础设施领域，中印的共同利益很多，印度应从合作潜力大的领域入手，在"一带一路"合作中加强与中国的协调与合作。

二、中印合作空间与重点领域

从上述分析可以发现，尽管中印之间开展"一带一路"合作仍存在很多变数，但印度在其中扮演合作者的角色并非不可能。只要双方能在准确定位、相互理解和坦诚沟通的基础上寻求合作，中印合作空间还是很大的。为消除印度对"一带一路"倡议的担忧和顾虑，促成印度在"一带一路"倡议中发挥积极作用，中印双方可在以下几个方面重点努力，实现互利共赢。

首先，在明确定位的前提下，升级现有平台，加强多层次的战略沟通。因此，增进战略互信，加强沟通，仍是开展"一带一路"合作的前提和基础。为促进战略沟通，中印可利用和升级现有平台，在宏观和中微观多个层面开展对话与互动。目前，中印经济对话是两国宏观经济沟通的重要平台，发展至今，效果良好。但该机制存在一些问题，如该机制是部长级对话机制，由中国的发改委和印度的计划委员会分别牵头，每年举行一次，但层级不够，导致效率偏低。为促进"一带一路"倡议与印度国内宏观经济规划和"季风计划"等倡议的战略对接，必须提升层次级别，扩大参与部门。可借鉴中美经济对话机制的做法。我们知道，中美经济对话是中美现有20多个磋商机制中级别最高的一个，对话每年两次，为两国增进互信和促进合作提供了独特平台。中印经济对话应在加强宏观经济对接的同时，扩大"一带一路"参与部门的沟通。

其次，开展海上基础设施建设、海洋资源开发、环境保护、救灾等重点领域的海上合作。在海上合作机制方面，中印两国早就建立海上事务对话达成了意见一致，但至今对话机制的建设进展不大。为更好地开展海上基础设施、海洋经济、海上非传统安全等功能领域的合作，建立起海上事务对话机制仍是首要。在对话机制的保障下，开展外交、海洋、环境、防务等多个部门之间的合作才更加有效。另外，为合作提供融资支持也是非常必要的。中印两国可成立"一带一路"框架下的海上合作专项基金，在亚洲基础设施投资银行等机构的共同支持下，推动海上基础设施建设；在海洋资源开发、环境保护、救灾等重点功能领域，中印面临共同的威胁和挑战，需要加强相互沟通、信息共享、联合研究和能力建设。

同时，优先发展基础设施领域的产能合作，推动在亚洲基础设施投资银行等机构中的融资合作。2015年5月，印度总理莫迪访华期间，其中的一个重头戏就是中印产能合作。双方签署了价值220亿美元的26项商业合作协议，加上在北京签署的24项政府间协议，合作领域涵盖了航天、地震合作、海洋科考、智慧城市、网络、金融等各个方面。可见，在产能合作方面，两国的政治意愿非常强烈，合作领域广泛，潜力巨大。中印双方目前的经贸合作发展很快，但相互投资仍相对滞后。产能合作将推动投资、金融板块的合作，一方面中国能将先进、绿色、低碳、竞争力强的优势产能引入印度，合作建设产业园区，将"世界工厂"与"世界办公室"进行优势互补、产能互补，将"中国制造2025"和"印度制造"对接。中印产能合作的重点领域是基础设施和制造业。其中，基础设施是重中之重。目前铁路合作是中印基础设施领域合作的先行者，智慧城市合作也正为两国城市基础设施建设合作带来巨大机遇。在规划和建设大型项目的同时，两国加强在亚洲基础设施投资银行等机构中的融资合作也非常必要。中印产能合作的重心在地方，活力在企业。❶因此，为有效推进"一带一路"框架下的产能合作，应调动地方政府的积极性，激发企业的活力。

目前，中国正在倡导和推进"一带一路"建设，加大国际产能合作力度。印度作为中国周边的南亚大国，近年来经济发展很快，正在积极实施"印度制造"，大力吸引外资，促进经济发展。这为双方加强产能合作提供了有利条件。当前应抓住有利时机，积极采取措施，大力推进中印产能合作，以促进互利共赢、共同

---

❶ 中华人民共和国驻印度共和国大使馆. 乐玉成大使在中印产能合作研讨会上的讲话［EB/OL］.（2016-02-28）［2016-09-20］. http://www.fmprc.gov.cn/ce/cein/chn/sgxw/t1272225.htm.

发展。

（一）中印加强产能合作的意义

国际产能合作与国际产业转移是紧密联系在一起的，而产业转移又与国际投资紧密联系在一起。由于世界各国经济发展战略不同，经济发展水平和层次差异悬殊，产业结构各异，使得国际间的产能合作、产业转移频繁发生。印度从 20 世纪 90 年代开始大力吸引外资，同样推动了经济快速崛起。

中印作为相互毗邻的正在崛起的发展中大国，尽管经贸合作越来越多，但相互投资较少，产能合作有限。从贸易上来看，21 世纪以来中印双边贸易持续稳定增长，贸易额从 2000 年的 29 亿美元快速增长到 2015 年的 716.2 亿美元，15 年间增长了 23 倍多。目前，印度已成为中国在南亚地区的第一大贸易合作伙伴，中国也成为印度的第一大贸易合作伙伴。同时，中印贸易发展日益不平衡，印度对华贸易逆差 21 世纪初为 10 亿美元，2015 年达 448.57 亿美元。但是相互投资却很少，2014 年中国对印度直接投资流量为 3.17 亿美元。截至 2014 年年末，中国对印度的直接投资存量为 34.07 亿美元。❶ 不利于双方充分发挥比较优势，实现优势互补，促进共同发展。在"一带一路"建设背景下，双方如果加强产能合作，对彼此的经济发展都有重要的意义，主要体现在以下几个方面。

1. 共同迎接经济全球化挑战和缓解经济下行压力

加快经济发展、改善民生是各国的共同需求。中印作为世界最大的发展中国家，更需要加强合作，促进共同发展。近年来，随着世界经济全球化、区域经济一体化不断推进，使得全球贸易投资自由化进一步发展，各类自由贸易区不断涌现，世界各国经济相互依存度大大提高。同时，2008 年世界金融危机爆发以来，各国经济发展深受影响，世界经济增长的不确定大大增加。在世界经济全球化加速推进和当前世界经济复苏缓慢的背景下，中印两国加强产能合作，有利于共同应对全球化的挑战，更好地获取经济全球化的利益，促进经济共同发展，缓解经济下行压力，并为亚洲经济发展及世界经济的复苏做出更大贡献。

2. 推动双方产业发展和转型升级

加快产业发展、推动产业不断升级是一个国家和地区促进经济增长的重要途径，只是处于不同阶段的国家或地区产业发展路径和产业升级的层次不一样。中

---

❶　中国商务部. 对外投资合作国别（地区）指南：印度（2015 版）[EB/OL]. [2016–08–16]. http：//fec. mofcom. gov. cn/article/gbdqzn/upload/yindu. pdf.

国经过多年的发展，经济实力显著增强，不但进入工业化后期阶段●，需要加快转型升级，而且资金实力大增，正从过去单纯的吸引外资大国向吸引外资大国和对外投资大国转变。尽管近年来印度经济增长速度加快，推动了印度经济的崛起，但与中国相比还有较大差距。不仅发展阶段比中国落后，而且从产业上来看，中国已是世界制造业大国，而印度制造业落后，正在广泛吸引资金、技术推进"印度制造"。所以，对于印度来说，中国是工业化先行国家，而印度是后发国家。在经济"新常态"下，中国需要改变传统的经济发展方式，加强动力转换，调整存量，优化增量，促进经济结构由中低端迈向中高端。而印度仍然需要追赶先行国家，扩大增量，促进产业发展，带动经济从中低速向中高速增长。中印这种产业发展态势蕴藏着产能合作的巨大机遇。中国可以利用印度的庞大需求加快产业转移，扩大发展空间，加快产业转型升级，而印度可以利用中国的优势装备、技术、资金、人才及产业配套能力等释放产业发展潜力，增加产品有效供给，满足其迫切的市场需求，从而为其经济发展提供新的增长动力。可见，处于不同发展阶段的中印两国加强产能合作不但可以创造新的需求，释放经济发展潜力，而且可以推动双方产业发展，促进产业结构升级，形成新的产业发展格局。

3. 改善贸易不平衡，促进经济深度融合

国际经济合作一般都是由近及远、由浅入深、由易到难、由点到面的合作。产能合作是比贸易合作、人文交流更高层次的合作。中印互为邻国，近年来合作规模不断扩大、合作领域不断拓宽、合作方式日益多元化，但合作层次较低，除贸易合作、人文交流外，产能合作、投资合作、金融合作等高层次的合作仍然较少，影响了双方经济发展。特别是在贸易规模扩大后伴随的贸易不平衡日益成为扩大中印经贸合作的一个障碍的情况下，中印两国更需要加强产能合作。

导致中印贸易不平衡的原因是多方面的，其中一个重要原因是双方的产业发展层次和发展水平不一样。中国的制造业比印度实力强、技术先进，又有低成本的优势，使得中国对印度出口的主要商品是技术含量及附加值较高的工业制成品，而印度向中国出口的主要产品是原材料或附加值较低的初级产品。2014年，印度对中国出口的主要产品有棉花、矿产品、有机化学品、矿物燃料等。其中，棉花为28.0亿美元、矿物燃料为15.0亿美元，分别占印度对中国出口总额的21.0%和11.3%，二者合计占33.3%。而印度从中国进口的商品主要有机电产品、

● 关于中国经济所处的阶段有不同划分，但多数认为已处于中后期或后期阶段。例如，2013年5月8日原中国社会科学院副院长李扬研究员在社会科学院做《中国经济发展的新阶段》专题报告时指出，中国第二产业已趋饱和，传统工业化已经进入尾声，需要展开新型工业化。

机械设备、有机化学品、肥料、钢材、塑料制品，这六大类商品的进口金额达387.0 亿美元，占印度从中国进口总额的 66.4%。❶这使得中国对印度的贸易顺差日益扩大，而印度当前又十分迫切需要改变这种状况。2015 年 6 月在昆明举行的"中国—印度经贸旅游合作论坛"上，时任印度外交国务部长辛格还称，中印贸易不平衡不符合印度和中国的长期利益，希望两国政府采取措施努力来解决这一问题。但按现在两国的经济发展状况，要想在短时间内改变十分困难。比较好的办法是印度扩大开放，积极引进中国的资金、技术，深化两国产能合作，提高印度产能和国际竞争力。

而且，加强产能合作还有利于双方经济更加融合，促进互利共赢。所谓经济融合就是相互扩大开放，打破制约区域经济发展的各种壁垒，充分发挥各自比较优势，加大培育各方产业主体和支柱产业，推进经济一体化运行，促进区域经济协调发展，加强双方产业对接，实现优势互补，促进经济融合发展，共同提高国际竞争力。

4. 促进中印关系改善

中印两国关系的正常发展有利于地区乃至世界的和平与稳定。推动中印双边关系改善的内容众多，其中经济关系是一个重要方面。而国际产能合作是互利共赢的合作，有利于改善双边关系。中印两国加强产能合作不但对中国有利，而且对印度也有利。对于印度来说，一是可以弥补经济发展资金的不足。印度是目前亚洲国家中财政赤字占 GDP 比重最高的国家之一。其主要原因是印度一直以来实行中央与地方财政分立的制度，中央政府税收收入有限。❷这就导致印度中央政府资金缺乏，发展经济没有足够的资金，不得不发公债弥补财政赤字。与中国加强产能合作，可以吸引更多中国资金，弥补印度中央政府进行基础设施建设等方面发展资金的不足。二是可以扩大经济规模，促进经济发展。中印两国在产能方面各有优势，中国的制造业强大，在全球处于领先的位置，同时制造业劳动成本、技术水平、生产率、管理经验等也有着许多国家不可比拟的优势。而印度是"世界办公室"，在 IT、服务业以及医药等产业方面具有相对优势。两国加强产能合作，可以取长补短，实现优势互补，推动经济更加融合。而且，可以帮助印度发展产业，扩大积极规模，增加产品供给，更好满足国内市场需求。三是可

---

❶ 2014 年印度与中国的双边贸易额为 716.0 亿美元［EB/OL］.（2015-05-05）［2016-09-15］. http：//www. askci. com/news/2015/05/05/93420gq78.shtml.

❷ 中国商务部. 对外投资合作国别（地区）指南：印度（2015 版）［EB/OL］.［2016-08-16］. http：//fec. mofcom. gov. cn/article/gbdqzn/upload/yindu. pdf.

以培植新的产业，增强经济竞争力。目前，中国产业体系比较完整，钢铁、水泥、平板玻璃、电解铝等产业在世界上形成了比较先进的优势产能，产品符合国际标准和规范。而印度正在大力推进工业化和城镇化，基础设施需要完善升级，制造业需要加快发展步伐，但印度商品生产能力有限，需要大量产能。为此，印度正在发展各类工业园区，打造"工业经济走廊"，并提供706亿卢比的专项拨款在全国范围内打造100座"智能城市"。❶中印加强产能合作，不仅可以推动中国优势产业向印度转移，提升印度产业实力，而且可以培植许多新产业，进一步增强印度经济竞争力。四是可以更好地培养产业发展人才。目前，印度正在推进"印度制造"，计划到2022年将制造业占经济的比重从目前的16%提升到25%。❷为此，莫迪政府不仅出台了许多优惠政策支持"印度制造"。但要实现"印度制造"的目标，需要大量产业人才。而印度产业人才缺乏，中国产业人才队伍强大。中印加强产能合作，必然要推动印度培养、吸引更多产业人才。五是改善基础设施建设。落后的基础设施已成为阻碍印度发展的一个重要因素。莫迪政府正在加快基础设施建设，准备修缮5.4万千米的高速公路，计划在2020年前投资1370亿美元新建2.5万千米铁路。2015年2月28日，印度财政部部长公布了印度总理莫迪上任以来的首份财政预算案，宣布将斥资113亿美元投资兴建公路、铁路、港口、卫生设施等基建项目。与此同时，还将设立国家基础设施基金、发行免税基建债券、推进公私合营模式（PPP模式）、吸引民间资本投资公共港口等。但面对1万亿美元的基础设施建设资金仍然有巨大的缺口，需要引进外资。早在2010年印度就与美国合作，共同出资建立了100亿美元的基础设施债务基金。与日本合作建设了首都新德里地铁（建设资金2/3由日本国际协力机构贷款提供），正与日本建设新德里—孟买工业走廊。中印加强产能合作也将进一步改善其落后的基础设施，刺激印度经济增长。另外，中印加强产能合作还可以深化经贸合作，扩大人文交流，促进双向开放。可见，推进产能合作，不但可以相互优化配置资源，实现互利共赢和共同发展，而且有利于消除双方的不信任感，推动友好关系不断向前发展。

5. 促进优势互补，互利共赢

互利共赢、共同发展是构建中印新型战略合作伙伴关系的基础。尽管目前中

---

❶ 莫迪打出印度改革组合拳：制造业兴国、加强基础设施建设［EB/OL］.（2014-09-27）［2015-07-18］. http://news.163.com/14/0927/16/A75MOPQL00014SEH.html.

❷ 发改委：中印两国相互投资还处于较低水平［EB/OL］.（2013-02-28）［2015-11-13］. http://www.chinanews.com/cj/2013/02-28/4603035.shtml.

国经济还未进入刘易斯拐点❶，工业化、城镇化也未结束，改革开放的红利还在继续释放，但总体已进入"新常态"。在经济"新常态"下，中国需要更加积极地参与全球新一轮国际分工，大力推进国际产能合作，构建更高层次的开放型经济新体制，为中国经济发展争取更大空间。中印作为世界人口最多、经济快速发展的两大新兴经济体，尽管双方仍存在着边界争议、贸易逆差等问题，但双方有许多共同利益。一方面双方同为发展中国家，经济互补性强，可以相互合作和学习借鉴彼此的发展经验；另一方面双方作密切合作与加强协调，可以共同维护发展中国家利益，促进经济共同发展，共同抵御全球经济下滑带来的风险。在产能方面，中国有良好的基础设施、庞大的优势产能及其配套能力，需要高度重视海外机遇。❷尽管印度制造业相对不发达，但有相对廉价的劳动力资源、广阔的市场。目前，印度的年龄中位数是 27 岁，年轻人口和廉价劳动力多，官方语言又为英语，教育国际化程度较高，积累了较多的产业人才。中印相互扩大投资，加强产能合作，不但有利于将中国的优势与印度的需求结合，释放经济发展潜力，支撑双方经济增长，而且还有利于彼此更好地融入全球分工，促进贸易平衡，提升战略互信。对于印度来说，还可以带动就业，提高居民收入，改善民生。对于中国来说，不但可以就近利用生产要素，降低企业的劳动力、土地、原材料等成本，优化资源配置，扩大经济规模，而且可以更加准确地了解印度市场行情，生产印度需要的产品，减少生产的盲目性。

（二）中国对外直接投资与中印产能合作现状

1. 中国对外投资情况

中国自 1978 年改革开放后，在吸引外资的同时逐步开始"走出去"投资。20 世纪 90 年代以来，中国对外投资快速增加。2014 年中国对外直接投资额达 1231.2 亿美元，比上年增长 14.2%，成为世界第三大对外投资国。20 世纪 90 年代末中国对外直接投资存量为 200 多亿美元，2005 年上升到 572 亿美元，2014 年达 8826.4 亿美元，占全球外国直接投资流出存量的份额由 2002 年的 0.4% 提升至 3.4%，在全球排名居第八位。❸2015 年尽管中国经济增速下降，但对外投

---

❶ 袁霓.对中国经济发展阶段的探讨——从刘易斯曲线、人口红利、库兹涅茨曲线角度出发［J］.技术经济与管理研究，2012（9）.

❷ 林毅夫.经济新常态下企业应重视海外机遇［J］.中国总会计师，2014（9）.

❸ 2014 年中国对外直接投资全球第三［EB/OL］.（2015–09–18）［2016–07–26］. http：//www.gov.cn/xinwen/2015–09/18/content_2934261.htm.

资仍然创新高。在"一带一路"国家投资中，交通运输、电力、通信等优势产业的投资达 116.6 亿美元。到 2015 年年末，中国对外直接投资存量超过万亿美元。在国际产能合作方面，成绩十分明显。2015 年 5 月国务院发布了《中国制造 2025》和《关于推进国际产能和装备合作的指导意见》，积极支持发展高端装备制造业和大力支持中国企业"走出去"到国外投资。一些产能合作项目相继签署或启动，例如，与巴西商定了 49 个合作项目（其中 7 个为优先合作项目），提出"中非工业化合作计划"，在东南亚、南亚、中亚、中东、中东欧等地推动建立了若干工业园区。截至 2015 年 12 月，中国企业正在推进的合作区达 75 个，其中一半以上是与产能合作密切相关的加工制造类园区❶。高铁、核电等高端装备制造业"走出去"也实现历史性突破，高端产能合作加快。签署了印度尼西亚铁路项目，巴基斯坦卡拉奇核电项目二号机组开工，与阿根廷、法国等相关公司签署建设核电站合同。由于 2015 年中国推进国际产能迈出新步伐，被称为中国国际产能合作"元年"。

2. 中印产能合作现状

随着中印双方经济的快速发展，合作领域越来越多，合作规模越来越大。近年来，双方产能合作领域不断拓宽，中国对印度的投资出现快速增长的势头，但从总体上来看，目前中国对印度的投资规模仍然较小，未来有巨大的拓展空间。

从双方贸易来看，近年来中印贸易增长迅速。根据中国海关统计，2000 年中印双边贸易额为 29 亿美元，2004 年达 70 亿美元，2008 年增至 380 亿美元，2013 年达 654.71 亿美元。据 2014 年 3 月 2 日印度《金融快报》网站报道，中国成为印度头号贸易伙伴❷，其次是美国和阿联酋。近年来，虽然中印贸易受世界金融危机影响，但总体仍然保持增长。2014 年双边贸易额上升至 706.05 亿美元，比上年增长 7.84%。其中，中国向印度出口 542.26 亿美元，同比增长 11.94%；中国自印度进口 163.79 亿美元，同比下降 3.81%。❸2014 年中国是印度第一大商品进口来源地，在其出口贸易伙伴中居第四位，仅次于美国、阿联酋。2015 年中印贸易额达 716.2 亿美元，比上年增长 1.4%。其中，中国向印度出口 582.40 亿美元，比上年增长 7.4%；中国自印度进口 133.83 亿美元，比上年下降

❶ 2015 年末中国对外直接投资首超万亿美元大关 [EB/OL].（2016-01-18）[2016-12-12]. http：//news. china. com/domesticgd/10000159/20160118/21185052.html.

❷ 中国成为印度头号贸易伙伴 [EB/OL].（2014-03-04）[2016-06-13]. http：//news. xinhuanet. com/world/2014-03/04/c_126217414.htm.

❸ 2014 年 1—12 月我国对亚洲国家（地区）贸易统计 [EB/OL].（2015-01-30）[2015-08-26]. http：//yzs. mofcom. gov. cn/article/g/date/201501/20150100884111.shtml.

18.35%。❶中国对印度的贸易顺差为 448.57 亿美元，增长 18.52%。

从经济技术合作来看，中国与印度开展的经济技术合作越来越多，印度已成为中国最重要的海外工程承包市场之一。到目前为止，中国已有 500 多家企业在印度有经营项目，其中涉及金额最大的是电力、电信、路桥、轨道交通、机场、港口等基础设施项目。

从相互投资与产能合作来看，中国对印度的直接投资和产能合作自 2000 年以来快速增长。两国在电力、交通、信息、医药等领域的合作发展势头良好。但中国对印度直接投资明显偏少，产能合作规模有限。据印度政府公布的数据，2000 年 4 月至 2014 年 9 月，中国内地累计对印投资 4.48 亿美元，占印度利用外资总量的 0.19%，在所有国家和地区中排名第 28 位。据中方统计资料，到 2013 年年底，中国对印度直接投资的存量仅为 24.5 亿美元，主要投资于家电、手机、电信、机械、冶金等行业。中国对印度投资的主要企业有华为、中兴通讯、海尔、三一重工、北汽福田、特变电工、华锐风电、万达集团、中材国际、山东电力等。同时，印度也不断增加对中国投资，例如，中国辅仁药业集团与印度熙德隆制药公司共同投资 3 亿美元，在郑州建立亚洲最大的抗肿瘤和抗艾滋病药品研发、生产基地。合资公司建成以后，预计其年销售额可达 100 亿元人民币以上，成为河南省乃至全国重要的抗肿瘤和抗艾滋病药品生产企业。❷但总体来看，印度对中国的投资不多。即使是印度最强的 IT 产业，自 2000 年不断进入中国后，也没有形成大规模的对华投资。但从发展趋势来看，随着中印关系不断改善、经济快速发展、产业互补性强、开放力度加大，产能合作潜力巨大，前景可期，相互投资会越来越多。中国将继续坚持"与邻为善、以邻为伴"和"睦邻、安邻、富邻"的周边外交方针，积极践行"亲诚惠容"的周边外交理念，进一步加强与印度的产能合作，全面推进中印更加紧密的发展伙伴关系不断向前发展。

3. 印度希望与中国加强产能合作

2014 年 8 月，上台执政不久的印度总理纳兰德拉·莫迪就提出将印度打造成为世界制造中心的"印度制造"计划，并于 9 月启动了该计划。其目标是将制造业占经济的比重从目前的 15% 提高到 25%，并每年创造 1200 万个就业岗位，努力将印度发展为全球制造业大国和出口大国。2016 年 2 月印度专门在孟买举

---

❶ 中国商务部 .2015 年印度与中国的双边贸易额为 716.0 亿美元［EB/OL］.（2016-01-29）［2016-07-18］. http：//images. mofcom. gov. cn/yzs/201601/20160129160304637.pdf.

❷ 印度熙德隆制药与辅仁药业合资成立肿瘤药生产基地［EB/OL］.（2014-02-12）［2015-06-18］. http：//www. indiancn. com/zy/enterprise/24487.html.

行了印度制造业博览会。在开幕式上，莫迪总理再次承诺积极改善商业环境，吸引全球制造商到印度投资设厂。可以说，"印度制造"已成为当前印度的一个核心政策。同时，莫迪总理多次表示希望中国扩大对印投资，还提出向中国学习。

中国提出"一带一路"倡议后，成立了亚洲基础设施投资银行，设立了丝路基金，印度作为"一带一路"沿线重要国家，已成为亚洲基础设施投资银行和金砖国家开发银行的重要成员。而且，印度正与中国共同推进孟中印缅经济走廊建设。2014年7月，莫迪总理到巴西参加第6次金砖国家领导人峰会期间，与习近平主席会谈时表示，希望有更多的中国投资进入印度。2014年9月习近平主席访印期间，双方签署了12项经贸投资合作协议，涉及产业园区、铁路建设等多个领域。中国决定在未来5年向印度工业、基础设施领域投资200亿美元。同时，印度政府在北京、上海、广州、青岛、重庆、沈阳等地举行了"印度制造进行时"系列活动，以吸引中国企业前往印度投资基础设施和制造业。中国企业对于印度的经济转型和制造业发展非常重要，是印度推进制造业发展最重要的伙伴之一。两国在基础设施建设、旅游、制造业等领域有很好的合作机会，应该共同把握市场机遇。❶2015年2月，印度政府还召集相关部门讨论了如何吸引中国投资。5月，莫迪访问中国，双方发表的《中印联合声明》指出，"两国领导人对当前两国相互投资的积极势头感到满意"，中国企业将积极响应"印度制造"倡议。同时，双方同意开展包括印度金奈—班加罗尔—迈索尔路段提速、德里—那加普尔高速铁路可行性研究等。❷另外，中印企业还签署了20多项合作协议，总金额高达220亿美元，涉及能源、贸易、金融与工业园区等领域。莫迪总理在"中国—印度经贸论坛"上表示，印度已经并将进一步调整政策、改善环境，让中国企业家"便利、舒适"地在印度开展商务活动。❸中印双方深入推进在基建、铁路、经济走廊、智能城市等方面的交流与合作。❹目前，中国正在印度古吉拉特邦和马哈拉施特拉邦建立两个工业园区，并积极推进多项基础设施项目。

---

❶ 印度高调在华吸引中国企业投资［EB/OL］.（2014-09-25）［2015-05-13］. http：//news. xinhuanet. com/fortune/2014-09/25/c_1112631543.htm.

❷ 中华人民共和国和印度共和国联合声明［EB/OL］.（2015-05-15）［2015-12-12］. http：//news. xinhuanet. com/2015-05/15/c_1115301080.htm.

❸ 中印企业签署220亿美元合作协议［EB/OL］.（2015-05-16）［2015-12-18］. http：//news. xinhua net. com/2015-05/16/c_127808757.htm.

❹ 中国—印度经贸旅游合作论坛在昆明举行［EB/OL］.（2015-06-12）［2015-11-23］. http：//www. km. gov. cn/xxgkml/zwdt/708019.shtml.

(三)加快推进中印产能合作的对策建议

虽然中印相互扩大产能合作是大势所趋,但仍然需要长期努力,特别是需要双方政府部门、商会、企业等积极协调配合,才能取得更大进展。

1.建立产能合作机制和产能合作基金

尽管目前中印之间已搭建了一些合作平台,但产能合作平台缺乏。目前,可积极推进成立中印投资峰会,或者在中国—南亚博览会期间举办中印投资峰会,以促进产业、投资等政策的有效对接,从而加大产能合作力度。与此同时,要推动中印职能部门及省邦之间、城市之间、产业园区之间建立对话协调机制,及时研究、部署、协调和落实双方高层确定的工作任务,并制定具体的鼓励相互投资合作、产能合作的规划及重大政策,使之转变为具体的行动,以加快双方产能合作步伐。另外,产能合作需要资金支持。目前,中国与哈萨克斯坦、拉美、非洲等都设立了产能合作基金。中印要加快推进产能合作也需要设立类似基金。

2.促进贸易投资便利化

尽管目前推进中印产能合作的积极因素较多,但也存在不少障碍。当前最重要的是要打破交通、贸易、投资壁垒,促进贸易投资便利化,大幅度改善投资环境。一是通过建立自贸区推进便利化。中印自由贸易区的建设已经研究多年,但一直没有建立起来,需要双方加快谈判协商,尽快建立自贸区,以方便产能合作。二是加快互联互通建设。双方要把以交通为重点的互联互通放到突出位置,加快公路、铁路、航空、港口等建设步伐,降低企业运输成本。目前,中印推进互联互通项目很多,但陆路交通十分重要。其中,孟中印缅经济走廊、中印公路(又称史迪威公路)、中国—尼泊尔—印度公路等要加快推进。同时,印度国内要加强基础设施建设,尽快摆脱国内交通比较乱、交通堵塞严重的状况,提高公路、铁路、航空、港口的运载能力,降低其运输成本。三是改善投资环境。促进产能合作需要进一步改善双方的投资环境,特别是印度目前的投资环境较差,需要进一步改善。如目前印度的土地主要掌握在高种姓的地区统治者手中,要其出让也比较困难。这使得印度的征地成本一直居高不下,并成为影响其基础设施建设、工业化、城市化的一个重要问题。又如劳工政策,印度《劳动法案》规定,雇员超过 100 人的企业要裁员需要报政府批准。❶ 而印度是民主国家,政府官员选举要争取选票,所以政府一般不会批准企业裁员,以免其引起工人反对。如果

---

❶ 中国商务部.对外投资合作国别(地区)指南——印度(2015年版)[EB/OL].[2016-08-16]. http://fec.mofcom.gov.cn/article/gbdqzn/upload/yindu.pdf.

企业将雇员控制在 100 人以内，又影响企业规模扩大和做大做强。四是加强利益沟通和协调，加快生产要素自由流动，营造公平开放的合作环境。由于地理、历史、制度等原因，印度一直没有形成一个统一开放的市场，各个经济板块之间联系困难。例如税收，印度中央政府权力较小，主要集中在各邦手中，且各邦税收自成体系。货物在各邦运输需要接受各邦相关人员盘查和收税，这不但使得货物重复征税、运输成本上升，而且降低了要素流通速度。因此，加快推进贸易投资便利化不仅有利于促进印度经济增长，而且还有利于推进中印两国产能合作。

3. 确立优先合作领域

中印加强产能合作是一项系统性、长期性工程，需要根据形势变化，扬长避短，不断调整双方投资行为。中国经过多年发展，在制造业方面拥有很多优势产业，钢铁、水泥、汽车等 220 多种工业品产量居世界首位，其中，机床产量、造船完工量和发电设备量分别占世界的 38%、41% 和 60%。而且这些产能技术先进，属于绿色、低碳的优势产能，有很强国际竞争力。这为中国优质产能"走出去"创造了良好条件。而印度是"世界办公室"，在许多服务业领域有优势。如果中印加强产能合作，不但可以推动"中国制造 2025"和"印度制造"战略对接、相互契合 ❶，而且能够实现优势互补、共同发展。目前，双方要加强研究，优选合作地区、合作领域，选准切入点，从易到难，由点到面，不断拓宽合作领域，以务实推进合作，发挥示范带动效应。在地区方面，要优先选择投资环境相对较好、社会安全形势比较稳定、产业配套比较齐全、运输相对便利、资源相对丰富的地区，然后发挥其辐射带动作用，逐步扩展业务。在项目方面，要加强对印度的研究，明确投资定位，优先选择情况熟悉、符合印度市场需求、特色明显、优势突出的项目。

4. 深化金融领域的合作

产能合作需要金融提供支持。目前，中印建立了"财金对话"等机制，在对方建立了银行分支机构，正在务实推进金融领域的合作。但总体上，金融领域的合作规模小、领域窄，下一步需要进一步加强在金融领域合作，以便为双方开展产能合作的企业提供更好的金融服务。一是鼓励双方互设更多金融分支机构，加快推动卢比与人民币之间的直接结算，这不但可以更好地避免因为国际汇率大幅度波动带来的成本不易控制问题，而且可以提高中印产能合作和贸易结算效率不

---

❶ 中国外交部. 中印产能合作面临"天时、地利、人和"良机［EB/OL］.（2015-06-11）［2016-12-08］. http://news.hexun.com/2015-06-11/176667725.html.

高的问题，从而建立高效、快捷的贸易投资结算体系，促进中印贸易投资便利化。二是扩大货币互换规模。要加紧研究和签订双边货币结算协议，深入推进双边本币结算，减少交易成本和降低汇率波动风险。三是不断推动金融业的相互开放，促进金融要素相互自由流动。逐步开放两国的金融市场，两国资本可以相互在两国的金融市场上投资，不人为设限。四是进一步推进中印央行及金融机构间的交流合作。推进双方央行的政策协调，加强金融市场基础设施建设、信息交换机制、金融稳定等方面的合作。加强资金、技术和人才，以及股票、债券市场合作。强化对资金流动的实时监测，促进资本安全有序流动，防范金融风险。五是搭建信息流平台。建立金融信息共享系统、区域支付结算平台、区域票据交换中心、区域外汇交易市场、区域信用卡管理中心等，降低企业交易成本，提升中印金融业整体水平。六是充分利用金砖国家开发银行、亚洲基础设施投资银行、丝路基金等推动产能合作。

5. 提高政治互信水平

互信是扩大产能合作的基础。由于历史、领土等原因，中印两国互信水平仍然不高，一些国家、一些人仍然希望把印度作为平衡中国的一股力量，这对中印推进产能合作是不利的。由于中印两国在许多方面都持相近或者相同的观点，共同利益远远大于分歧。两国开展产能合作，不但实现优势互补，共同发展，而且可以避免许多矛盾和分歧。今后，双方要把发展友好关系作为重要任务，进一步增加政界、学术界、企业界等各层次交往，建立更多友好合作机制，增强双边关系的稳定性。同时，双方要着眼大局，包容互鉴、搁置争议、管控分歧，加强对投资企业利益的维护，不设立针对对方的保护性壁垒，防止将投资行为上升为政治、安全行为。要积极搭建国家间、省邦间、城市间、企业间的产能平台，帮助双方企业更好的"走出去"。对于中国企业来说，在走向印度的过程中，要注意自身行为，自觉遵守印度的法律法规，认真执行其劳工政策和环保标准，加强劳务管理，注意生态环境保护，努力提高产品质量，促进企业与印度经济融合发展，以树立良好品牌和国家形象，防止意外风险发生。

6. 积极应对各种投资风险

首先，中印两国在产能合作过程中，需要坚持友好合作、相互尊重、平等相待、互利共赢、共同发展的原则，以促进双方产能合作长期持续健康开展。一是要重视合资合作经营。由于目前中国许多企业不了解印度市场，推进产能合作的一个好方式是与印度企业实行合资合作经营，以充分利用其影响和关系办理事情，以减少麻烦，集中精力发展生产。二是要遵守法律法规。企业要树立文明经商理念，严格内部管理，遵守印度法律法规和风俗习惯，提高自身形象，不成为一些别有用心的人的攻击对象。三是要积极协商解决各种矛盾和纠纷。中国企业投资印度，难免会出现这样或那样的问题，但出现矛盾与纠纷后要加强与各方协商，以妥善解决问题。增强防范意识。目前，印度不稳定不确定的风险因素仍然较多，一些地区治安状况不好，有的地区还存在恐怖主义，这需要投资企业加强安全防范方面的教育，增加必要的安全投入，提高人身和财产安全防护水平。四是要制定应急机制。加强对印度投资风险的评估，建立风险预警机制，积极预防、跟踪、监控和化解各类风险。

其次，探索"2+X"的非正式多边协调与合作模式。印度对中国加强与南亚和印度洋国家的关系存在疑虑。减少疑虑和担忧的最好办法不是阻止中国发展正常的国家间关系（而且印度也做不到），而是要一方面加强沟通协调，减少误判；另一方面通过多边合作，找到共同的利益契合点，实现共同发展，惠及多国。虽然中印之间建立了一些双边对话机制，但明显缺乏与南亚国家的多边对话机制。中国是南亚国家联盟的观察员国，但参与度很低。短期之内中国在该组织中难以发挥重要的作用，因此，中印应探索建立"2+X"的非正式多边协调与合作模式。之所以说是非正式合作，是因为当前还没有建立制度化程度高、具有约束力合作机制的条件和意愿，在这种情况下，就某个功能领域或特定议题，双方与南亚国家建立起松散的、非正式的磋商机制，将有助于各方共识的达成和合作进程的推进。例如，印度对于中国和斯里兰卡、孟加拉国、马尔代夫等南亚国家参与"一带一路"建设不放心，而中国与这些国家的合作往往离不开印度因素的作用。因此，为了消除印度的误解和担忧，稳步推进"一带一路"在南亚和印度洋地区的建设，必须将关键的利益攸关方纳入一个磋商机制中，照顾各方的利益和舒适度。事实上，类似的多边机制在南亚地区有所存在。印度主导建立了印度、马尔代夫、斯里兰卡三边合作；中国外交部部长王毅也曾在访问尼泊尔时，提出中方愿适时探讨中、尼、印三方合作的可能性。❶ 中国国内有学者提出了中尼建设"喜马拉雅通道"，应将印度也纳入三方磋商中来的建议。2015 年 3 月，习近平主席在会见斯里兰卡总统西里塞纳时，也曾提议中方与斯、马举行三方会谈。可见，中国政府明确了印度在南亚的重要地位，并积极敦促印度在"一带一路"合作中发挥独特作用。

---

❶ 中华人民共和国外交部 . 王毅：希望中国、尼泊尔、印度三方关系良性循环［EB/OL］.（2014-12-26）［2016-03-01］. http：//www. fmprc. gov. cn/web/gjhdq_676201/gj_676203/yz_676205/1206_676812/xgxw_676818/t1223276.shtml.

最后，扩大文化交流，加强人员互联互通。"一带一路"倡议的主要内容包括政策沟通、设施联通、贸易畅通、资金融通和民心相通。这说明"一带一路"倡议既要建设"硬"的实体项目，也要发展"软"的人文社会交流，加强人员互联互通是其重要组成部分。中印是两大历史悠久的文明大国，也是邻国，但在人文社会层面，两国的民众交流严重不足，相互之间缺少沟通和了解。究其原因，主要源于历史纷争导致文明自信的两国民众在相互认知上倾向负面，再加上媒体的舆论导向也起到了不利于两国关系的作用。为了中印关系的正常健康发展，促进双方在"一带一路"合作中实现互利共赢，共同塑造亚洲新秩序，需要在政府和社会层面引起重视，加强人文社会领域的交流与合作。中印应加大对文化载体国际化的培育力度，使得更多的文化载体在两国民众之间搭起对话的桥梁，比如电影、电视节目、文化遗产、旅游产品等，都能对增信释疑起到积极作用。另外，青年交流、高校联合培养、智库网络建设等合作形式也将为两国年青一代的相互认知和学习提供机会，进而对两国关系的发展未来产生积极影响。

第三节 中巴经济走廊建设背景下的产能合作

中国与巴基斯坦是友好邻邦，正在推进经济走廊建设。产能合作是中巴经济走廊建设的重要内容，加快推进产能合作不但符合双方的需求，助推经济共同发展，而且可以充实中巴伙伴关系内容，提升双方对外开放程度与国际化水平，打造命运共同体。目前，中巴产能合作虽然面临一些问题和挑战，但也面临着许多机遇。为此，双方要共同努力深入推进产能合作，加快推进中巴经济走廊建设，促进共同发展。

中巴经济走廊是"一带一路"建设的重要组成部分，也是"一带一路"建设的示范性工程。随着中国经济的快速增长和经济实力的增强，中国对外投资能力和投资规模大幅提升。尽管目前中巴关系良好，已建立全天候全方位的伙伴关系，为中巴经济走廊建设奠定了良好基础，但巴基斯坦经济相对落后，资金短缺，基础设施和产业发展亟待增强，制约了双方经济合作规模的扩大。在中巴经济走廊建设的背景下，中国加大对巴基斯坦投资，加快推进产能合作，一方面可以推动我国优势产能向巴基斯坦转移；另一方面可以帮助巴基斯坦发展基础设施和制造业，从而激发中巴之间的经济合作潜力，扭转当前中巴关系中存在的"政热经冷"局面。

一、加快中巴产能合作的意义

2013 年 9 月和 10 月，习近平主席提出"一带一路"倡议，而中巴经济走廊从中国的新疆喀什经红其拉甫口岸到巴基斯坦瓜达尔港，是"一带一路"倡议推进的六大经济走廊之一。建设中巴经济走廊是 2013 年 5 月李克强总理出访巴基斯坦时提出的。2013 年 7 月，巴基斯坦总理谢里夫访问中国，双方同意尽快启动中巴经济走廊远景规划相关工作。2015 年 4 月，习近平主席访问巴基斯坦，提出以交通基础设施建设、能源合作、产业园区合作、瓜达尔港建设为重点，大力推进中巴经济走廊建设。为此，双方签署了 51 项合作协议和备忘录，其中超过 30 项涉及中巴经济走廊建设。

为了加快推进中巴经济走廊建设，两国设立了"中巴经济走廊远景规划联合合作委员会"（以下简称联委会），共同制定中巴经济走廊建设远景规划、确定项目、负责组织实施。到 2015 年已召开了 5 次会议，达成了许多共识，其项目包括早期收获项目和中长期项目。

产能合作是中巴经济走廊建设的重要内容，可以实现互利双赢。国际产能合作实际上是国际投资研究的一个重要内容。国内外学者已对国际投资进行了广泛研究。1960 年美国学者海默提出垄断优势理论，开创了国际投资理论研究的先河。1976 年英国学者巴克利和卡森提出内部化理论，解释了跨国公司对外投资的动因。1977 年英国经济学家约翰·邓宁提出了国际生产折中理论，全面阐述了国际投资的动因和条件。随着中国开放步伐加快、经济实力增强和对外投资增加，国内外学者对中国的对外投资也进行了大量研究。

巴基斯坦是南亚大国，国土面积约 79.6 万平方千米（不包括巴控克什米尔地区），人口近 2 亿人。推进中巴经济走廊带建设，加快双方产能合作，对于改善连接中巴的交通运输条件、促进沿线资源开发和经济发展、加强边疆稳定和民族团结、改善巴基斯坦投资环境等具有十分重要的意义。具体来讲有以下几个方面：一是有利于充实和发展倡议伙伴关系。经济基础决定上层建筑，过去中巴政治关系密切，但经贸合作有限，使得政治关系进一步发展受到一定程度的限制。而产能合作是经济合作的重要内容，加快产能合作，不但可以丰富合作内容，而且可以促进中国和巴基斯坦全天候倡议合作伙伴关系不断向前发展。二是有利于适应经济全球化趋势。经济全球化使得各国加快了开放步伐，目前中国与巴基斯坦都在加快开放、促进经济发展、改善民生。而推进中国和巴基斯坦经济走廊建设，加强产能合作，不但可以加快巴基斯坦基础设施建设，降低物流成本，而且可以使双方加快开放合作步伐，更好地融入国际经济体系，分享全球化利益。三是有利于改善贸易发展不平衡的状况。目前中国和巴基斯坦贸易发展不平衡，巴基斯坦逆差不断增加，这对中国和巴基斯坦深化经贸合作不利。建设中巴经济走廊，加强产能合作，不但可以继续扩大双方的贸易额，而且能够提升中巴投资水平，推动中国和巴基斯坦贸易平衡发展。四是可以实现优势互补，促进共同发展。共同利益是推动合作的重要前提，由于产业转移可以使双方获得比较利益，无论是发达国家还是新兴工业化国家都把对外直接投资作为提升产业结构的重要途径。❶目前，中国已建立了庞大的工业体系，对外投资能力显著提高。而巴基斯坦经济相对落后，产业发展不齐全。中国扩大对巴基斯坦投资，加强产能合作，有利于实现优势互补，扩大共同利益，促进共同发展。五是推进区域经济合作。在世界经济全球化、一体化加快发展的时代，各国之间的合作会导致利益外溢，对其他国家和地区经济产生影响。巴基斯坦是"一带一路"沿线重要国家，地理位置重要。推进中巴经济走廊建设，加快产能合作，可以把中国、南亚、中亚、西亚等市场紧密连接在一起，既可以提升巴基斯坦的地位，促进巴基斯坦经济社会发展，也能助推区域经济合作，带动地区经济发展。六是共同解决能源不安全问题。目前，中巴能源资源不足，需要依赖国际市场，由此给两国能源安全带来许多问题。推进中巴经济走廊建设，加强能源合作，不仅可以促进两国能源进口多元化，而且可以推动巴基斯坦能源开发，使巴基斯坦在能源运输与开发中获得广泛利益。七是有利于发挥示范效应。中巴经济走廊被视为"一带一路"的先行先试工程。建设好中巴经济走廊，加快产能合作，不但可以给两国人民带来实际的利益，展示中国良好形象，而且可以助推中国和巴基斯坦"命运共同体"的构建，从而为"一带一路"建设创造良好的示范效应，激励更多国家参与"一带一路"建设。

二、中巴产能合作现状

产能合作对拉动经济增长、增加就业岗位、促进贸易投资、实现互利共赢具有重要意义。中国与巴基斯坦开展经贸合作的历史较长。在20世纪六七十年代，中国就和巴基斯坦签订了贸易协定，援建了巴基斯坦重型机械厂、中巴喀喇昆仑公路等项目。1982年两国成立了经济、贸易和科技合作联合委员会。但相互投资少，贸易发展也较慢。21世纪以来，中国和巴基斯坦经贸合作领域日益拓展，

---

❶ 黄君宝，赵鹤琴，毕世宏.从战略高度认识和深化与巴基斯坦的全面合作［J］.亚太经济，2008（2）.

中国企业在巴基斯坦开展的投资活动越来越多。

除贸易规模从 2000 年的 11.62 亿美元上升到 2015 年的 189.3 亿美元外，相互投资合作规模也在不断扩大。在农业方面，中国袁隆平农业高科技股份有限公司与巴基斯坦嘎德公司自 1999 年起就在信德省、俾路支省和旁遮普省推广杂交水稻种植，到 2008 年时巴基斯坦杂交水稻种植面积达 30 万公顷。❶ 同时，双方还建立合资公司进行新品种研发，而另外一些企业也在巴基斯坦设立了农机、化肥、食品加工及包装等工厂。

在工业方面，2000 年中冶成立山达克资源开发公司。2003 年中冶集团与巴基斯坦矿业开发公司在北京签订了《巴基斯坦俾路支省杜达铅锌矿项目开发协议》，中国神华集团有限公司与巴基斯坦政府签订了合作开发巴基斯坦塔尔露天煤田和建设火力发电站的协议。2007 年中国振华石油控股有限公司获得巴斯卡和东巴哈瓦普尔两个区块的 100% 石油天然气开采权。2014 年 5 月 6 日，由中国电建承建的卡西姆港燃煤电站在巴基斯坦卡拉奇举行了奠基仪式。2015 年 7 月，中国华能集团山东如意公司承建的旁遮普省萨希瓦尔燃煤电站项目（2×66 万千瓦）开工。2016 年 1 月，中国三峡集团承建的卡洛特水电站（72 万千瓦）开工建设。2016 年 8 月，中国电力国际有限公司和巴基斯坦胡布电力公司共同投资的卡拉奇胡布燃煤电站（2×66 万千瓦）开工建设。由中国机械设备工程股份有限公司等承建的塔尔煤电一体化项目，包括塔尔煤矿二期 650 万吨煤矿开采及 4×33 万千瓦发电站，已签署融资协议。中国葛洲坝集团则在推进苏克拉瑞水电站（87 万千瓦）、吉姆普尔风电项目（50 万千瓦）等建设。国家电网等企业则参与了巴输变电项目。另外，中国水电顾问集团国际工程有限公司承建的大沃 5 万千瓦风电项目、中国特变电工新疆新能源承建的旁遮普省真纳太阳能园区 10 万千瓦太阳能光伏电站项目、东方联合能源集团承建的信德省吉姆普尔 10 万千瓦风电项目（一期）、中国电建承建的萨恰尔 5 万千瓦风电项目等也相继开工建设。

在服务业方面，中兴、华为、中国工商银行、国家开发银行等企业都在巴基斯坦进行了投资。1998 年中兴通讯获得了巴基斯坦数字程控交换机项目，价值 9500 万美元。2000 年 4 月，中兴通讯在巴基斯坦伊斯兰堡设立的工厂建成投产。2004 年中兴通讯建设了第一张覆盖巴基斯坦全国的 NGN 网络。2006 年 11 月，中国国家开发银行和巴基斯坦财政部各自出资 1 亿美元设立了中巴联合投资

---

❶ 孟祥麟. 中巴关系：农业合作成亮点［N］. 人民日报，2008-07-13.

公司，为两国投资合作项目提供资金支持。

目前，中国对巴基斯坦投资十分广泛，已涉及通信、电力、资源开发、轻纺、机械等行业。据中国驻巴基斯坦经参处资料，截至 2015 年 6 月，中国在巴基斯坦投资的企业有 65 家，其中通信类企业 6 家，工程建设类企业 8 家，水电开发类企业 10 家，资源开采类企业 9 家，机械制造类企业 5 家。到 2015 年年底，中国企业在巴基斯坦累计签订的承包工程合同额达 454.48 亿美元，营业额达 330.79 亿美元；中国对巴基斯坦非金融类直接投资存量达 39.47 亿美元，巴基斯坦累计对华直接投资项目 510 个，金额为 1.11 亿美元；中国在巴基斯坦各类劳务人员 9515 人。已经完成的项目有中巴友谊中心（上海建工）、曼格拉大坝（中水对外）等，在建的项目有尼勒姆·杰勒姆水电站（葛洲坝集团）、喀喇昆仑公路升级改造（中国路桥）、伊斯兰堡新机场航站楼（中建）、古杜联合循环电站（哈电）、真纳水电站（东方电气）、南迪普联合循环电站（东方电气）、M-4 高速公路项目（中水对外）等。这有力地促进了巴基斯坦经济发展，增进了双方的友谊。随着中巴经济走廊的实施，中国企业将会进一步加大对巴基斯坦的投资。

三、中国和巴基斯坦加强产能合作面临的机遇

目前，中国和巴基斯坦加强产能合作面临许多困难和挑战，包括巴基斯坦基础设施和产业基础薄弱、政治局势和安全形势复杂、营商环境较差、经济增长不确定性、域内域外大国影响较大，以及中国企业自身实力有限，面临与其他国际公司激烈竞争等，但也面临许多合作机遇。从总体来看是机遇大于挑战。

（一）政治经济关系良好

中国和巴基斯坦两国政治关系一直稳定发展。在彼此核心利益问题上一贯相互支持，政治互信不断增强。在良好政治关系推动下，两国经济联系更加紧密，人文交流不断增加。巴基斯坦是南亚第一个承认我国完全市场经济地位的国家、第一个与我国签署自由贸易协定的国家、第一个与我国建立境外经贸合作区的国家。2013 年 7 月，巴基斯坦总理谢里夫访华表示，将把经济走廊置于优先地位。2014 年 2 月，巴基斯坦总统侯赛因就职后访问的第一个国家是中国。在其访华期间，中国和巴基斯坦签署了一系列协议推进走廊建设。2014 年 11 月，巴基斯坦总理谢里夫访华，与中国签署了 19 项合作协议和备忘录。2015 年 4 月，习近平主席访问巴基斯坦，双方又签署了 50 多项合作文件，其中 30 多项涉及中巴经济走廊，这将中国和巴基斯坦关系提升到一个新的高度。同时，巴基斯坦政府多

次表示将为在巴基斯坦工作的中国人提供安全保障。由于中国和巴基斯坦两国关系友好，当地居民特别欢迎中国企业到巴基斯坦投资，以促进就业、推动经济发展。这为中国和巴基斯坦加强产能合作奠定了良好基础。

（二）加强产能合作的愿望强烈

近年来，巴基斯坦为发展经济，努力与各国特别是伊斯兰国家和第三世界国家发展友好合作关系，广泛吸引外资。巴基斯坦不但与美国、中国、俄罗斯及中亚、中东等国家签订各种贸易、投资协定，而且积极参与南盟、上合组织等区域合作组织。在工业发展方面，巴基斯坦政府将工业视为经济增长的引擎，不断加快自由化、私有化进程，鼓励私人投资和引进外资。特别鼓励外资到出口加工区、经济特区进行投资，其中，电力、信息技术、纺织业、食品加工业、工程机械等产业都是巴基斯坦优先发展的领域。自中国和巴基斯坦经济走廊建设提出后，巴基斯坦政府非常重视，十分希望在经济走廊框架下加快产能合作，促进经济增长。

（三）投资环境不断改善

近年来，巴基斯坦为发展经济，不断改善投资环境，以吸引外资。一是重视区域合作，积极推进自贸区建设。巴基斯坦是世界贸易组织、南盟、伊斯兰发展中八国集团成员之一，积极推进双边、多边、区域经贸合作，加快与中亚、中东等国家和地区的互联互通建设，努力推进南盟自由贸易区等建设，发展与阿富汗、塔吉克斯坦、吉尔吉斯斯坦、哈萨克斯坦跨境贸易，促进地区经济一体化。与中国、马来西亚、斯里兰卡、伊朗、毛里求斯、印度尼西亚、阿富汗等国家签署了自由贸易协定或优惠贸易协定或过境贸易协定，与中国开展自贸协定第二阶段谈判，与泰国、韩国、土耳其等国商谈建设自贸区，以促进贸易投资便利化。二是投资环境相对宽松。巴基斯坦法律体系比较完善，颁布了《公司法》《贸易组织法》《海关法》等法律法规，政府鼓励利用外资，对外商投资予以保护，企业、社会及民众也普遍接受和欢迎外来投资，这使得巴基斯坦几乎对所有经济领域均向外资开放，并允许外资拥有 100% 的股权，与巴基斯坦本国企业享有同等的待遇。在巴基斯坦设立的企业和在巴基斯坦居住的外国人可开设外汇账户，并允许外国投资者将全部资本、资本所得、红利和利润汇回国内。外国投资者在进口设备等方面也有优惠待遇。在向巴基斯坦中央银行备案后还可借入国外私人贷款，以引进在巴基斯坦项目所需的设备。外资举办的制造业企业也可向当地借入流动资金。另外，对拥有土地的上限也没有限制。三是积极改善基础设施。巴基斯坦近年不断改善道路、电力等基础设施，努力提高铁路、公路、水路的服务效率和水平，以降低外资企业营商成本。四是建设工业园区、出口加工区等特殊经济特区。巴基斯坦一直重视经济特区建设，并为每个特区提供便利基础设施和优惠政策。自中巴经济走廊提出后，巴基斯坦政府在瓜达尔港、卡拉奇、拉合尔和白沙瓦新设四个经济特区，并成立了工作组，专门负责经济走廊框架下的工业园区和特殊经济区设立与管理工作。对进入特区企业提供"一站式"快捷服务，优先保障特区的电力、天然气等能源供应，提供土地租赁补贴，在特区内的企业十年内不缴税，其进口生产装备也给予免关税待遇。在出口加工区中的企业如果80%的产品出口，仅需缴纳1%的税收。企业可以选择 BOT 或 BOO 方式在特区内设厂。五是允许各省进一步制定相关投资政策。例如，拥有较多工业园区及出口加工区的旁遮普省和信德省就专门制定了地方优惠政策。六是提供安全保障。针对人们担心的安全问题，巴基斯坦多次表示将加大反恐力度，打击各种极端主义，为外资提供安全保障。2015 年 4 月，巴基斯坦宣布组建一支约一万人的"特种部队"，为参与中国和巴基斯坦经济走廊建设的中方人员和企业提供安全保障。

（四）经济互补性明显

中国与巴基斯坦经济有明显互补性。中国已成为世界第二大经济体，是世界工厂，有 200 多种工业产品居世界第一，对外投资实力增强，对外投资规模不断扩大。2015 年中国对外非金融类直接投资达 1180.2 亿美元，2015 年年末对外直接投资存量超过万亿美元。其中对"一带一路"国家投资额达 148.2 亿美元，增长 18.2%。而巴基斯坦还处于工业化初期，需要加快基础设施建设和产业发展，且青壮年劳动力资源丰富，价格低廉。与欧美发达国家相比，双方开展产能合作性价比高，符合巴基斯坦的需要和承接能力。这为两国在中国和巴基斯坦经济走廊框架下进行产能合作提供了机遇，也有利于实现互利共赢、联动发展。

（五）融资渠道日益丰富

尽管巴基斯坦经济相对落后，资金短缺，但中国已逐步建立了多渠道的投融资体系。一是有多家中国银行提供项目融资。中国工商银行已在巴基斯坦设立了分支机构，国家开发银行、中国进出口银行等也表示将为中资企业对巴基斯坦投资提供更多融资服务。二是巴基斯坦政府及企业积极筹集资金。2016—2017 年巴基斯坦预算提出将提供 1.675 万亿卢比发展资金，其中交通领域支出 2600 亿卢比（公路 1900 亿卢比，铁路 410 亿卢比），电力领域支出 4100 亿卢比。另外，巴基斯坦金融机构也可提供一定支持。三是国际机构不断提供资金支持。2015—2016 年巴基斯坦获得国外援助 62.3 亿美元，包括国际复兴开发银行（IBRD）、美洲开发银行（IBD）、国际开发协会（IDA）等的援助。中国发起建立的亚洲基础设施投资银行和丝路基金也可以提供融资服务。

四、加快中国和巴基斯坦产能合作的对策建议

（一）完善产能合作机制

合作机制是双方顺利有效开展产能合作的重要保障。目前，中国和巴基斯坦已建立了多种合作机制，但涉及产能合作方面的机制还有限。今后中国政府和巴基斯坦政府部门要加强合作，建立更多的投资合作机制，深入推进产能合作。一是加强顶层设计，共同编制产能合作规划。中国和巴基斯坦经济走廊建设是一个宏大的工程，产能合作也是一个长期工程，这需要两国加强对话、沟通、协调，形成更多共识，签署产能合作协议或谅解备忘录，对接双方的政策、市场，合理安排项目，落实相关政策，推动各投资项目有序开展。二是建立重点投资领域的合作机制。中国和巴基斯坦产能合作范围广、规模大、周期长，需要根据实际情况分别建立交通、能源、电力、通信、产业、园区等重点领域的长效合作机制，以促进政策沟通、资金融通、信息畅通，促进投资便利化，保障项目实施。三是完善信息交流机制。信息是企业决定是否投资和投资成败的关键。中国和巴基斯坦企业间的交流不多，信息来源零散，影响了双方的产能合作，这要求双方加快建立信息交流机制，搭建信息平台，促进信息沟通，以减少企业盲目投资的风险。四是完善民间交流机制。国之交在于民相亲，民间交流能增进人民之间的了解和友谊，并为产能合作奠定良好的民意基础。中国和巴基斯坦两国政府关系虽然较好，但民间仍然缺乏深入了解。为此，要进一步完善中国和巴基斯坦民间交流机制，加强两国教育、文化、科技、卫生、媒体、智库、经贸、旅游等领域的交流与合作，以增进相互了解，传承友谊，助推产能合作。

（二）加强安全领域的合作

巴基斯坦安全问题错综复杂，各种恐怖袭击事件频发，使得安全问题一直是影响巴基斯坦投资和经济增长的重要因素。但仅凭巴基斯坦一国之力，难以完成对中巴经济走廊的安全保障。特别是对恐怖主义的打击，巴基斯坦力量有限。这需要双方加强配合，制定协调一致的反恐政策，联合打击各类恐怖主义活动，为

两国产能合作和共同发展提供可靠的安全保障。对于中国在巴基斯坦工程项目，需要双方进一步加强安全合作，共同应对非传统安全威胁。同时，我国要鼓励发展好的安保企业"走出去"，与巴基斯坦安保力量进行密切合作，释放更多的安全资源，共同维护在巴基斯坦的中资企业财产及人员的生命安全和财产安全。

（三）强化基础设施领域的合作

基础设施包括交通、能源、通信、城市建设等各方面，对于促进巴基斯坦经济发展与中国和巴基斯坦产能合作有重要作用。目前，巴基斯坦基础设施落后，每年基础设施瓶颈给巴基斯坦带来的经济损失占GDP的4%~6%，急需改造升级。但巴基斯坦缺乏资金、技术，政府希望通过吸引私人投资和外资来解决问题，而中国在交通、能源、通信等基础设施建设方面有丰富的经验及资金、技术优势。今后我国企业要与巴基斯坦加强基础设施领域的合作，努力改善巴基斯坦投资环境，助推产能合作。

（四）加快建设巴基斯坦中国产业园区

工业园区是一个国家或地区降低基础设施和物流成本、加快装备制造业发展、促进地区经济增长的重要举措。合作建立产业园区，有利于吸引外资、获取更大经济效益和促进共同发展。海尔集团已与巴基斯坦企业在旁遮普省首府拉合尔市建立了"海尔—鲁巴经济区"。这是中国商务部批准建设的首个"中国境外经济贸易合作区"，也是巴基斯坦政府批准建设的"巴基斯坦中国经济特区"。2013年8月，中国纺织工业联合会与巴基斯坦旁遮普工业资产发展与管理公司签署了关于共同推动"旁遮普省纺织服装特别经济区"的合作备忘录。2014年5月，山东如意集团与巴基斯坦马苏德纺织厂在旁遮普省共同投资建设纺织工业园。另外，瓜达尔港中国和巴基斯坦产业园建设也进入实质性启动阶段。中国和巴基斯坦要抓住中巴经济走廊建设带来的机遇，加强跟踪和研判，坚持政府推动、市场驱动的原则，根据巴基斯坦资源分布、投资规划，合理规划布局一批产能合作园区，将巴基斯坦打造成为制造和出口商品的重要基地，以拓展国际市场，充分发挥示范作用。

（五）拓展产能合作范围

中巴经济走廊产能合作内容广泛，但由于还处于起步阶段，参与的企业还不多，领域还不够宽。今后要进一步发挥市场的作用，让更多企业参与中国和巴基斯坦产能合作，促进产能合作方式多样化，不断拓宽产能合作范围，提升合作效果。当前，应重点拓展金融和电子商务领域的合作。前者是因为中国和巴基斯坦产能合作涉及行业广泛、所需资金规模巨大。后者是因为开展产能合作的信息研判、投资、经营、销售都需要互联网和电子商务。在金融方面，由于金融是现代经济发展的血脉，深化金融合作可有效解决巴基斯坦投资不足的问题，促进中国和巴基斯坦产能合作与经济走廊建设。现在巴基斯坦发展资金短缺，中国工商银行虽然在巴基斯坦卡拉奇、伊斯兰堡、拉合尔设立了三个分支机构，但覆盖范围仍然有限。在中国和巴基斯坦两国已签署一系列产能合作协议的背景下，要使各项目顺利推进，必须加强金融合作。一是签署金融合作框架协议或合作备忘录，支持两国企业加强产能合作。二是扩大双边本币互换规模。2011 年 12 月 23 日，中国人民银行与巴基斯坦央行签署了中国和巴基斯坦双边本币互换协议。三是拓展金融合作空间。一方面，两国要发挥政策性金融优势，积极为两国政府确立的标志性项目提供融资支持。另一方面，成立中巴经济走廊建设专项投资基金，重点支持产能合作项目。同时鼓励有实力的中资银行到巴基斯坦设立更多分支机构，为中国和巴基斯坦产能合作提供全方位的金融服务。在电子商务方面，随着互联网的高速发展和信息化的加快，电子商务作为较先进的商业模式在世界范围内快速发展。但目前巴基斯坦电子商务发展水平低、规模小，严重制约了产能合作。今后要鼓励有实力的电商企业进入巴基斯坦，搭建电子商务平台，为产能合作提供良好信息平台和产品交易平台。

（六）练好内功

企业"走出去"首先要练好内功。一是要转变观念，促进产品及管理和世界接轨，努力提高我国企业的国际竞争力。二是熟悉和了解巴基斯坦与投资相关的法律法规及政策，包括基本国情、经济发展战略、公司法、外国投资法、知识产权保护法、劳工法、社会保障法、消费者权益保护法、税法及外资投资领域、投资形式、控股比例等，以守法开展经营活动和维护企业合法权益。三是加强调研。加强对巴投资项目的调查、分析和评估，包括政治风险、经济风险及相关企业的资信调查和评估、项目可行性分析等。及时了解当地政府网站的信息，多参加当地政府部门、行业协会等举办的讨论会，多方收集投资、竞争企业、雇工、移民、争议解决等方面信息。组织力量研究巴基斯坦法律法规，向熟悉巴基斯坦法律法规及政策的专家咨询，做好风险规避工作。四是充分利用我国支持企业"走出去"的政策，以及各银行、保险、担保机构的相关业务，以争取政策支持和保障企业自身利益。五是建立防范投资风险的体系。一方面，政府部门要建立和完善海外投资管理与服务体系，加强对海外投资的监管，提升服务水平；另一方面，企业要建立专门的风险预警体系，加强对投资项目的风险预测和评估，制定防范风险的预案。一旦风险发生，要及时积极应对，以减少和弥补损失。

第四节　中国与印度在孟加拉国的合作现状及博弈前景

一、孟加拉国的发展现状

作为南亚重要国家，孟加拉国的发展不仅关系到本国人民福祉，也受到周边国家的广泛关注。中印两国崛起既加大了孟加拉国的地缘压力，同时也为孟加拉国实现快速发展提供了难得机遇。根据孟加拉国政府的远景规划，该国计划到2021年达到中等收入国家水平，然而薄弱的发展基础和自然条件的弊端严重制约了孟加拉国的发展进程，使孟加拉国不得不借助于外部国家的发展力量。孟加拉国为寻求发展而产生的战略需求，以及该国特殊的战略地位，为中印两国在孟加拉国的战略布局创造了条件，提供了动力。

（一）孟加拉国的国情及需求

自1971年独立以来，孟加拉国的发展基本保持平稳。虽然由于孟加拉国轮流执政的民族主义党和人民联盟两大政党相互抵制，互不配合，使得很多政策无法执行和落实。然而，不管两大政党哪一方执政，都奉行投资自由化政策，这成为促进孟加拉国经济发展的主要原因。除武器装备、核能、铸币和保护区森林开采外的其他领域，外国投资者均可进入，且手续简便，可享受税收减免、无限制股权比例、非国有化保障、利润汇回本国和国民待遇等诸多优惠政策。在能源供给方面，孟加拉国天然气储量较为丰富，但石油严重依赖进口，难以满足国内的能源需求，尤其是严重依靠天然气发电的电力部门。由于电力供应短缺，国内38%的民众无法用电，只能依靠传统的生物物质和废弃物做饭取暖。此外，孟加拉国的基础设施较为落后，除了电力供应不足外，港口、交通、供水和通信建设也相对滞后，货运处理效率较低，交通秩序混乱，设备故障频发，且孟加拉国的司法体系不健全，腐败严重、执法不力、案件审理效率慢，对国外投资的保护能力弱。这些都在很大程度上制约了孟加拉国经济的发展。

随着中印两国的迅速发展，孟加拉国的地缘重要性进一步显现，加之本国薄弱的经济发展基础，使得地处中印两个发展中大国之间的孟加拉国在承受更大的地缘压力的同时，发展本国经济的愿望也更加强烈。当前，孟加拉国的战略需求主要体现在以下四个方面。

第一，维持大国之间的战略平衡，防止任何大国在孟加拉地区（孟加拉国及孟加拉湾）获得单方面的控制权。

第二，增强在南亚地区的海军实力以应对日益增强的海上威胁，并减弱过度依赖印度防卫力量的不利局面，从而增强本国在该地区的战略地位。

第三，不断提高国内能源供给量，积极发展新能源，增强能源供给渠道的多样化。

第四，改善国内的基础设施及扩大对外贸易，使孟加拉国成为连接东南亚、南亚和中国的贸易中转站。

孟加拉国当前的发展情况及其战略需求，既成为孟加拉国与其他国家开展合作、推进对外关系的基础，同时也为大国在孟加拉国进行战略布局提供了重要机遇和有利空间。

（二）孟加拉国对于中印的合作价值

由于中国和印度的快速发展，一些曾经被忽视的国家和地区开始显现出其重要的价值。印度和中国正紧张地注视着孟加拉国的命运，因为孟加拉国是 21 世纪两个发展中大国之间重新建立历史性贸易路线的关键。❶

对于印度来说，其国土从东、北、西三个方向包围孟加拉国，印度五个邦与孟加拉国接壤，两国边境线长达 2400 千米。为了发展本国经济及强化与印度洋国家的联系，印度近年先后提出"东向行动政策"和"季节计划"。❷ 在这两项计划中，孟加拉国的地位均极为重要。首先，孟加拉国是印度"东向行动政策"的起点，从孟加拉国出发呈扇形扩展，向东可直通东南亚半岛和中国的西南腹地，向南则可以连接东南亚各岛屿国家，使印度的影响力从陆路和海路两个方向向东亚和东南亚地区延伸；其次，孟加拉国位于孟加拉湾腹地，拥有优良的深水港口，若其他国家的海军以孟加拉国为基地，可俯视整个孟加拉湾，直接威胁到

---

❶ 罗伯特·D.卡普兰.季风：印度洋与美国权力的未来［M］.（第一版）.吴兆礼，毛悦，译.北京：社会科学文献出版社，2013：190.

❷ 葛红亮.莫迪政府"东向行动政策"论析［J］.南亚研究，2015（1）.

印度防守力量相对薄弱的东部海岸，而印度如果在孟加拉国获得战略优势，则可以增强其在印度洋的控制能力和优势地位；再次，孟加拉国的版图将印度以加尔各答为重镇的西孟加拉邦同东部各邦分离开来，一旦敌对国家控制了孟加拉国，则可以随时通过西里古里切断印度东、西两地的联系，直接威胁印度的国家安全；最后，孟加拉国具有巨大的廉价人力资资源和丰富的天然气、煤炭储量，完善和开通同孟加拉国的交通线路，不仅能够为印度东部各邦供给能源，还可以打通孟加拉国 1.6 亿人口的巨大市场，带动加尔各答和印度东部地区的经济发展。

对于中国来说，自中孟 1975 年建交以来，两国关系一直发展良好。尤其是近年来，中国提出"21 世纪海上丝绸之路"和建设孟中印缅经济走廊的发展计划，使得孟加拉国的地位日益突出。首先，孟加拉国是"21 世纪海上丝绸之路"沿线的重要支点，同时也是孟中印缅经济走廊的重要支持国家，两大发展倡议相交于孟加拉国，能否得到孟加拉国的支持，在该国获得倡议优势，直接关系到中国两大倡议的发展成败；其次，孟加拉国优良的深水港口能够使中国在孟加拉湾和印度洋获得一个稳定的倡议存在，提高中国在印度洋的倡议影响力；再次，孟加拉国对于外国投资和基础设施建设的迫切需求为中国大量优质产能的输出提供场所，通过发展比较优势产业，两国能够在能源、服装、汽车、医药等多个领域均获得共同发展；最后，孟加拉国由于属于世界最不发达国家行列，因此在欧美国家、澳大利亚、日本等国享受免关税的优惠待遇[1]，且在孟加拉国，外资利润可自由汇往本国，这使得中国在孟加拉国进行投资不仅能够更容易进入其他国家市场，而且本国也能够充分享受到海外利润所带来的红利。

二、印度在孟加拉国的合作现状

（一）加快战略力量东移

冷战刚刚结束时，由于亚洲经济的迅速发展及失去苏联这一"靠山"，印度政府根据新的国际形势提出了"东向政策"，开启了印度战略东移的序幕。进入 21 世纪以来，由于中国的迅速发展及亚洲依然保持快速发展势头，印度于 2014 年进一步提出了"东向政策"的"加强版"，即"东向行动政策"，加快了战略东移的步伐。东向行动政策与东向政策最大的区别就在于印度已决心开始在东南亚和东亚正式进行战略布局。

---

[1] 李丽 . "一带一路"战略下的中孟合作：机遇与挑战［J］. 东南亚南亚研究，2015（4）.

印度战略力量东移的最典型标志是印度海军力量开始向东部沿海转移，这在很大程度上是为了遏制中国海军力量在印度洋的发展。印度开始强化东部海军司令部的作战能力，并抽调西部海军司令部的力量补充到东部沿海。2005—2012年，印度东部海军司令部管辖下的舰队数量已由30艘增加至52艘，并部署了核潜艇，作战能力已超过印度海军总体实力的1/3。印度从美国购买的"特伦顿"号两栖船坞登陆舰和P-8I反潜机，以及从俄罗斯租借的"阿库拉"级攻击核潜艇也都部署在了东部海军基地。❶ 通过强化东部海岸的海军力量，印度加强了对孟加拉湾的海上控制能力，并进一步通过与包括孟加拉国在内的孟加拉湾沿岸国家开展海军联合演习，以及建立"印度洋海军论坛"这样的海上安保机制，提高本国在孟加拉湾的影响力。由于孟加拉国的东、北、西三面已被印度领土包围，孟加拉国的陆上安全也一直依靠印度陆军，因此只要再从南面控制住孟加拉湾，即可完成对整个孟加拉国的战略合围，从而使本国在孟加拉国获得绝对优势地位。

（二）发展与孟加拉国周边国家的关系

在加快战略力量东移的同时，印度也积极发展同孟加拉国周边国家的关系，摒弃曾经奉行的南亚大国沙文主义，力图将印度塑造成为南亚国家提供安全保障和繁荣发展环境的建设性大国。 莫迪政府上台后，开始将南亚置于印度对外政策的优先位置，尤其加快了与孟加拉国周边国家发展关系的步伐，由于印度与这些国家存在历史上的矛盾和争议问题，因此，印度当前的战略布局侧重于首先解决与这些国家的争议问题，并以此为突破口，大步推进与这些国家的双边关系。在这一策略指导下，莫迪就任总理后首站即出访了不丹，之后，又先后完成了对尼泊尔、斯里兰卡的访问，重启了同尼泊尔停滞了23年的外长级印度—尼泊尔联合委员会，以及同斯里兰卡的渔业纠纷谈判，在访问尼泊尔时，还打大"亲情牌"，极力塑造印度温和友善的积极形象。

除了通过访问改善双边关系外，印度还加强了同这些国家在贸易、能源和基础设施建设方面的合作。例如，同不丹合作建立装机容量600兆瓦的水电项目，积极推动同尼泊尔的电力贸易协定，以及为斯里兰卡升级铁路和建设核能设施。此外，印度也着重发展同孟加拉国东部邻国缅甸的关系，2011年，印度前任总理辛格打破25年的外交坚冰，首次出访缅甸，开启了印缅关系的新时代，莫迪

---

❶ 李益波.孟加拉湾：越来越被军事化［J］.世界知识，2013（21）.

就职后再次访问缅甸，并在此访中强调要将辛格时代的"向东看"转变为更强有力的"东向行动政策"，进一步拉近与缅甸的双边关系，增加对缅甸的投资和援助。印度的这些做法，其目的是要以孟加拉国为中心实现地区整合，确立印度的主导地位，从而有效遏制中国在南亚和印度洋地区影响力的扩张，进而连接东南亚，借助东南亚地区的经济活力带动南亚发展，最终使南亚和东南亚在经贸领域和安全领域整合为一个整体。这样一来，不但可以使印度在该地区获得更大的发展机遇，而且邻国从印度获得的发展红利对于经济发展落后的孟加拉国也将产生巨大的吸引力，将使孟加拉国出于国家发展的考虑自动加入由印度主导的地区发展计划中。

（三）积极改善与孟加拉国关系

由于印度和孟加拉国于2001年、2003年和2005年连续发生严重的边境冲突，且孟加拉国的陆地边境线除南面和东南与缅甸接壤的一小部分外，均处在印度国土的包围之下，因此两国战略互信程度较低，加之在非法移民、水资源截流等问题上存在尖锐矛盾，两国关系改善的难度进一步加大。尽管如此，鉴于中国在南亚和印度洋影响力的上升，以及孟加拉国对印度未来发展的重要价值，印度不得不以更积极的姿态寻求改善同孟加拉国的关系。2015年6月6日，印度总理莫迪访问孟加拉国，实现了印孟关系的重要突破。两国签署了一项历史性的领土互换协议，即《陆地边界协议》（*Land Boundary Agreement*）。此外，莫迪还试图通过这次访问在水资源争端问题上同孟加拉国达成协议，但没有获得成功。

除了努力解决政治悬案外，印度还积极推动同孟加拉国的经济合作。2013年10月，印度开通了从印度到孟加拉国的高压直流（HVDC）输电线路，这是南亚第一条高压直流线路，将印度东部电网和孟加拉国西部电网连接在一起，不仅为孟加拉国提供了急需的电能，同时也开创了南亚地区电力共享与合作的先例。从战略层面来说，电能严重缺乏的孟加拉国西部地区从此将依靠印度东部电网的供电，这有利于印度拉拢孟加拉国加入由美印主导的"新丝绸之路"电网建设项目。此外，在莫迪访问孟加拉国期间，印度再次向孟加拉国电力领域投资50亿美元，印度加尔各答—孟加拉国达卡—印度阿加尔塔拉，以及孟加拉国达卡—印度西隆—印度高哈蒂两条公交线路也正式开通，使得印度的人员、商品和货物可以经由这两条公路横穿孟加拉国，直达印度东部的米佐拉姆邦和阿萨姆邦，对于发展当地经济、抑制分离主义运动意义重大。在港口使用方面，印度也与孟加拉国达成协议，孟加拉国允许印度货船使用中国支持建设的吉大港和蒙格拉港。这一事件被印度学者解读为印度摘掉了"珍珠链"上的一颗珍珠。

三、中国与孟加拉国的合作现状

孟加拉国是中国"21世纪海上丝绸之路"和孟中印缅经济走廊沿线的重要国家，是两大发展战略的交汇点。中国和孟加拉国两国建交40余年来，孟加拉国历届政府均致力于发展对华关系，而中国对孟加拉国的投资和援助也逐年增加，两国高层互访频繁。此外，同为人力资源密集型的国家，中国成功的发展经验对孟加拉国具有巨大的吸引力。

（一）持续发展与孟加拉国的经贸关系

自1975年建交以来，孟加拉国与中国的经贸关系一直发展良好。中国对孟加拉国出口的主要商品包括纺织原材料、机械电子、化工、廉价金属、塑料、橡胶及其制成品、粮食、蔬菜、水果、车、船等。孟加拉国对中国出口的主要商品有生黄麻、皮革、废塑料、冷冻海产品、铜线、麻线、塑料制品、相机部件等。❶此外，孟加拉国还是中国传统的工程承包市场，承包项目主要集中在电力、铁路公路、桥梁、通信、化工、煤炭等领域，其中，电力、交通等领域是孟加拉国重点发展的对象。❷两国紧密的经贸联系为双边关系的进一步发展奠定了坚实基础。

自中国提出"21世纪海上丝绸之路"和孟中印缅经济走廊两大倡议后，孟中经济关系进一步升温。除了传统领域外，中国当前侧重于对孟加拉国具备产业优势的纺织品、服装和皮革制造行业进行投资。2014年6月，中国在孟加拉国中南部的蒙希甘杰县投资12亿美元建立能容纳300家企业的服装工业园区。中国以纺织、服装等产业为龙头，持续带动中孟两国贸易发展，不仅能够有效利用孟加拉国充裕廉价的劳动力资源进行产能转移，推动国内产业升级，还能凭借孟加拉国在欧美等国享有的贸易优惠待遇，使商品更便利地进入欧美国家和南亚各国市场，扩大对外出口。而孟加拉国也可借此解决大量劳动力就业问题，带动地方经济发展，最终使中孟两国形成从投资到贸易再到民生的"互利共赢"关系。

（二）为孟加拉国提供大量援助

中国是孟加拉国的重要援助提供国。多年来除了通过提供贷款和给予贸易优

---

❶ 中国驻孟加拉使馆经商参处.孟加拉：不断走向进步的国家［J］.中国经贸，2014（13）.
❷ 中国驻孟加拉使馆经商参处.孟加拉：不断走向进步的国家［J］.中国经贸，2014（13）.

惠的方式对孟加拉国进行援助外，中国还为孟加拉国提供了许多重要的基础设施援建项目，其中包括会议中心、化肥厂、发电厂，以及首都达卡周边的六座桥梁。目前从达卡去往周边其他地区，都需要通过这六座桥梁，因此这些桥梁已经成为中孟两国友谊的见证。此外，中国还为孟加拉国提供重要的科技援助，尤其是孟加拉国迫切需要的农业技术援助。目前，中孟两国已合作建立"中国—孟加拉国水稻联合研究中心"，帮助孟加拉国建立水稻栽培实验室等科研设施，培训孟方技术人员掌握育种、高产制种、高产栽培等应用技术，提高当地杂交稻种子质量及产量，使得水稻增产达 39.6%，对于缓解孟加拉国的粮食安全问题起到很大帮助。❶

此外，中国还是孟加拉国的主要武器装备供应者。孟加拉国超过半数的武器装备均为中国制造，孟加拉国的陆、海、空三军也都装备着中国制造的武器。中国对孟加拉国既有民生援助，也有军事援助，具有持续时间长、投入力度大、覆盖范围广的特点。中国政府提供的民生援助以惠民利民为目标，援建项目基本集中在基础设施领域。中国对孟加拉国的长期援助不仅加深了两国的传统友谊，基础设施援建所带来的巨大发展红利也直接惠及孟加拉国的普通民众，在带动地区经济发展的同时，也增进了孟加拉国人民对中国的好感；军事援助则更是加深了两国军事层面的交往和互动，增强了中孟之间的战略互信，为中国在孟加拉国逐步推进"21 世纪海上丝绸之路"和孟中印缅经济走廊建设打下了良好基础。

（三）积极推进"一路一廊"建设

南亚地区的发展使得印度洋与太平洋开始形成一个整体，而作为地理位置极为重要的孟加拉国，则成为中国未来发展计划中无法绕开的一个国家。自中国提出建设"21 世纪海上丝绸之路"和孟中印缅经济走廊两大倡议之后，中国对孟加拉国开始了更加系统化的倡议布局。中国对于孟加拉国的倡议布局依然以开展基础设施建设为主要方式。中国正积极发挥云南的地缘优势，打通从云南到缅甸，甚至到印度东北部的交通线路，为进一步连接印度东部和孟加拉国打下基础。目前，公路方面，从昆明经瑞丽到达缅甸皎漂，以及从昆明经腾冲到达印度东北部雷多的公路均已实现高等级化，从云南保山至缅甸密支那的公路和从云南腾冲至密支那的二级油路也已建成通车❷；水路方面，"澜沧江—湄公河"国际航道运营良好，一年有 11 个月以上可以正常通航；航空方面，从昆明到缅甸仰光、

---

❶ 国家科技援助项目"中国—孟加拉国水稻联合研究中心"建设见成效［EB/OL］.（2014-06-11）［2016-07-18］.http://www.most.gov.cn/dfkj/sc/zxdt/201406/t20140610_113645.htm.

❷ 陈利君，刘紫娟.孟中印缅经济走廊建设对四国贸易的影响［J］.东南亚南亚研究，2013（4）.

曼德勒，甚至到孟加拉国达卡和印度加尔各答的航线均已开通；铁路方面，云南正积极建设从昆明到瑞丽再到缅甸的泛亚铁路西线工程，一旦建成，云南将具备公路、铁路、水路、航空四位一体的交通优势，一旦进一步与孟加拉国实现连通，将能够为孟加拉国提供北上中国内地，南下东南亚各国的广阔发展空间，对于推动孟加拉国的长远发展意义重大。

第五节　本章小结

印度的南亚政策以冷战结束为分界线，随着对自身定位的不断修正和调整，经历了对南亚邻国的全方位强势、强势与缓和并存、从缓和到主动改善关系、最终优势确立并走出南亚等几个阶段。印度对南亚的政策体现了印度强力控制南亚的战略目标。中国在推进"一带一路"倡议过程中应加强与印度的互利合作，消除印度对中国"一带一路"倡议的猜忌和敌视态度，共同为亚洲的繁荣与稳定做出应有的贡献。

中国正致力于帮助巴基斯坦发展当地经济，积极推进中巴经济走廊建设。中巴经济走廊是"一带一路"建设的重要组成部分，也是"一带一路"建设的示范性工程。加快推进产能合作不仅符合中巴两国的倡议需求，而且能够助推经济共同发展，丰富中巴伙伴关系内容，提升两国对外开放程度与国际化水平，打造命运共同体。

中印两国在孟加拉国所进行的倡议布局，其根源在于孟加拉国在中印两国未来发展计划中均占有举足轻重的地位。两国的发展计划不同，因此倡议布局所呈现出的特征也不一样。印度的倡议布局属于"环形布局"，即以孟加拉国为中心，着重发展与孟加拉国周边邻国的关系，同时积极推动孟印关系改善，以达到通过整合周边国家来影响孟加拉国内部对印度政策改善，并拉拢孟加拉国加入印度发展计划的目的，其基本特征是"外围影响，内部突破"。而中国的倡议布局则属于"线形布局"，即将孟加拉国作为"21世纪海上丝绸之路"和孟中印缅经济走廊沿线上的一个重要节点，通过不同节点间的建设来实现整条线路的贯通，进而带动整片区域发展，其基本特征是"以点连线，以线带面"。

除了倡议布局之外，中印两国在孟加拉地区也已展开了初步的博弈，这种博弈主要体现在以下三个方面。

首先是政治存在的博弈。近年来，中印两国领导人均加强了对孟加拉国的重视程度，不仅领导人之间的互访大大增加，中印两国还通过政治、外交等多种途径改善和增强同孟加拉国的双边关系，并积极邀请孟加拉国加入本国的发展倡议，增强本国在孟加拉国的政治存在。

其次是经济存在的博弈。这一点体现在中印两国对孟加拉国关键基础设施建设项目，尤其是港口项目的争夺上。一方面，中国在吉大港、蒙格拉港获得了建设项目，使中国的远洋船舶在孟加拉湾获得了长期的停靠和补给基地；另一方面，印度设法在中国兴建的吉大港和蒙格拉港获得了进出口货物的许可❶，这使得印度民用船舶可以在两港停靠，大大提高了印度对这两个港口的监控能力。

最后是军事存在的博弈。中国在吉大港的建设，使执行远洋护航任务的中国海军在孟加拉湾获得了一个稳定的补给基地，而这被印度视为对其在孟加拉湾乃至印度洋势力范围的挑战。一方面，中国持续推进在孟加拉国的港口建设和中孟两国的海军交往；另一方面，印度则将更多的战略力量部署到东部海岸，并邀请域外大国参加孟加拉湾的军演，借助其他国家的力量对中国海军形成战略威慑。

---

❶ 孟加拉允许印度利用孟吉大港、蒙格拉港进出口货物［EB/OL］.（2010–01–14）［2014–02–18］. http：//www. mofcom. gov. cn/aarticle/i/jyjl/j/201001/20100106746253.html.

后　记

中国新一届领导人从国内外大局出发，提出了"一带一路"倡议，这是以经济合作为纽带，以互联互通为手段，全力打造中国与世界其他国家的利益共同体和命运共同体。中国与中亚、南亚地区国家的关系也随着"一带一路"建设不断深入而得到提高和发展。

基于对中国周边环境的考量，本人专门邀请国内从事中亚、南亚问题研究的青年学者就中国"一带一路"倡议与中亚、南亚安全进行了深入的探讨与交流。在此基础上，由本人提出本书的写作思路和框架，在各位教师的协力合作下完成。

具体章节如下：

总　论：胡志勇

第一章：凌胜利

第二章：

第一节：张文茹

第二节、第三节：胡志勇

第四节：许娟、卫灵、胡志勇

第五节：胡志勇、张文茹

第三章：

第一节：宫玉涛、初阔林

第二节：刘向阳

第三节：陆洋

第四节：王艳

第五节：胡志勇、刘向阳、陆洋、王艳

第四章：

第一节、第二节：张杰、郑海琦

第三节：张杰、郑海琦、王梅

第四节：古丽燕
第五节：胡志勇、张杰、郑海琦
第五章：
第一节：李青燕
第二节：张建成
第三节：郑迪
第四节：胡志勇、郑迪、李青燕、张建成
第六章：
第一节：李俊璇
第二节：陈利君、吴琳、杨凯
第三节：陈利君、刘曼
第四节：胡志勇、陈利君、王存刚

全书交稿前，由胡志勇对该书进行了统稿，并定稿。
本书在编写过程中得到了上海海事大学的大力支持，党委书记金永兴教授在百忙之中亲自协调指导了第七届全国"中亚南亚地区安全论坛"国际研讨会，法学院李希平、曹艳春、石宇等教师积极参与了会议保障工作。
江铭同志对本书的出版给予了很大支持。
在此表示衷心感谢。
因水平和时间有限，书中恐有不妥之处，敬请读者批评指正！

胡志勇
2017 年 6 月 22 日于宁波